RINGSEIS' BAYERISCHES WÖRTERBUCH

Franz Ringseis

RINGSEIS' BAYERISCHES WÖRTERBUCH

Wortschatz – Worterklärung
Wortschreibung

BAYERLAND

Neuauflage des
»Neuen Bayerischen Wörterbuchs«
mit Genehmigung der
Rechtsnachfolgerin des Autors.

Verlag und Gesamtherstellung:
Druckerei und Verlagsanstalt »Bayerland«
85221 Dachau, Konrad-Adenauer-Straße 19

Printed in Germany
ISBN 978-3-89251-350-6

Vorwort

Dieses Wörterbuch soll zweierlei Zwecken dienen. Zum einen soll es Freunden und Gästen Bayerns die bayerische Sprache vertrauter machen. Sie sollen Bayerisch besser verstehen lernen, falls sie Lust dazu haben und die kleine Mühe des Nachschlagens – was heißt das auf hochdeutsch? – nicht scheuen. Zum andern soll das Buch bayerischen Lesern ihre heimische Sprache noch vertrauter machen, als sie ihnen schon ist, indem es ihnen die Reichhaltigkeit des bayerischen Wortschatzes, wie er heute noch lebt, vor Augen führt. Es wird sie zudem an Wörter erinnern, die sie fast vergessen haben, und ihnen auch manche Ergänzung ihres persönlichen Wortguts vermitteln.
Der bayerische Wortschatz, die Worterklärung – die z. T. auch auf die Wortherkunft zurückgeht – und die Wortschreibung mit Hinweisen zur Aussprache sollen in einem Handbuch dargeboten werden, das man auch bequem zur Hand nehmen kann. Das »Neue Bayerische Wörterbuch« kann daher kein erschöpfendes wissenschaftliches Werk mit Tausenden von philologischen Verästelungen sein, obgleich es sich um Gewissenhaftigkeit der Wortsuche und -deutung müht. Auch die Menge der Wörter selbst erreicht nicht Vollständigkeit, aber immerhin große Reichhaltigkeit. Für den Nichtbayern ein Fundus von Wortinformation, soll das Buch für den Bayern eine Fundgrube seines Sprachguts sein, das ihm immer schon gehört.
Wenn in dem Buch, wie in verwandten Büchern (s. Literaturverzeichnis S. 366) von Bayerisch die Rede ist, dann sind das Ober- und Niederbayerische gemeint, eben jene Mundarten, die – ob man es wahrhaben will oder nicht – bei den Nichtbayern, von Köln, Berlin, Hamburg bis USA und Japan, als die bayerische Sprache bekannt und beliebt – wenn auch mehr beliebt als bekannt – sind. Die Ungerechtigkeit, daß die bayerischen Schwaben, Allgäuer und Franken in der

Regel mit der »bayerischen Sprache« nicht gemeint sind, weil diese, das Oberpfälzische eingeschlossen, das »Altbayerische« umfaßt, hat nun einmal sprachgeographische und -geschichtliche Gründe, die man nicht verwischen kann. Der Eigenwert der anderen Mundarten im Freistaat Bayern wird dadurch nicht angetastet. Ein »gesamtbayerisches« Wörterbuch gibt es leider nicht. Auch das Oberpfälzische konnte in diesem Wörterbuch nicht oder nur am Rande einbezogen werden, da es in seiner eigenständigen Originalität ein eigenes Wörterbuch erfordert.

Das Buch heißt »Neues Bayerisches Wörterbuch« deshalb, weil der lapidare Titel »Bayerisches Wörterbuch« ein für allemal dem »Bayerischen Wörterbuch«, dem »großen Schmeller« gebührt, womit das Riesenwerk und sein Autor selbst gemeint sind. Die Achtung vor dieser uneinholbaren Schöpfung verbietet eine auch nur namentliche Identifikation mit ihm.

Es wäre daher ein Mißverständnis, den Titel »Neues Bayerisches Wörterbuch« als Gegenstück zum Schmellerschen Titel zu verstehen, als müßte dieser durch ein neues Wörterbuch überholt werden.

Andererseits ist einzuräumen, daß das vorliegende Wörterbuch, auch wenn es gegenüber dem Schmellerschen ein Zwerg ist, viele Wörter enthält, die man bei Schmeller nicht oder kaum findet, zumal es nicht leicht ist, alle Wörter bei ihm da zu finden, wo man sie zunächst suchen würde, weil ihr Ort von der wissenschaftlichen Systematik und nicht von Bequemlichkeit des Nachschlagens bestimmt wird. Daß ein sehr großer Teil der von Schmeller gesammelten Wörter heute nicht mehr im Gebrauch ist, ist ebenfalls, wenn auch mit Bedauern, anzumerken. Umgekehrt gibt es eine Reihe neuer, zeitbedingter Wörter, die zu seiner Zeit noch nicht im Gebrauch waren. Jedoch bilden viele Altwörter bei Schmeller den Schlüssel zum Verständnis der Neuwörter. Eine große Zahl von Worterklärungen dieses Wörterbuchs geht daher auf Schmellersche Angaben zurück.

Um dieses Wörterbuch vom Schmellerschen abzusetzen, bestand zunächst die Absicht, es »Kleines bayerisches Wörterbuch« zu nennen, das zunächst dem Zweck des Nachschlagens für Freunde der bayerischen Sprache dienen sollte. Die Menge der sich mit laufender Arbeit ergebenden Wörter, deren Zahl auf über 6000 angewachsen ist, hat dieses Vorhaben und damit auch den Titel gesprengt. Das Buch wendet sich erst recht an bayerische Leser, als Ausbreitung bayerischer Sprachfülle, als Anregung zur Bewußtwerdung ihrer Mannigfaltigkeit und Treffsicherheit. Trotzdem muß ich, um der Wahrheit willen, berichten, wer bzw. was den letzten Anstoß zur Abfassung des Wörterbuchs gab. Es ist mein japanischer Freund Makoto Yamamoto, Professor für Philosophie an der Universität Tokio, der der deutschen Sprache vorzüglich mächtig ist, aber verständlicherweise nicht der bayerischen. Im Herbst 1983, als ich ihm ein bayerisches Buch von mir überreichte, fragte er etwas verlegen: »Gibt es kein bayerisches Wörterbuch?« Da ich ihm weder den schwergewichtigen und hochspezialisierten Schmeller empfehlen konnte, noch andere Wortsammlungen – entweder wegen ihres geringen Umfangs oder wegen schwieriger Lesbarkeit – für hinreichend geeignet fand, japanische oder auch andere außerbayerische Freunde unserer Heimat lexikalisch zu versorgen, habe ich das Buch angefangen. Und dabei erfahren, daß die Entstehung eines bayerischen Wörterbuchs eine »endlose Geschichte« ist.

München, im Herbst 1985 Franz Ringseis

Erläuterungen zur Benützung des Wörterbuchs*

* Die mit * gekennzeichneten Kapitel sind für Nichtbayern besonders lesenswert.

1. Wortschatz und Wortauswahl

Regionale Beheimatung

Die regionale Beheimatung des Wortschatzes ist durch die Namen »oberbayerisch« und »niederbayerisch« nur grob umrissen, da viele besondere sprachliche Varianten verschiedener Gegenden Altbayerns damit nicht berücksichtigt sind. Man wird jedoch an mancherlei Abwandlungen desselben Grundworts bemerken, daß der regionalen Vielfalt der bayerischen Wörter wenigstens zum Teil Rechnung getragen ist. Eine auch nur annähernd vollständige Erfassung aller örtlichen Spielarten wäre »dengerscht« bzw. »dennerscht« bzw. »decht«, d. h. denn doch nicht möglich, es sei denn, als Lebensaufgabe für Generationen. Auch Angaben, aus welchen engeren Sprachbezirken nun dieses oder jenes Wort stamme, mußten unterbleiben, schon deshalb, weil eine genaue Bezirksabgrenzung wegen vielerlei Übergängen und Mischformen kaum zu treffen ist. Auch die anfänglich beabsichtigte Milieuunterscheidung »ländlich – städtisch« wurde, im Zeitalter des Austausches städtischer und ländlicher Lebens- und Sprachweisen, aufgegeben. Der bayerische Leser wird regionale Unterschiede zum Teil selbst erkennen, für den nichtbayerischen Leser sind sie kaum von Belang.

Was die Auswahl der aufgenommenen Wörter betrifft, muß der Verfasser zugeben, daß er, als geborener Münchner und Oberbayer – der sich auch im väterlichen Dachauer Hinterland und im Voralpenland zu Hause fühlt –, den Großteil der Wörter dem Oberbayerischen entnommen hat, weil es seine engere Heimatsprache ist. Dennoch hat er sich bemüht, das Niederbayerische, das an Kraft dem Oberbayerischen nicht nachsteht, wenn auch weniger »gefällig« ist, mit einzubeziehen. Es hat ja manche eindeutigen Erkennungszeichen, wie z. B. das öi statt des ui im Oberbayerischen, weil es eben vöi und nicht vui heißt, wenn viel gemeint ist.

Die niederbayerischen Wörter sind in der rechten Spalte jeweils mit nb gekennzeichnet, obgleich diese trennende Bezeichnung nicht immer kontrollierbar ist, da Grenzverwischungen zwischen Ober- und Niederbayerisch erst recht bestehen. Daß das Niederbayerische, bis ins »Wäldlerische« stark auseinanderklafft, wo es ins Oberpfälzische übergeht, kommt unter der bloßen Beschilderung nb nicht zum Vorschein. Trotz alldem gibt es einen überwiegenden gemeinsamen Kernstamm von Ober- und Niederbayerisch. Letzte, nur mehr akustisch merkbare Aussprachenuancen auch der gemeinsamen Wörter kann man nicht mehr schriftlich fixieren, ohne in einen Urwald phonetischer Zeichen zu geraten, der für den normalen Wanderer der Sprache unzugänglich ist. Es gilt für das ganze Wörterbuch: Es soll dem, der will, helfen, bayerisch Geschriebenes und Gesprochenes zu verstehen. Aber nur im Hören wird es unverfälschte Sprache.

Arten »bayerischer Wörter«

Als bayerische Wörter gelten in dem Buch folgende:

1. Wörter, die nur im Bayerischen vorkommen – soweit man dies so unbedingt sagen kann, weil es sicher Zweifelsfälle gibt. Beispiel eines original bayerischen Worts; diam = manchmal, ab und zu (von diemalen).
2. Wörter, die, obgleich allgemein deutsch, auf spezifisch bayerische Weise gesprochen und demgemäß geschrieben werden. Beispiel: Buid = Bild.
3. Wörter, die aus Fremdsprachen stammen und »bavarisiert« wurden. Sie können sich allerdings auch außerhalb der bayerischen Stammesgrenzen eingenistet haben. Beispiel:

Schäsn = Kutsche (franz. la chaise = der Stuhl; chaise à porteurs = die Sänfte).

4. Wörter, die mit Vorliebe im Bayerischen verwendet werden, obgleich sie auch im Hochdeutschen vorkommen. Dazu gehören auch solche Wörter, bei denen man, ohne eingehende Forschung, nicht sicher ist, ob sie vom Bayerischen aus dem Hochdeutschen aufgenommen sind oder vom Hochdeutschen aus dem Bayerischen, bzw. ob sie nicht einfach gemeinsamen deutschen Stammes sind. Beispiel: Beischerl = Beuscherl, geschnetzelte Lunge (bayer. und österr. Schmankerl), hochdeutsche Wertform: Beuschel.

5. Wörter, die im Bayerischen auch oder nur eine andere Bedeutung haben als im Hochdeutschen. Beispiel; sauber. Im Hochdeutschen soviel wie rein, unverschmutzt, hängen sich im Bayerischen an das Wort sauber noch folgende Bedeutungen an: hübsch, einwandfrei, in Ordnung, aber auch negative: sauber zvui = allzuviel; da hast di sauber brennt = da hast du dich arg getäuscht. Sich brennen ist ebenfalls ein Beispiel hochdeutsch-bayerischer Wortdoppeldeutigkeit.

6. Wörter, die, obgleich allgemein deutsch, im Bayerischen ein anderes Geschlecht haben. Beispiel: der Butter, der Kartoffel (s. »Geschlecht der Hauptwörter« S. 351).

Für »Grenzüberschreitungen« zwischen Bayerisch und allgemein Deutsch sei daher um Milde gebeten. Dieses Wörterbuch huldigt keinem Puritanismus des absoluten »Bayerisch oder Nichtbayerisch«. Was es jedoch nicht zulassen will, ist verwässertes Bayerisch, das zwischen Hochdeutsch und Bayerisch vagiert: »i hab mir dacht, i geh in Wald, weil i amal an Hirschn sehn wollt.«

Abgeleitete und verwandte Wörter

Grundsatz des Wörterbuchs ist die bequeme Nachschlagbarkeit, d. h. unmittelbare Auffindbarkeit eines Worts am alphabetischen Ort. Deshalb verfährt es nach folgenden Regeln:

1. Bayerische Wörter werden stets eigens alphabetisch angeführt, nicht als sinnzugehörige Wörter zu anderen. Bei-

spiele: Bosnickl = leicht aufbringbarer, aggressiver Mensch, ist unter B, nicht etwa unter N beim Stammwort Nickl zu finden. Ebenso ådraht = listig raffiniert unter A, nicht etwa unter D beim Stammwort drähn (betreffs Aussprachezeichen, s. S. 17).

Beugungsformen (wenn auch nicht alle) werden an eigenem alphabetischen Ort gebracht, wenn die Nennform nicht ohne weiteres aus ihnen ersichtlich ist. Beispiele: woin = wollen bzw. wui = will; toa = tun bzw. to = getan; sei = sein bzw. gwen = gewesen. Nicht zu bringen sind dagegen Wörter wie: kennt = gekannt, glaffa = gelaufen, da vom Stamm kenna bzw. laffa her erkennbar – ebenfalls nicht: gschlicha, gwesn (im Gegenteil zu gwen), da vom hochdeutschen Analogen geschlichen, gewesen her unmittelbar verständlich.

2. Regionale Varianten desselben Worts werden jeweils an ihrer alphabetischen Stelle gebracht – wenn auch auf einander verwiesen.

3. Die schriftdeutschnähere und die mundartgetreuere Fassung desselben Worts werden, wenn nicht alphabetisch gleich zu placieren, ebenfalls alphabetisch getrennt – wenn auch aufeinander verwiesen. Beispiel: Webs bzw. Weps = Wespe.

Nicht aufgenommene bayerische Wortvarianten

Es wäre unsinnig, jedes deutsche Wort, nur weil es in einer kleinen bayerischen Abwandlung gesprochen wird, aufzunehmen. Allgemeindeutsche Wörter werden nur in bayerischer Version geboten, wenn der Unterschied zum Hochdeutschen so wesentlich ist, daß man auch von einem »bayerischen Wort« sprechen kann, wie dies bei Buid, Kua, Toag, Föid der Fall ist. Die Abweichung von Bild, Kuh, Teig, Feld ist hier gravierend.

Allgemeindeutsche Wörter, deren Stamm nicht variiert ist und die nur in ihrer Endung bayerisch klingen, werden, von Ausnahmen abgesehen, nicht berücksichtigt. Sie kann auch der des Bayerischen völlig Unkundige leicht verstehen. Analog gilt dies von Wörtern mit bayerisch verkürzten Vorsilben.

Nicht aufgenommen sind also:

1. **Infinitivformen** (Nennformen) von Verben
mit der Endung -en bzw. -a, wie singa, kocha, fanga = singen, kochen, fangen, sowie auch lebn, redn, lobn = reden, leben, loben. Dagegen sind zu verzeichnen: liabn oder liam, roin, loom = heben, rollen, loben;
mit der Endung -eln bzw. -ln, wie riesln, hagln = rieseln, hageln. Dagegen: sammen, bimmen = sammeln, bimmeln (wodurch zwar nicht der Wortstamm, aber die Wortprägung stark verändert wird);
mit der Endung -ern bzw. -an, wie rattan, zittan = rattern, zittern. Dagegen böifern bzw. böifan = belfern, scharf bellen, zänkisch schimpfen (da Stamm verändert).

2. **Hauptwörter**
mit der Endung -er, bayerisch oft -a, wie: Schneider, Bäcker bzw. Schneida, Bäcka, dagegen Muatter, -a, Ganser, -a;
mit der Endung -el bzw. -l, wie; Fusl, Kegl. Dagegen Tafe, Schwefe = Tafel, Schwefel (da Wortprägung stärker verändert);
mit der Endung -erl, falls keine Sonderbedeutung vorliegt, wie: Bacherl (lediglich kleiner Bach); dagegen Busserl, -al (das nicht nur ein »kleiner Kuß« ist).

3. **Eigenschaftswörter**
mit der Endung -ig oder -lich bzw. -i, wie: lusti, herzli. Dagegen hauti = erschöpft, schwächlich (wie Haut und Knochen), hoamli = heimlich.

4. Verschiedene **Wörter mit verkürzten Vorsilben** b-, g-, z-, statt be-, ge-, zer-. Beispiele: bsonders, glegn, zrissn, Gsetz.

Sonderfall

Wörter, die auf bayerisch mit hellem ō bzw. dunklem å (siehe Vokale S. 17) ausgesprochen werden, werden nur in schwieriger verstehbaren Ausnahmefällen gebracht, wie: pōōr = paar, Wōōg = Waage, Hōwan = Hafer. Nicht aufgenommen sind Wörter wie hōt, mōg, Bōd = hat, mag, Bad, weil ihre konsequente Auflistung ins Uferlose führen würde. Wer die

Regel »versuche a statt o« anwendet, wird kaum Verständigungsschwierigkeiten haben.

2. Worterklärung

Die Worterklärung besteht zunächst aus der jeweiligen allgemeindeutschen Wortentsprechung. Sie ist zum einen Teil eine »Übersetzung« der bayerischen Wörter, falls diese im Hochdeutschen nicht vorkommen, zum ändern Teil nur eine Umsetzung ins Hochdeutsche, insofern ja umgekehrt das bayerisch gesprochene bzw. geschriebene Wort dessen Umsetzung ins Bayerische ist.
Darüber hinaus sind bei einer Reihe von Wörtern Hinweise, teils sichere, teils vermutete, auf ihre Herkunft gegeben, insbesondere, wenn sie aus anderen Sprachen – wie Französisch, Italienisch, Tschechisch, Hebräisch, erst recht auch Lateinisch – stammen. Ferner ist es reizvoll, Wortverwandtschaften, sei es zwischen heute gebrauchten Wörtern, sei es zwischen »neuen« und »alten Wörtern«, nachzugehen. Beispiel: das bayerische Wort åwidackln = zu Boden reden, mit Worten erniedrigen, kommt von tackeln = im Scherz oder verächtlich reden.
Allerdings ist ein Rückgang auf mittel- oder althochdeutsche Wortwurzeln und ein Ausgreifen auf europäische Sprachfamilien im Rahmen des Buches unmöglich; das blieb dem philologischen Polyhistor Schmeller vorbehalten. Die Hinweise auf Wortherkunft und Wortverwandtschaften können nur sporadisch erfolgen, in Fällen, in denen ein bayerisches Wort besonders fremd oder befremdlich erscheint; und auch dafür wird nicht jeder Leser dieselbe Wahl treffen. So verfährt das Buch nach dem Vorsatz: lieber einiges erklärt als gar nichts.

Detailhinweise

Das **Geschlecht** der bayerischen Wörter ist nur angegeben, wenn es nicht aus dem Wort selbst oder seinem hochdeut-

schen Pendant ersichtlich oder leicht erratbar ist, Beispiel: Gfrett = mühsame Plagerei muß sächlich sein wie alle Wörter mit dem versammelnden Ge- bzw. G- (Getue, Gejammer, Gebirge bzw. Gred, Glump – Gerede, »Gelumpe«). Angabe des Geschlechts durch m, f, n (Maskulinum, Femininum, Neutrum) wie üblich.
Bayerische Wörter, die mit **sich – bayerisch si** – verbunden sind, stehen links ohne das reflexive Beiwort, rechts steht in Klammern (sich). Wörter wie abbuckln, brenna müßten eigentlich si abbuckln, si brenna heißen: sich bucklig plagen, sich arg täuschen. Fälle, in denen das (sich) nur für das hochdeutsche Pendantwort gilt, sind leicht zu erkennen. Beispiel: abstaubn = (sich) etwas mühelos aneignen bzw. es »mitgehen« lassen.
Satzbeispiele zur Verdeutlichung der Wortbedeutung werden in vielen Fällen gegeben.

3. Wortschreibung und Wortaussprache

Vorbemerkung

Das Problem der bayerischen Mundartschreibung ist, wie wohl das jeder Mundartschreibung, nie ideal zu lösen. Zum einen, weil gewisse, vor allem vokalische Lautnuancen wie z. B. das öi in Wörtern wie Föid, Wöit, oder das nasale ei in Wörtern wie mei, dei, sei – der schriftlichen Fixierung, die ihnen nahekommen will, doch entschlüpfen. Sie sind mundartliche Eigenlaute, die sozusagen im schlichten Alphabet nicht vorgesehen sind. Zum andern, weil auch solche Lautnuancen regional variieren und folglich schwer oder gar nicht auf einen überregionalen schriftlichen Nenner zu bringen sind. So klingt das eben angeführte öi in der Aichacher Gegend mit echtem, tiefem ö: »Zwöife iss!« sagt die Bäuerin dort mit demselben ö, mit dem man Löwe sagt. In der Münchner Gegend aber heißt es fast »Zwäife iss!«, wenn auch nicht ganz, so daß man es schriftlich beim öi belassen kann.

Von der lautlichen Originalität und regionalen Variabilität der Wörter abgesehen, kommt nun die Frage der »mutigeren« oder »scheueren«, der »konsequenteren« oder »kompromißlerischen« Mundartschreibung hinzu. Während die konsequentere bis radikale Schreibung das Plus der möglichst großen Lautungstreue hat – die allerdings auch durch sie nicht ganz erreicht wird –, hat die kompromißbereite Schreibung das Plus der leichteren Verständlichkeit vor allem für Nichtbayern, zum Teil auch für Bayern, die sich in Zeilen wie »midnanda bagg mas dant« (miteinander packen wir es ohne Umschweife) z. T. auch einlösen müssen. Allerdings darf die in bezug auf den Leser »rücksichtsvollere« Schreibung nicht in eine Art Verrat der Mundart ausarten, wie er in manchem »Fernsehbayerisch« sogenannter Volksstücke minderen oder auch höheren Anspruchs gepflegt wird (s. Beispiel S. 10).

In diesem Buch ist eine Schreibweise gewählt, die dem Hochdeutschen immer dann entspricht, wenn die hochdeutsche Aussprache umgekehrt der bayerischen ganz oder weitgehend entspricht. Beispiel: Es wird Muatter statt Muatta geschrieben, weil das -er am Schluß des Worts auch im Hochdeutschen in der Regel zu einem tonlosen -a verkümmert. Allerdings ist in der Regel jeweils auch die phonetisch »bayerischere« Schreibweise mit der Endung -a noch angefügt, also: Muatter, -a; Föider, -a. Analog sind Wörter mit den Endungen -erl, -ern, -ers, -ert, die ebenfalls mit verkümmertem -a gesprochen werden, zusätzlich mit den Endungen -al, -an, -as, -at versehen. Beispiel: Busserl, -al.

Von der Regel, nach Möglichkeit die dem Schriftdeutschen nähere bayerische Wortform voranzusetzen, gibt es Ausnahmen; dann nämlich, wenn die lautlich mundartgetreuere Wortform unersetzbar scheint, so daß sie allein angeführt oder zumindest vorangestellt wird. Bei Original-Wörtern wie Voda = Vater, Koda = Kater, Howan = Hafer, Hoawal = Heidelbeere sähen Voder oder Vader, Koder oder Kader,

Howern oder Hawern unannehmbar, zumindest zwitterig aus. Wörter wie die zitierten leben von der originären Lautung und Schreibung.

Schlußbemerkung zur Vorbemerkung

Das Faktum der nie zu erreichenden idealen Mundartschreibung hat seine guten Seiten. Erstens widerspricht es der lebendigen, variationsfreudigen Mundart, sie total zu reglementieren. Zweitens wäre es eine Art Freiheitsberaubung, die vielerlei Mundartsprecher und -schreiber diktatorisch auf eine einzige Art der Schreibung festzulegen – vorausgesetzt, daß diese in sich stimmig ist. Man sollte die Spannung zwischen gesprochener und geschriebener Sprache – wie sie in der Mundart der Fall ist – nicht zu ernst nehmen. Was täten denn da die Franzosen und Engländer z. B., bei denen die geschriebenen und die gesprochenen Wörter kraß voneinander abweichen (wenn auch meist nach überregionalen Regeln). »Mais non« spricht sich eben »mä nõ« (o nasal), und »I have« spricht sich »ei häv«. Da schreibt sich's auf bayerisch immerhin leichter und genauer: I moa scho aa.

Hinweise für die Lautung und Schreibung*

l. Vokale (Selbstlaute)

Lautungszeichen: Für die Lautung der Vokale werden nur dreierlei Zeichen verwendet. 1. Der Querstrich zeigt helle Aussprache des Vokals an bei ā, ē, ō. 2. Das aufgesetzte kleine o zeigt ein dunkles, dem o nahes å an (das dem hellen ō gleichkommt). 3. Die Wellenlinie zeigt in besonderen Fällen nasale Lautung an, z. B. nãã = nein.

a

Das bayerische a hat drei wesentliche Nuancen der Aussprache, wozu noch zwei nasale Varianten kommen.

1. das **satte a** – es klingt voll, leicht dunkel getönt. Beispiele: satt, warm, Apfe (so wie es der Bayer, nicht der Norddeutsche spricht). Aussprachezeichen keines.

2. das **helle a** – das, falls es gedehnt vorkommt, wie ein etwas in die Breite gequetschtes a anmutet. Es kommt bevorzugt im Schwäbischen vor, hat aber auch im Bayerischen Platz, ausgeprägt bei a-Dehnung: fād, wāār = wäre, aber auch bei kurzer Aussprache: Kātzl, rāss = scharf schmeckend, ätzend herb, Aussprachezeichen Querstrich: ā (wird nur bei betontem ā gesetzt).

Das helle a kommt lautlich in gleichsam verkümmerter, unbetonter Form oft vor (und wird dann nicht durch Querstrich bezeichnet): erstens als **Endungs-a:** Weda = Wetter, aber auch lätschat, Schuasta etc. – zweitens in **Vorsilben:** dawischn, vabiatn – drittens als **Zwischen-a:** Wassafoi, übaranand – und als **Sonderfall** als »r-Ersatz« in Wörtern wie wer, Herr, mir, vor, nur, die man eigentlich phonetisch stimmig als we[a], He[a], mi[a], nu[a] schreiben müßte (s. auch Konsonant r, S. 21ff.).

3. das **dunkle a** oder **Misch-a,** das eigentlich ein helles o ist, weshalb man es auch das o-a nennen könnte. Es klingt ähnlich dem hellen o in Gold, Sonne, Kopf. Beispiele Båder, ådraht = listig raffiniert. Aussprachezeichen aufgesetztes kleines o: å.

In diesem Wörterbuch wird das o-a in der Regel durch å angegeben. In Sonderfällen wird es jedoch, zur Erleichterung des Lesens konsequent geschriebener Wörter auch mit ō aufgeführt: a pōōr, Wōōg = Waage (s. »Nicht aufgenommene Wortvarianten«, »Sonderfall« S. 12f.).

Das dunkle a ist im Niederbayerischen noch häufiger als im Oberbayerischen; obb lassn oder låssn, nb nur låssn, ebenso Wasser bzw. Wåsser etc.

4. ein **nasales a** wird immer dann gesprochen, wenn dem a ein m oder n folgt bzw. folgen sollte, aber mundartlich aufgesogen wird. Nur das satte und das helle a können nasal gesprochen werden (im Oberbayerischen nur das helle a). Beispiele: Mã = nb Mann, nāā = nein.

Das Aussprachezeichen, die Wellenlinie auf ã, wurde stets weggelassen, wo die Verbindung a mit m oder n ersichtlich ist, weil sich dabei die nasale Tönung von selbst ergibt. Beispiele: Mãndl, Baam – hier genügt die Andeutung des hellen a (das nasaliert wird), durch den Querstrich. (Analog werden ja auch im Hochdeutschen am- bzw. an-Verbindungen nasaliert: Finanzamt …).

Anmerkung: Das hochdeutsche »offene a«, das zwischen dem satten und dem hellen bayerischen a liegt, ist für Rundfunk- und Fernsehsprecher sowie für Schauspieler in »hochdeutschen« Rollen so gut wie obligatorisch. Wie es klingt, ist in jeder Nachrichtensendung zu hören. Im Italienischen ist das offene a klangvoll strahlend, während es im hochdeutschen Sprachgebrauch etwas dürr klingt. Der bayerischen Sprache ist es fremd.

ä

Das ä lautet wie im Hochdeutschen, auch wenn es abweichend davon verwandt wird: bäs = böse. Ein unbetontes ä steht zuweilen am Schluß des Worts, entweder als verkleinernde Endung: Gib ma no a Batzä Kraut! – oder als Abwandlung von Vornamen: Karä, Franzä (s. Bayerische Vornamen S. 345ff.). In der Vokalverbindung äi kann sich das ä, je nach Region, dem ö nähern: Wäider = Wälder (s. »Einschmelzung des l« S. 22).

e

Das e hat im Bayerischen zwei Tönungen zusätzlich einer nasalen Variante.

1. das **reine e** wie im Hochdeutschen: Weg, Wesn, schee = schön. Es ist eigentlich das »wirkliche e«. Denn

2. das **breite e** ist eher ein ä (s. Vokal ä): Fētt, Schnēck wie im Hochdeutschen, dagegen wird der Schnee zum Schnēē, der See zum Sēē. Der Querstrich über dem ē zeigt hier das Breiter- und Hellerwerden des e an.

3. **Nasal** ist das e, und zwar nur das reine, in der tatsächlichen oder unterdrückten Verbindung mit m oder n – wobei das Nasalzeichen ẽ wieder nur im letzteren Fall gesetzt ist: schẽe = schön, Krẽ = Kren, Meerrettich.

Unbetontes e ist kurzes reines e, vor allem am Wortende: s Beste, da Gscheitste; aber auch: a bisse, füre = ein bißchen, hervor; sowie luste, dappe = lustig, dappig. In letzteren Fällen kann man geradesogut schreiben: a bissi, füri, lusti, dappi – weil da das e zum i tendiert bzw. das i zum e. Im Buch ist das schriftdeutschnähere -i belassen.
Das e in der Verbindung ea klingt leicht nasal: grea = grün, da ja n folgen würde: a greana Baam.

ei

Analog zum Hochdeutschen steht das ei in Wörtern wie: weiß, glei = gleich; häufig aber dient es als Abwandlung des äu und eu; Heiser, heit = Häuser, heute. Nasal wird es wieder, wenn ihm m oder n folgt oder folgen sollte, aber unterdrückt ist: Schleim, meins, sowie sẽi = sein (existieren) oder sein (sein Haus), nẽi = hinein. Das Nasalzeichen wird nur bei Wegfall des m oder n gesetzt. Beachte: Scheim, Reim = Scheibe, »Reibe« (Kurve) nicht nasal, da eigentlich Scheibn, Reibn.
In manchen Gegenden Bayerns gibt es jedoch das nasale ei nicht: mei, fei = mein, fein werden mit freiem ei gesprochen.

i

Das i ist wie das schriftdeutsche i auszusprechen, auch wenn es oft für ü steht: Kiwe = Kübel, Sind = Sünde, miad, Kia. In letzteren Fällen der Verbindung ia neigt es eine Spur zum ü-. Das unbetonte -i am Wortende geht leicht in unbetontes e über: lusti, luste – s. Vokal e.

o

Das o hat im Bayerischen zwei Tönungen zusätzlich einer nasalen Variante.
1. das **reine o:** wo, so, Mõ = Mann, kõ = kann.
2. das **helle o,** das dem dunklen Misch-a bzw. o-a entspricht. Aussprachezeichen wäre der Querstrich: hōt, mōg, Hōs, Mōgn = hat, mag, Hase, Magen. Im Wörterbuch sind solche Wörter jedoch in der Regel nicht aufgenommen – außer Sonderfällen: Vōda = Vater, Hōwan = Hafer (s. »Nicht aufgenommene Wortvarianten« S. 11).

Sowohl das reine o als das helle o kommen in der typisch bayerischen Verbindung mit i, als oi, vor, und zwar das reine o in Wörtern wie Hoiz, Koin = Holz, Kohlen (Umwandlung von -ol), das helle o in Wörtern wie Wōid, mōin (Umwandlung von -al) (s. »Einschmelzung des l« S. 22). Für das nasale o gilt das zu a und e Gesagte analog: bei Wörtern wie konn, grona = murren, brummen kein Wellenzeichen, jedoch bei schõ, kõ, Mõ. Das o in der Verbindung oa klingt teils rein, teils nasal: i woaß, i moan.

ö

Das ö kommt im Bayerischen selten in reiner ö-Lautung vor – wie etwa im Schriftdeutschen bei schön, Höhe. Entweder wird es zum e oder gar zum ä abgewandelt: Vegl, bläd = Vögel, blöd – oder in Verbindung mit i als Zwischenlaut zwischen ö und ä gebraucht, dessen Nuancen regional wechseln: Föid, Wöit, dasöi = derselbige. Meistens ist es dem öi-Laut in der französischen Aussprache z. B. von Feuilleton verwandt, (s. »Einschmelzung des l« S. 22). Ähnliches ö auch bei »öha!«

u

Das u wird immer rein ausgesprochen, auch in den Lautverbindungen ua und ui: i tua, Kua; vui, Stui (s. »Einschmelzung des l« S. 22).

ü

Das ü klingt stets nach i oder wird ganz zu i: müassn, miassn.

Betonungszeichen – Punkt unter dem betonten Vokal oder Doppelvokal – ist gesetzt, wenn sich die Betonung nicht aus dem bayerischen Wort selbst oder aus dem analogen hochdeutschen Wort ergibt.

2. Konsonanten (Mitlaute)

b, p

Rein lautlich vertritt das b weitgehend das p, und das bb das pp. Daher schreiben viele Mundartautoren: Bost, Brinz, Kabbe = Post, Prinz, Kappe. Da die Erweichung des p zu b im Bayerischen fast die Regel ist, belassen wir im Buch die

schriftdeutsche Schreibung p oder pp, mit der Maßgabe, daß dafür ein etwas erhärtetes b bzw. bb zu sprechen ist. Von einer Ausnahme abgesehen: Denn das p behält auch im Bayerischen in gewissen Fällen seinen p-Kern, nämlich in pf-Verbindungen. A Pferd, a Pfingstochs wird um nichts weicher gesprochen wie ein Pferd, ein Pfingstochse. Außerdem widersteht es dem Autor des Buches, Bferd oder Bfingstn oder Bfanna zu schreiben – von der bayerischen Ummünzung zu b bzw. p des Artikels d = die vor f ganz abgesehen: Pfinger = die Finger, Pfeierwehr = die Feuerwehr.
Über die Vertauschbarkeit von b und w siehe w.

ch

Während das ch innerhalb des Worts wie im Hochdeutschen gesprochen wird – oder seinen Zischcharakter von einem Fremdwort her erhält (Charivari = Schariwari), wird es am Anfang wie ein etwas geschärftes g – analog zum k – gesprochen. Dies vorausgesetzt, kann man getrost bei der Schreibung Christkindl statt Gristkindl bleiben.

d, t

Das d vertritt in sehr vielen Fällen, wenn auch nicht ausnahmslos, das t, bzw. das dd das tt. Es schreiben daher auch viele Autoren statt Taubn Daubn oder Daum, statt Tag Dag oder Dog, statt traama draama, statt Butter Budder oder Budda. Analog zu b, p wird in diesem Buch das t oder tt allemal belassen, von einigen Ausnahmen – sozusagen d-gewohnten Wörtern (z. B. Dipferl) – abgesehen.
Es gibt jedoch durchaus Wörter, die im Bayerischen, analog zum Hochdeutschen, mit hartem T belassen werden: Ton, Tor, Turm. Nur im österreichischen gibt es einen Don, ein Dor und einen Durm.

f

Keine Abweichungen vom schriftdeutschen Gebrauch. Jedoch wird das einfache f oft als Doppel-ff artikuliert. Beispiele: ruafa wird eigentlich ruaffa, Haufa, saufa wird Hauffa, sauffa gesprochen. Laufen und raufen werden sowieso zu laffa und raffa (saufa kann auch saffa heißen).

g, k

g und gg stehen oft für k und ck, wenn auch beileibe nicht immer. Wenn dem Anfangs-k ein Konsonant l, n oder r folgt, wird es zu g erweicht: Kranz lautet Granz, Klee Glēē, knickert gnickert. Jedoch wäre es auf bayerisch unmöglich, Gua, Gaibe und genna für Kua, Kaibe und kenna zu sagen – solche k-Verwandlung bleibt dem Sächsischen und Thüringischen vorbehalten. Die Tiroler Vorliebe für harte k-Laute soll ebenfalls nicht unerwähnt bleiben.

Sonderform -gn: es wird am Wortende mehr als -ng gesprochen – verschmilzt aber so oder so zu einem originalen, untrennbaren Doppelkonsonanten, so daß man es beim -gn belassen kann.

h

Keine lautlichen Besonderheiten, jedoch eine »orthographische« im Sinn der rechten bayerischen Schreibung: Wenn Wörter wie Kuh, Ruhe, Mühe, früh sich zu Kua, Rua, Müa, früa wandeln, dann ist das h, das vorher als Dehnungsfaktor fungierte, eigentlich überflüssig, weil die Dehnung des Vokals u oder ü wegfällt und die eigene Vokalqualität ua, üa erscheint. Sie bedarf durchaus keiner Extradehnung mehr. Wir schreiben also nicht Kuah, Ruah, Müah.

l

Das l wird wie im Hochdeutschen gesprochen, falls es gesprochen wird. In Verbindung mit Vokalen wird es sehr oft eingeschmolzen, und zwar in folgenden Fällen:

Einschmelzung des l

al, aal, ahl, all: Wōid, Soi, moin, Bōi = Wald, Saal, mahlen, Ball

äl, ähl, äll: Wälder, wäin, vagäin = Wälder, wählen, vergällen

el, eel, ehl, ell: Göid, Söi, Möi, schnöi = Geld, Seele, Mehl, schnell (regionale Nuancen des öi von ö- bis ä-Tönung)

il, iel, ill: Muich, vui, wui = Milch, viel, will

ol, ohl, oll: Goid, woi, voi = Gold, wohl, voll (dunkles o)

öi, öll: Öi, Höi = Öl, Hölle

ul, uhl, ull: Duit, Stui, Nui = Dult, Stuhl, Null

ül, ühl, üll: Huisn, Mühle, fuin = Hülse, Mühle, füllen (aber auch fühlen)

q

klingt im Bayerischen wie gw, braucht aber nicht so geschrieben zu werden. Eine Gwöin, ein Gwadrat wären kein Dienst an der bayerischen Sprache.

r

Das bayerische r wird gerollt. Wer es nur kehlig sprechen kann, kann trotzdem ein guter Bayer sein. In bestimmten Vokalverbindungen wird es weder gerollt noch gegurgelt, sondern verkümmert zu einem schwachen Anhangs-a. Das ist die

Einebnung des r

Sie findet in den Vokalverbindungen är, er, ir, or, ör, ur, ür (und deren Dehnungen oder Raffungen durch Doppelvokal, Dehnungs-h bzw. Doppelkonsonant) statt. Phonetisch exakt müßte das unbetonte a, in dem das r verschwindet, eigentlich hochgestellt werden, um es als Anhängsel zu kennzeichnen: e^{a}, i^{a}, o^{a} usw. Viele Autoren fügen es einfach dem Vokal an: ea, ia, oa usw. Im Wörterbuch ist das r, wie im folgenden begründet wird, belassen. Zunächst einige Beispiele mit jeweils schriftdeutschnäherer und mundartgetreuerer Schreibung:

Bär, März	Bäa, Mäaz
Herz, Meer, Ehr, Herr	Heaz, Mea, Ea, Hea
Wirt, ihr, irr	Wiat, ia, ia (schwer zu lesen)
Wort, Ohr	Woat, Oa (leicht mit Oa = Ei zu verwechseln)
Stör, Röhrl	Stöa, Röal
Wurm, Uhr	Wuam, Ua
für, dürr	füa, düa (od. fia, dia)

Auch bei ar wird das r oft eingeebnet, dann aber gleichsam dem a einverleibt: waam = warm, Awat = Arbeit

Aus den Beispielen geht hervor, daß die lautungs-konsequente Schreibung erhebliche Leseschwierigkeiten und Verwechslungsmöglichkeiten mit sich bringt. Dies ist der eine Grund der Beibehaltung der hochdeutschen oder hoch-

deutschnäheren Schreibweise. Der andere ist die Tatsache, daß auch die meisten hochdeutschen Sprecher das r in der Anhangsfunktion zum schwachen a einebnen. Auch ein exakter Nachrichtensprecher sagt etwa: De^{a} letzte Te^{a}min fü^{a} die Meldung zu^{a} Aufnahme in die Bewe^{a}b^{a}liste ist mo^{a}gn, de^{a} vi^{a}te Oktob^{a} – phonetisch übersetzt. (Das hochgestellte zweite a in Bewe^{a}b^{a} und das in Oktob^{a} ist ein unbetontes Endungs-a als Abwandlung von -er s. Vokal a) Es besteht also kein zwingender Grund, das Anhangs-r durch a zu ersetzen, wenn es sowohl im Hochdeutschen wie im Bayerischen gleich »entert« wird. (Selbstverständlich bleibt es jedem unbenommen, das r stets deutlich zu artikulieren: Wir werden kein Wort mehr verlieren …)
Allerdings bei Wörtern mit ar, wie warm, wird das r gesprochen, auch wenn der Bayer zur Abwechslung gern waam sagt (s. vorige Liste).

s

Keine besonderen Abweichungen zum Hochdeutschen – außer, man bemerke Differenzierungen des ß und ss; Eine Maß und ein Maß sind nicht dasselbe, schon weil das ß bei dem Maß weniger scharf gesprochen wird. Ferner: Eine kleine Maß ist ein Maßl; aber wer ein Massl hat, hat Glück (s. Wort Massl).

sch (s. »Regionale Besonderheiten« S. 28f.).

v

Ein bayerisches v bleibt ein v und wird als leicht erweichtes f gesprochen. Es heißt nicht Walentin, weil es auch nicht Water heißt, sagte Karl Valentin. Ausnahme: a Vasn, die als Wasn gesprochen wird – das entspricht vielleicht dem bayerischen Feingefühl, die lateinische bzw. französische Herkunft des Worts nicht zu vertuschen (trotz sonstiger origineller »Bavarisierungen« anderer Sprachen)

w

Das w steht im Bayerischen oft für ein b, das zum w erweicht wird: Newe, Möwe oder Mewe, Kaiwe oder Keiwe, Weiwerl stehen für Nebe, Möbe, Kaibe, Weiberl. Dennoch ist dieses vom b herkommende w dem b etwas näher als das sonstige w, und es ist lautlich nicht falsch, ein Weiwerl auch als Weiberl auszusprechen. Im Buch sind für die entsprechenden Wörter in der Regel beide Formen, die mit b und die mit w, angegeben.

x

Ein originales x kommt im Bayerischen nur im Namen Xaver bzw. Xaverl und dessen Abwandlungen Xare u. Xidä vor. Jedoch ersetzt das x gern das chs oder chts in Wörtern wie; Haxn, Büxn bzw. Bixn, nix. Im Buch wird diese x-Variante jedoch nicht durchgezogen. Es heißt also nicht, wie bei manchen radikalen Schreibweisen: xund, Xöichts, xehgn, sondern gsund, Gsöichts, gsehgn.

z

Das z steht oft für tz, wenn es, im Gegensatz zum Schriftdeutschen, einem langen statt einem kurzen Vokal folgt: Schåz, Roz oder Rooz = Schatz, Rotz. Der Baaz ist vom Batzen sachlich leicht, sprachlich aber stark unterschieden.

Liste der austauschbaren Vokale und Konsonanten*

Die phonetisch angemessenere Schreibweise wird links, die dem Schriftdeutschen angemessenere rechts angeführt.

a	(eingeebnetes r): Bäa, mia	r:	Bär, mir
ä:	bäs	ö:	bös
e, ē:	Benk, Brēsl	ä, ö:	Bänk, Brösl
i:	fria, miad, Iwe	ü:	früa, müad, Übe bzw. Üwe
ō:	Bōd, mōg, brōōn	a:	Bad, mag, bratn
b:	Bost, brozn, Bobberl, -al	p:	Post, prozn Bopperl, -al
d:	do, draama, Droddl	t:	to, traama, Trottl
g:	Granz, gloa, Goggl	k:	Kranz, kloa, Gockl
ng:	Reng, meng	gn:	Regn, mögn
w:	Newe, Kiwe	b:	Nebe, Kübe
z:	Schōz oder Schåz	tz:	Schatz

Durch Ersatz des linken Vokals oder Konsonanten durch den rechten ist das jeweils »radikaler« geschriebene Wort leicht zu erkennen.

Bayerische Doppelvokale und ihre hochdeutsche Entsprechung*

aa	Bāām, wāār	au, ä	Baum, wäre
äi*	Häis, zäin, Bäi; wäi nb	äl, ähl, äll; ie	Hälse, zählen Bälle; wie
ea	Reama, eam, grea; tean (Sonderform)	ie, ih, ü	Riemen, ihm, grün; tun
ee	dee, schee	ie, ö	die (= diese), schön
ei	Feier, Heiser	eu, äu	Feuer, Häuser
ia	Briaf, miad, fria	ie, ü, üh	Brief, müd, früh
oa	Loab, hoaß	ai, ei	Laib, heiß
oi*	Hoiz, Koin, Woi	ol, ohl, oll	Holz Kohlen, Wolle
ōi*	Ōim, Wōi, fōin	al, ahl, all	Alm, Wahl, fallen
ōu	rout	o	rot
öi*	Föid, Söi föin, Stöi Öi, Gröi, vöi	el, eel, ehl, ell öl, öll, ie	Feld, Seele fehlen, Stelle Öl, Geröll, nb viel
ua	zua, Fuatter Kua	u, uh	zu Futter Kuh
ui*	Buid, Zui, wui Schul, Stui Mui, abspuin, Gfui, bruin schuißn	il, iel, ill ul, uhl ull,ül ühl, üll ie (nb reg.)	Bild, Ziel, will Schule, Stuhl Mull, abspülen Gefühl, brüllen nb schießen
üa	müad, Müa	ü, üh	müd, Mühe

* siehe auch »Einschmelzung des l«, S. 22

Doppelvokale als Einebnung von b, d, t bei bn, dn, ta, wn:

laam, leem, liam, loom,	=	labn, lebn, liabn, lobn,
hōōm, Stuum	=	håbn, Stubn
reen, Frien, Boon, bōōn	=	reden, Frieden, Boden, baden

treen, schiiln	=	treten, schütteln,
Schliin, brōōn		Schlitten, braten

Wortzusammenziehungen

Es werden nur einige exemplarische und gängige Fälle angeführt:

hamma = ham ma = haben wir
samma = san ma, sam ma = sind wir
teama = tean ma, tea ma = tun wir
tama = tan ma = tun wir
gema = geh ma (geng ma) = gehen wir

Selbstverständlich lassen sich solche Zusammenziehungen über einfache und oft praktizierte Wortkoppelungen hinaus beliebig fortsetzen, bis zur Aufforderung zum bayerischen Ratespiel; na kemama = dann kommen wir; da nemama nix = da nehmen wir nichts; i mag net, sogida! = ich mag nicht, sage ich dir! Magarabiranodakare? fragte sich Karl Valentin: Mag er ein Bier auch noch, der Karl?

Unterschied der bayerischen Endungen -at und -ad (-ert und -end)

Eigenschaftswörter wie lätschert, -at = lahm, schwunglos; deppert, -at = dämlich; gstinkert, -at = stinkfaul, bezeichnen einen mehr oder weniger fixierten Zustand: Da Willi is a lätscherter, -ata Kerl. Dagegen bezeichnen Eigenschaftswörter wie woanad, stinkad (nicht gstinkert) – die eigentlich Prasenspartizipien, Mittelwörter der Gegenwart sind – mehr oder weniger einen Prozeß; sie lassen sich auf wein*end*, stink*end* zurückführen. Deshalb sind die spezifisch bayerischen Endungen -at und -ad nach Möglichkeit zu unterscheiden.

Es gibt allerdings Zweifels- bzw. Zwitterfälle. Ob einer spinnert, -at oder spinnad ist, ist schwer zu entscheiden, weil »Spinnertsein« schon einen fixierten Eigenschaftscharakter hat. Man könnte mit den schwierigen Detailproblemen der bayerischen Sprache auch spinnat oder spinnad werden – aus diesem Beispiel erhellt, warum »spinnert, -at« dem »spinnad« vorzuziehen ist: Spinnert, -at kann man werden; aber man kann kaum sagen: Er werd woanad.

Regionale Besonderheiten

-sch statt -st

Im Dachauer Hinterland, im Werdenfelserland (bis nach Tirol) wird das -st in der 2. Person Einzahl meist zu -sch eingeebnet: Hasch, kosch, moasch = hast, konnst, moanst. (Aber auch sinsch = sonst). Dadurch wird die Sprache noch mundflüssiger. Außerdem dürfte die Nachbarschaft zum Schwäbischen und Allgäuerischen dabei eine Rolle spielen. Ähnlich ist die Reduktion des -gt als Perfekt-Endung eine Spracherleichterung durch »t-Ersparnis«: Was hasch gsagg? Was hasch kriagg?

ia (üa), äi, ui in Ober- und Niederbayern (bzw. Oberpfalz)

Daß die Oberpfälzer statt fria (früa) fräi und statt schiaßn schäißn sagen, ist bekannt (auch wenn sich dieses Wörterbuch nicht auf die starke Eigenständigkeit des Altbayerischen oberpfälzischer Prägung einlassen kann). Jedoch kennt auch der Niederbayer das äi statt dem ia: wäi = wie, läiwer = lieber (obwohl das äi nicht ganz genau den Laut trifft), sowie vöi = viel etc. Überhaupt sind die Grenzübergänge nicht zu übersehen: Bou, wou, etc. heißt sowohl auf oberpfälzisch (und fränkisch) als auch teilweise auf Niederbayerisch: Bub, wo etc.

In der Further Gegend hört man dagegen weder schiaßn noch schäißn, sondern schuißn. So hat das lange i = ie drei Varianten; das oberbayerische ia, das niederbayerische äi und das wäldlerische ui.

Das nur als kleines Beispiel von Grenzfällen und Grenzübergängen.

A

ā	ein, eine: a Hund, a Katz
ā	er (nachgestellt): Was macht a denn?
ā	in (Kurzf.) vor d = die: a d Kirch
ā	an (Kurzf.) vor d = die: Stöi an Stui a d Mauer!
ā	ungefähr soviel: a drei, a vier Henna hat a (Verkürzung von aso = so: so drei, vier …)
å	ab (Wörter mit å-Vorsilbe, s. åb-)
ã	nb an
āā	auch
āāf, āf	nb auf
āāfaramōi	nb auf einmal
āāffe	nb hinauf, s. auffi
āār	auch (nur wenn nächstes Wort m. Vokal beginnt): aar a Bier
åba, åwa	herunter (s. auch abi)
åbbētn (åb gilt für folgende ab-)	durch Gebete eine Warze od. ein anderes Übel z. Verschwinden bringen
abbēttln	(einem) etw. durch dringliches, lästiges Betteln abverlangen
abboastn	abstreifen d. Schuhe an d. Abstreiferborsten
abbrecha	(sich) überanstrengen: Da brichst da koan ab! (keinen Arm etc.)
abbrennt	1. abgebrannt, 2. finanziell am Ende
abbuckln	(sich) bucklig plagen
abbussln	m. Küssen überschütten
abdrāhn	1. abdrehen, 2. mit d. Aufschneiderei aufhören! Jetzt drahst aber ab!

abdrucka	(einem) etw. unwiderstehlich abbetteln
abfein	abfaulen
abfisln, -fiesln	1. sauber abnagen, 2. im Sport d. Gegner restlos besiegen
Abfõi (reines a)	Abfall
abgråsn	1. alles ratzeputz einheimsen, 2. alle Suchmöglichkeiten erschöpfen
abgstandn	nicht mehr frisch: a abgstandne Jungfer
abhõitn	abhalten, bei Säuglingen: der Brust entwöhnen
åbi, åwi (åbi bzw. åwi gilt für alle abi-)	hinunter
abibiagn, -ng	etwas heimlich entwenden, »mitgehen lassen«: Dees hab i eam abibogn!
abibügln	(einen) sozus. plattschimpfen, nicht mehr aufkommen lassen
abidäckln	(einen) in Grund u. Boden reden, »z. Sau machen« (v. Altf. tackeln = sprechen)
abidupfa, -tupfa	völlig übertreffen (durch Drauftupfen niederhalten)
abifõin	hinunterfallen
abigscheanglt	s. vascheanglt
abikemma	»heruntergekommen«, verwahrlost, verelendet
abireißn	ein Stück auf d. Zither schneidig spielen: Reißts oan awi!
abischwimma	dem Bankrott zusteuern (»den Fluß hinunter«)
abischwoam	einen Kummer od. Streit »wegtrinken«: Schwoam mas abi!

abistöin	Bierkrüge leeren: Er hat fünf Maß awigstöit (den leeren Krug abgestellt)
abitaucha	(einen) durch Wort od. Tat herabwürdigen, nicht mehr hochkommen lassen
abitoa	1. (sich) kaputt arbeiten, 2. (einen) herabsetzen: Der hat mi abito!
abiziagn, -ng	1. (einen) schlecht machen, 2. (einem) eine Ohrfeige versetzen: I hab eam oane abizogn!
abklaubt	der lockenden Früchte bzw. Reize beraubt: Dee is scho abklaubt (v. vielen Männern vernascht)
abknöpfa	(einem) etwas billig od. umsonst abnehmen
abkocha	alles einheimsen: Da Bene hat schee abkocht!
abkratzn	sterben
ablådn, -lōōn	seinen Kummer u. Groll ausschütten
abmurksn	umbringen (v. Altf. murksen = stückweise arbeiten, grob brechen)
Abortpapierl (reines a)	Toilettenpapier
abpfueatn	nb verabschieden (Pfüa Gott sagen)
abrāāma	1. abräumen, 2. beim Spiel alles gewinnen (v. Tisch räumen)
Abs	Abitur
absaufa	1. untergehen (Schiff), 2. pleite gehen
abscheili (reines a)	abscheulich
abschiabn, -iam	1. sich davonmachen (wo es einem nicht behagt), 2. eine unerwünschte Person entfernen

abschleppa	eine liebeswillige Person davonziehen: Die hat a abgschleppt!
abschminka	(sich) etwas aus dem Kopf schlagen: Dees konn i ma abschminka!
abschmōizn	etwas Schmalz zusetzen
abschneidn, -n	aufhören, Schluß mit Sprüchen machen: Jetzt konnst abschneidn!
abschnōin	aufhören, aufgeben (d. Gurt abschnallen)
abseiln	(sich) aus d. Affäre ziehen, davonmachen
Abseitl n (reines a)	Abstelleck (abseits d. anderen Räume)
abspian	s. abspuin
abspinna	aufhören, jemand od. etwas zu begehren
abspuin	Geschirr spülen
abstaubn, -aum	(sich) etwas mühelos aneignen, »mitgehen« lassen
abtoa	1. kurz abfertigen: Den hab i glei abto!, 2. eine Sache schnellfertig von sich schieben, 3. Gewand od. Hut ablegen
abtrecken	abtrocknen
Abtritt (reines a)	Abort
abwimmen	»abwimmeln«, einen lästigen Menschen loswerden
achezn, -izn	nb ächzen
achzea	achtzehn
Adamsbutzn	Adamsapfel (Halsknorpel)
aderlassn	1. zur Ader lassen, 2. (einen) »ausnehmen«
Adn	Atem, Odem
ådraht	»abgedreht«, listig raffiniert (v. sich heimlich wegdrehen)

āvikātisch	advokatisch, per Rechtsanwalt
äiter	älter
ätschibētsch	Ausdruf d. Schadenfreude, a. s. ellerbetsch
āf, āāf	nb auf
aft	nb nach
aftad, -and	nb danach, daraufhin
afters, -as	nb übriggebliebenes
āhā	so ist's!
Āhndl, Āhnl n	Ahn, Ahnin
åi	(als a-i zu sprechen) hinunter (v. abi)
ākkrāt	akkurat, genau: akkrat so iss!
alert	munter, geweckt (franz. alerte)
ållerwei, ōllawei	alleweil, immer
alloa, alloanigs	allein
āloing	nb anlügen
Altana	Altane, Balkonveranda (ital. altana)
am	Kurzf. auf dem: am Berg
am	dem: am Hans geschenkt; einem: am Kind begegnt
ament, -end	»am Ende«, schließlich, etwa gar: Ament kimmt a net!
Amerikaner	Kleinkuchen etwa in Lebkuchengröße
Ami	Amerikaner
Amixl n	nb Amsel
amōi	einmal, 1. i. Sinn v. einst, 2. auf amoi, no amoi = auf bzw. noch einmal, 3. endlich einmal: Jetzt mach amoi! 4. i. Sinn v. partout: Dees mag i amoi net! 5. i. Sinn v. einmal (1 Mal): Magst amoi?

amōl, -ål	nb einmal (wie amoi)
Amschl	Amsel
ān	1. Kurzf. auf den: Er geht an Hof, 2. in den: Er is an Schnee gfoin
ān	den: I hab an Hans gfragt; einen: an Wagn kafft
ān	ein: so an Aff! (n als Übergang zu Vokal)
ān	er ihn: Jetz hat an dawischt!
āna	nb einer: Er hat zu ana Frau gsagt
anand, anander, -a	einander: Die zwoa mögn si anand!
ananand, ananander, -a	aneinander
Andachtsjodler	langsamer, getragener Jodler, mehrstimmig z. singen, b. feierlichen, insbes. religiösen Anlässen
andaner, -dana,	anderer
anderscht, -ascht	1. anders, 2. ganz besonders: Dees is ma anderscht zwider!
Āndivi m	Endiviensalat
angaschiern	(sich) engagieren, stark einsetzen
Angl m	Bienen- oder Wespenstachel
āni	nb s. oni
Ansprach	Gesprächspartner, Helfer b. Alleinsein: Er hat koa Ansprach
Anstand	Jäger-Hochstand (d. Jäger steht auf d. Wild an, auch wenn er sitzt)
Anstandswau-wau	zur Wahrung der Moral bestimmte Begleitperson
anständig	gut, ordentlich, voll befriedigend: Mach dei Aufgab anständig! A anständigs Essn

Ānterer, -ara	Enterich, Erpel
Antlaßtag	»Ablaßtag«, früher Gründonnerstag, heute nur noch Fronleichnamstag
Āntn	Ente
apārte, a pārte	extra: Dees hab i ma scho aparte to
aper	schneefrei (lat. aperire = öffnen)
Apfe	Apfel
Apfebāām	Apfelbaum, s. a. Epfebaam
Apfeküachl, -kiachl n	Apfelscheiben im Teig, in Fett gebacken
Apfestrudl	Äpfel in dünn ausgezogenem Teig eingerollt, im Rohr gebacken
Apruiaff	der i. d. April Geschickte
ar	1. er, 2. ein; beides nur bei Überleitung zu einem m. Vokal beginnendem Wort: Is ar aa da? So ar Aff!
ara	1. einer: Sie is zu ara Wahrsagerin ganga, 2. ungefähr: So ara zwanzg Leit san kemma
Arbat, -wat	Arbeit, s. a. Awat
arbatn, -wan	arbeiten
Ārnt	Ernte
ārschlings	rückwärts
ās	das: as Buach lesn
ās	1. es: Hast es? 2. sie (Einz.): Hast as troffa, d Liesl? 3. sie (Mz.): Habts as gsehgn, die Fackerln?
ās	er's: Hat as mögn?
ās	ins: I geh as Bett
āß, ääß	äße: I aß liaber an Kaiserschmarrn!
Aschntonna	Mülltonne (früher durch Heizreste definiert)

aso	so: Machs aso! Aso a Schmarrn! (Das a- dürfte Verstärkungscharakter haben)
aso!	ach so!
ãtã	nb angetan, s. oto
aū	auf (Bequemform): Er is aū Minga gfahrn
aua	nb heraus, s. aussa
auf	geöffnet: da Ladn is auf; da Meier hat auf
Auf	nb Uhu
aufanand, -der, -a	aufeinander
aufaramọi	auf einmal
auf d Letzt	zuletzt; am, ans Ende: Jetzt gehts auf d Letzt!
aufdoppen	(d. Gehalt) aufbessern (vielleicht. bildl. v. Schuhe mit neuer Sohle erhöhen)
auf gehts!	Aufruf zu allem Möglichen, z. B. zum Fest
auf und auf	über u. über: I bin auf und auf voi Drek
auf und nieder	(mein) ein und alles
aufaranand, -der, -a	wie aufanand
aufarbatn, -arwan, -awan	1. (etwas) zu Ende arbeiten, insbes. Rückstände, 2. völlig strapazieren: Der Bsuach hat mi aufgarbat
aufbeign	aufeinander schichten, s. a. beign
aufbettn	Betten machen
aufbicka	m. einem Stift anheften (v. picken)
aufblätln	ein Buch od. Heft u. a. aufblättern
aufbrenna	heimlich eine Blähung (Schoaß) loslassen: Hast oan aufbrennt?
aufbringa	verraten, aufdecken

aufbrumma	(einem) eine Strafe od. schwere Aufgabe aufbürden
aufbügln	1. einer Sache neuen Glanz geben, 2. jemand »auf Trab bringen« (»frischmachen«; kann z. »Schleifen« b. Exerzieren werden)
aufdocklt	aufgeputzt (v. Dockn = Puppe)
aufdrāhn	Sprüche machen, sich prahlerisch benehmen, loslegen
aufdrāht	gesteigerter Stimmung, stark aktiviert
aufdünstn	1. ein Kleidungsstück kurz m. nassem Tuch bügeln, 2. wie aufbügln (Bedeutung 2.)
auffa, -i	herauf, hinauf, s. rauf u. nauf
auffickln	aufwetzen: Der Schua ficklt mi auf, s. a. fickln
aufgåben, -gåwen	wie zufällig (wie m. d. Heugabel) erwischen
aufgeh	aufbrausen jähzornig werden
aufglegt	offensichtlich (wie aufgelegte Karten): Dees is a aufglegter Schmarrn!
aufgschmissn	hilflos, am Ende (wie ein aufgeworfener Fisch od. Regenwurm?)
aufhabn, -ham	1. das Geschäft geöffnet haben, 2. d. Hut tragen
aufhebn, -eem	1. aufbewahren, 2. i. Sinn v. Ehr aufhebn = Eindruck machen, anerkannt werden: Da hebst koa Ehr auf!
aufheierln, -aln	auflockern d. Erde (m. kl. Haue = Häuel arbeiten)
aufhoazn	1. aufheizen, 2. in Erregung bringen
aufhocka	1. sich auf den Wagen setzen, 2. (einen) m. seinem Beleidigtsein belasten: Der hockt ma auf! 3. wie aufhupfa, s. d.

aufhupfa auf die Henne hüpfen (i. übertr. Sinn auch f. Menschen verwandt)

aufklaubn, -aum auflesen (z. B. verschüttete Äpfel)

aufknöpft zugänglich (Gegensatz zuaknöpft)

aufläffa 1. auflaufen (z. B. auf ein Riff), 2. i. Sinn v. einen absichtlich i. d. Mißerfolg laufen lassen (b. Reden od. Handeln), 3. (sich) wund laufen: d Füaß auflaffa

auflegn, -ng aufladen v. Heu oder Getreide

aufleina allmählich schmelzen: Da Schnee leint auf, wird weich (lat. lenis = weich)

aufliegn, -ng (sich) durch lange Bettlägerigkeit wundliegen

auflōōn aufladen

auflurn auflauern

aufmāndln (sich) überheblich gebärden (ein Männchen machen)

aufmischn ver- bzw. durchprügeln (wie man Teig durch Schlagen mischt)

aufmucka sich wagen, aufzubegehren, sich dagegen rühren

aufmüpfi, -ig ständig dagegen redend, protestlerisch

aufnehma empfangen (i. Sinn v. befruchtet werden): d Kua nimmt net auf

aufpäcklt mit viel kleinem Gepäck beladen

aufpēppen einen Schwachen od. Kranken sorgsam zu Kräften bringen

aufpoliern einer unansehnlichen Sache Glanz verleihen

aufrappen (sich) aufraffen (v. rappeln = klappern)

aufredn, -reen (einem) etwas aufschwätzen

aufreißn (eine od. einen) zufällig antreffen u. erobern (primitive Kontaktaufnahme)

aufrichtn etwas Vernünftiges, Solides zustande bringen: A geh! Mit dem richst nix auf!

aufsågn 1. ein Gedicht od. anderen Text auswendig hersagen, 2. kündigen, verlassen: Sie hat eam aufgsagt

aufschaugn, -ng achtgeben: Kare, schaug auf!

aufschwānzn auf Trab bringen, »schleifen« (eine d. vielen Ableitungen d. Worts Schwanz ist schwanzen = züchtigen; könnte auch v. Schwanz aufbinden v. Pferden kommen)

aufsẽi noch nicht im Bett sein

aufsinga ein Lied zum Besten geben: Singts uns oans auf!

aufsitzn (lassn 2.) 1. nicht mehr weiterkommen, a. d. Trokkenen sitzen, 2. (einen) im Stich lassen, 3. (einen) m. seiner Gekränktheit belasten, 4. (sich) a. d. Wagen setzen: Sitz auf!

aufspuin 1. (sich) aufspielen, 2. mit d. Musik einsetzen: Spuits auf!

aufstecka 1. aufgeben (vom Aufstecken d. Fahne als Zeichen d. Ergebung), 2. etwas b. einem Handel od. Unternehmen gewinnen: Es is net vui dabei aufgsteckt

aufstöin 1. etw. zustande bringen: Da is nix aufgstöit, 2. eine Maß Bier stiften: Stöi oane auf!

auftäklt stark aufgeputzt (stammt vermutl. von Altform Tocke = Puppe, also wie eine Puppe aufgeputzt) s. a. aufdocklt

auftreffa	zufällig zusammentreffen: Es hat so auftroffa
Auftreiber, -a	Stimmungsmacher, Unruhestifter
aufwichsn	(einem) etw. aufdrängen (so daß es wie Wichse anhängt)
aufziagn, -ng	(einen) hochnehmen, spöttisch reizen (v. früherer Strafe des Hochziehens u. Herablassens a. d. Händen)
aufzoagn, -ng	nb angeben (prahlerisch vorzeigen)
aufzwicka	(einen) durch Spottworte aufreizen
Augndeckl	Lider
Augnglås	Brille
aui	hinauf (v. auffi)
aus	1. zu Ende, 2. sehr schlimm: Da iss ja ganz aus! 3. erpicht auf etw.: Der is ganz aufs Göid aus!
aus-Äpfe-amen, -Epfe-	soviel wie Schluß damit, basta!
ausanand, -der, -da	1. auseinander, 2. verstört, bestürzt (wie »auseinandergenommen«)
ausaranand, -er, -a	auseinander (bei Aufforderung): Gehts ausaranand!
ausbäązn, -batzn	ausdrücken (z. B. eines Furunkels)
ausbacha	1. (v. Kindern) nicht mehr schlaftrunken: Da Bubi hat no net ausbacha, 2. net ausbacha: unreif, nicht weit genug gediehen
ausbådn	f. etwas Unangenehmes unverschuldet einstehen müssen: I konns ausbadn!
ausbeißn	am Ende sein: Da beißts aus! (es reicht nicht mehr)

ausbeitln ausschütteln, s. a. beitln

ausbiagn, -ng etwas wieder geradebiegen, in Ordnung bringen

ausboazn 1. zu Ende beizen (z. B. d. Rettich), 2. mit d. Schlaf zu Ende kommen: I hab no net ausboazt

ausbōōn s. ausbadn

ausdeixln etwas geschickt auf den richtigen Weg bringen: Dees wer i scho ausdeixln (s. a. deixln)

ausdipfen aufs »Dipferl« genau austüfteln

ausduin eine Delle (a Duin) beseitigen

ausfläschln eine Flasche bis a. d. letzten Tropfen leeren

ausfrätschln neugierig, indiskret u. hinterlistig ausfragen

ausgmacht 1. vereinbart, 2. entschieden i. Sinn v. a ausgmachter Schwindel; a ausgmachter Schuft (hängt mit 1. zusammen)

ausgschäämt sehr unverschämt (ohne Rest von Scham)

ausgschissn total u. f. immer in Ungnade gefallen: Der hat bei mir ausgschissn! s. a. vaschissn

ausgwachsn 1. zu etw. entwickelt: S Deandl hat si schee ausgwachsn, 2. zu weit gewachsen: ausgwachsner Salat

auskartln, -kartln 1. durch Kartenspiel entscheiden, 2. zu Ende verhandeln

auskegln aus dem Gelenk springen: I hab ma an Arm auskeglt

auskemma auskommen: Da Kanari is auskemma; aber auch: Mir is oaner auskemma (nämlich aus dem Hintern)

auslassn 1. nicht mehr weiter gehen: Jetzt laßts aus! 2. aufhören: Laß aus! 3. schwach werden: Der laßt schee aus!

auslöffen, -leffen das dicke Ende auf sich nehmen: I muaß s auslöffen!

auslöön ausladen

ausmistn 1. den Stall vom Mist reinigen, 2. unsaubere Machenschaften ausmerzen, 3. überflüssigen Kram wegwerfen

ausnågln Nägel aus Brettern ziehen

ausnehma 1. beim Geflügel Eingeweide etc. entfernen, 2. (einem) ausnützerisch od. betrügerisch alles abnehmen

auspfündln eine gr. Menge Fleisch pfundweise abwiegen

ausquitschn 1. davonrutschen (viell. lautmalerisch), 2. auskommen (z. B. d. Katze)

ausrääma ausräumen

ausrangiert, -tschiert nicht mehr brauchbar bzw. gefragt (a. d. Abstellgleis): a ausrantschierter Boxer

ausredn, -reen ein Problem miteinander zu Ende reden

ausrichtn übel nachreden: Der richt uns aus!

aussa, -i heraus, hinaus

aussäckln (einem) alles abnehmen (die Taschen leeren)

aussatoa, aussi- herausnehmen

ausschaffa 1. ausweisen, entlassen, 2. beim Kartenspiel »Watten« Aufforderung, die Karten niederzulegen

ausschaugn aussehen: Guat schaugst aus! Es schaugt net danach aus

ausschmiern 1. betrügen, s. a. oschmiern, 2. überlisten, übervorteilen (muß nicht nur per Betrug sein): Da Rummenigge hat alle ausgschmiert und eigschossn

ausschwenka	s. ausschwoabn
ausschwoabn, -m	ausspülen
aussigråsn	fremd gehen (wie d. Kuh, die vom Nachbargrund nascht)
aussinga	sich mit Neckversen, meist Schnaderhüpfln, gegenseitig übertrumpfen (od. auch einseitig)
aussispitzn	1. herauslugen (z. B. Pflänzchen), 2. einen versteckten Blick wagen
aussistämpern, -an	hinauswerfen (v. Altf. stampern = treten)
aussitoa	s. aussatoa
ausspanna	dem anderen jemand abspenstig machen, für sich gewinnen, v. allem den Liebespartner: Da Hans hat am Willi d Rosi ausgspannt
ausspinna	(sich) eine verrückte Anwandlung z. Ende abreagieren: Spinn di nur aus!
aussuzln	aussaugen
austaucha	einen Soßenrest mit Brot austunken
Austråg	Altenteil
Austrägler	Altbauer
Auswärts	Frühling (aus dem Winter dem Frühjahr zu)
auswoadn	nb (einen) pflegen bis zum Tod (ihn »weiden« bzw. ernähren, bis …)
auswôigln	eine Angelegenheit i. d. Breite ziehen (wie Teig walken)
auszahna	auslacha, s. zahna
ausziagn, -ng	(einen) arm machen (bis aufs Hemd)

Auszogne, -zongne	schmalzgebackene Nudel, durch Rundumziehen des Teiges außen wulstig
auszōin	1. z. B. einen Miterben auszahlen, 2. (sich) rentieren: Es zoit si net aus
auszuzln	s. aussuzln
Auter, -a	Euter
Auterl, -al	kl. Auto
åwa, åwi	s. aba u. abi
Awat, awan, -atn	Arbeit, arbeiten, s. a. Arbat
åwizåwen	(sich) abzappeln, mühevoll u. meist vergeblich einsetzen
awę	nb ach wie? Ja sowas!
āwǫ	ach wo! (zusammengezogen)

B

b	die (abgekürzt) nur vor Wörtern, die mit F od. Pf beginnen: b Finger, b Feierwehr
b-	Verkürzung d. Vorsilbe be- vor s u. sch: bsorgt, bschlagn etc.
b-	zu bzw. zu- (abgekürzt) bei Wörtern mit f-Beginn wie zufrieden, zu früh: I bin bfriem; heit bist bfrüa kemma!
Bāām	Baum, Bäume
bāāmfest	stark, unbeugsam
Bāāmhäckl m	1. Specht, 2. Dreckkruste an Händen od. Füßen (rissig wie Baumrinde)
Bāāmsāāg	Baumsäge
Bāāmschui	Baumschule: Bist du in d Baamschui ganga? (Hast denn nichts Gescheites gelernt?)

bāāt	bäte
Bāāz m	1. schlammiger Schmutz, Matsch, 2. breiige Masse überhaupt, 3. Geld: I hab koan Baaz mehr!
Bāāzi, Bāzi	durchtriebener Mensch (auch im Spaß od. bewundernd gesagt; vermutl. v. Lumpazius, scherzhafte Form v. Lump)
bacha	gebacken: Heit ham ma bacha
bachan	gebacken: a bachans Hendl
bāchen	pissen (ein Bächlein lassen)
Bācherl, -al	kl. Bach
bācherlwarm	angenehm warm (vermutl. v. »Bacherl«, das ein Kind laufen läßt od. v. wachln = warm wehen: wacherlwarm)
Bachofa	Backofen
Båchratz	»Bachratte«, einer, der aus einem verrotteten oder anrüchigen Stadtviertel stammt
Backa	Backen, Wange
Backstoakāās	Backsteinkäse
Båder, -a	Friseur, früher auch Bademeister u. ärztl. Notbetreuer
Båderwāschl	Spitzname f. Friseur
Bådofa	Badeofen
Bådwāndlfüaß	kurze, etw. nach außen gekrümmte Beine
Bäck, Beck	Bäcker
Bäi	Bälle
Bäig	Bälge
Bär	als Saubär = Eber
bärig	stark, imposant, höchst erwünscht: Bärig wars!

Bärndrek	»Bärendreck«: Lakritzenstangen bzw. -schnüre
bäs	böse
Bäwi	Baby
bāff	verdutzt: Da bin i baff
Bāgāsch f	Gesindel (franz. bagage = Gepäck)
Bagatọi	Bagatelle, Kleinigkeit
bāgāzn	nb stoßweise schreien und weinen (Kinder!)
Bāgglleit	s. Packlleit
bāh	sanft, bähig: a bahs Winderl!
bairisch	bayerisch (das y ist älteren Ursprungs)
bal	falls, wenn (v. sobald): Bal i aber net mag?
Bālier	Maurer-Vorarbeiter (v. franz. parler = sprechen; er führt d. Wort)
Bāmberl-, -al-	(in Zusammensetzungen) geringfügig, leistungsschwach: Bamberlbetrieb (mit Bambs verw.)
Bambs m	Kind, abfällig gemeint: soiche Bambsn! (ursprüngl. Pams = dickes Kind; verw. m. Pansen, frz. panse; auch m. bambino?)
Bāndl	kl. Band
Bāne	s. Pane
Bānkerl, -al	»Würstchen« aus Teig, in Fett gebacken, s. Kartoffebankerl
Bankert, -at m	1. uneheliches Kind (früher, v. auf der Bank der Magd gezeugt), 2. mißliebiges Kind überhaupt
Banzn	Bierfaß (verw. mit Pansen, Wanst)
Bạpa	Papa
Bappadeckl	s. Pappadeckl

Bāppn	1. fade Miene, infolge herabgezogener Mundwinkel, 2. Mund (verächtlich): Hoit dei Bappn!
Bārạber, -a	Wildling, schlampiges Pack (vermutl. v. Räuber Barabbas)
Barchent	Innenstück d. Plümos s. d., Hülle d. Federn
Bạrrās m: …	1. Kommißbrot, 2. Militär: beim Barras
bartert, -at	bärtig
Bārtl, Bartä	kl. Bart
Bārtln	Spielart beim Kegeln
Bāsei, Basl	Bäschen
Bātzerl, -al	1. weiches Klümpchen, 2. ein bißchen: a Batzerl Kraut
Bātzlaugn	hervorquellende Augen
Batzn	1. Stück Baaz, s. d. 2. Batzen Geld, 3. Klecks
Batznlippe	tölpelhafter Mensch (v. Lippe = Philipp)
Batznstrik	knotiger Strick, bildl: Der hat Nervn wia Batznstrik
Bau	nb Bauch
baua	nb bauen
Baubarạber	Bauarbeiter (nicht so verächtlich gemeint, wie es klingt), s. Baraber
Baucherer	Wassersprung: Aufpraller m. d. Bauch (Bauchplatscher)
Bauchgrimma	Bauchzwicken
Bauernfünfer	Schimpfwort v. Städtern geg. unhöfliche Leute (vermutl. v. früheren Gerichten, bei denen 5 Bauern Geschworene waren)
Bauernschua	Maßbezeichnung, wenn es weit fehlt: um an Bauernschua
Baumensch	Bauunternehmer oder -meister

Baunkerl	s. Bankerl
Baunzerl, -al	nb Rohrnudel, -ln (s. d.)
bauschert, -at	bauschig
Bavēsn	s. Zwetschgnbavesn
Bāzi	s. Baazi
Bāzuin	Bazillen
Beck	s. Bäck
bēcka	1. picken, 2. leicht anstoßen: Eier becka
bedanga	bedanken
Bēdlmo	Bettelmann
bēdln	betteln
beem	beben
Beerl	kl. Beere: Weinbeerl etc.
begln	bügeln
beianand, -der, -a	wie beinand, s. d.
beiaranand, -der, -a	beisammen (zusammen)
Beicherl, -al	Bäuchlein
Beifōi	Beifall
Beigerl, -al	Hörnchengebäck, Nußbeigerl
beign, -ng	beugen
beign	(v. Altf. der Beig, Haufen) aufeinanderlegen
Beil	Beutel, s. a. Beitl
Beilag	Speisenbeilage
beim	bei dem
Beim	Bäume
bein	beim (mundfaule Form): bein Essn

beinand, -der, -a 1. beisammen (zusammen), 2. in einem Zustand: I bin guad beinand

Beirin Bäuerin

Beischerl, -al Beuscherl: geschnetzelte Kalbslunge

Beisl n Kneipe, kl. einfache Schenke (v. hebr. bajiss = Haus)

Beispui Beispiel

beispuimaßi, -ig zum Beispiel

Beiß juckender Hautausschlag

Beißerl, -al Kinderzähne

beißn (einen) stören, beunruhigen: Dees beißt mi net!

Beißn f keifendes Weib

Beißzang wie Beißn

Beistrich Komma

Beitl Beutel

beitln beuteln, wie einen Beutel durchschütteln: Den hab i beitlt!

Beitlschneider einer, d. f. seine Leistung unverschämt viel Geld verlangt

Beizerl, -al nb Rohrnudel ohne Füllung

Bekümmernis n Kummer: Was hats denn für a Bekümmernis?

Bēlli 1. Kopf, 2. Schellensiebner b. Kartenspiel Watten (verw. m. Bollen u. Ball)

Bēllibum wie Belli 1.

benzad penetrant nörgelnd, in einen hineinredend

benzn tun wie oben

Benzn f ständig »benzendes« Weib

bereits	fast: Dees Auto kost bereits zwanzgtausnd!
Berzl m	Bürzel v. Gans, Ente, Huhn
Bēsn	schlampiges od. sich herumtreibendes Weib, milderer Gebrauch: leicht wüst aussehendes Weib
Bessaner, -a, -e	(ein) Besserer (Höhergestellter), 2. besserer: a bessaner Vorschlag
bēt	gebetet
Bētbruader	beteifriger Mann
Betonstēßl	kurze, rundum gleich dicke Beine
bētschiert	ausgeschmiert, blamiert (v. petschieren = mit einem Siegel, d. i. Petschier versehen)
Bētschwester	beteifriges Weib
bēttad	dauernd betend, frömmelnd
Betthåfa	Nachttopf
Betthupferl, -al	kl. Naschwerk vor d. Zubettgehen
Bettlbruader, -a	Mensch, d. Verwandte und Bekannte häufig anbettelt
Bettsach	Bettzeug
Bettsoacher, -a	»Bettseicher«, der Eichelsiebner beim Watten
Bettstōōd	Bettstatt
Bettziachn f	Bettbezug
Bēzerl, -al	kl. Lamm, auch Kosename
bi	1. bin, 2. sei (Aufforderung): Bi staad!
biagn, -ng	biegen
biatn	bieten
Biawerl, -al	kl. Bub, s. a. Büaberl
Bibberlmost	nb Jungmost, noch nicht ausgegoren (bibbert noch s. d.)

bibbern	am ganzn Leib zittern
Biberl n	Küken od. auch junges Huhn, s. a. Biwal
Bibgockl	Truthahn
Bibi n	1. Kinderzipflein, 2. Bibi macha: pissen (b. Kindern)
bicka	kleben, klebrig sein
bickat	klebrig (v. Pech)
Bide, -ä	Stenz, alberner Kerl (Zusammenh. m. Büttel, Altf. Püdel? sonst unausmachbar)
Bidschä	Budget, Haushaltsplan
biegln	bügeln
Bierbaß	tiefe Stimme, zuweilen v. Saufen
Bierbauch	Dickbauch v. Saufen
Bierdimpfe	Bierliebhaber, meist a. d. Säufernase erkennbar
Bierfuizl	Untersetzer für Bierglas, früher aus Filz
Bieß	1. künstl. Gebiß, 2. bei Speisen: einen Biß haben (zwischen mürb u. zäh)
Bifang	zwischen d. Furchen aufgeworfener Teil d. Ackers, z. B. Kartoffelackers (vermutl. v.: durch Furchen doppelt be- bzw. eingefangen; lat. bi- = zwei-)
Biffä	s. Büffä
Biffe	s. Büffe
biffen	s. büffen
Bifflamọtt	(franz. boeuf à la mode) Sauerfleisch in dunkl. Mehlsoße
bigott, -isch	frömmlerisch
Billēttl	Billett
Billēttlsålåt	Häufung verschiedener Billets

Bimbas, -us	Schädel (abwertend; viell. verwandt mit bimsn = v. Zorn beben u. anschwellen)
bimma	s. bimsn
bimmen	bimmeln
bimsn	vor Wut innerlich beben
Binkerl, -al	1. kl. Beule, 2. Bündel, Last (am Rücken abstehend wie eine Beule)
Binkl m	1. Beule, 2. fein gekleideter Knabe od. Jüngling (v. Binkel = schöne Rundung)
Bir, Birl	Beere
Bisch	Büsche
bischbern, -an	nb wispern
bisln	pissen
Bislwasser, -a	Urin, meist i. verächtlichem Vergleich: die Limo schmeckt wiar a Bislwasser!
bißl; bißerl, -al	(ein) bißchen: a bißl Soiz
Bißgurkn, -gurrn	zänkisches Weib
Bitschn f	Kanne m. Traghenkel, z. B. Millibitschn: Milchkanne
bittgarschee	ich bitt' gar schön: dringende Bittformel
Biwagockl, Biwahenna	Truthahn, Truthenne, s. a. Bibgockl (v. bibbern)
Biwal	s. Biberl
Biwe	Bibel
Biwihenna	Glucke (v. Laut »biwibiwibiwe«)
Bixlmadam	Frau, die sozusagen auf die Sparbüchse angewiesen ist, aber dennoch renommieren will
bixln	s. büchsln

Bixn	1. Büchse, 2. Vagina (bayer. Brauch: bei Geburt eines Mädchens eine Büchsen-Spur z. Haus zu legen)
Blāātl	Blatt, s. a. Blatl
Blåcha	gr. Tuchdecke, z. B. über Wagen gespannt
Blådern, -an	Blase, insb. Hautblase
bläd	blöd
Blädl	einfältiger Mensch
blädln	spaßhalber Unsinn reden
Bläß	Kuh m. weißem Fleck a. d. Stirn, s. a. Bleß
Blāfõ	Plafond, s. a. Plafo
blāhn, blāht	blähen, gebläht
Blamāsch	Blamage
blank	1. pleite: I bin blank, 2. blank geh = ohne Mantel gehn
Blåsengl	Mensch m. aufgeblasenen Backen (wie Barockputten)
Blåsmusi	Blasmusik
Blåsn	1. Blase jeder Art, 2. Harnblase, 3. Gruppe Jugendlicher, die dick zusammenhält
Blåswürscht	nb heiße Kartoffeln (»Ersatzwürste«, die man blasen muß)
Blātl	Blatt, s. a. Blaatl
Blatschạri m	1. (abwertend) große Medaille (v. Blätschn = gr. Blatt), 2. gr. breiter, unförmiger Hut
Blätschgen, blatschgen	1. Wurfspiel m. Metallscheibe, 2. flache Steinchen übers Wasser springen lassen
Blaukraut	Rotkohl
Bleame	1. Blume (Mz. Bleame), 2. Blümlein (dann Mz. Bleamen)

Blechstimm	scheppernde Stimme
blēcka, blēgga	1. blöken (Schafe), 2. weinen
Bleichn	Wäschebleiche
bleierner Fisch	Ausdruck f. einen schlechten Schwimmer
bleim	bleiben
Blembe m	schlechtes Bier, s. a. Plempe
Blēsche, -l	s. Plesche
Blēß	s. Bläß
Blia, blian, bliarad	s. Blüa
bliatn	bluten
bliem	geblieben
blinkezn	nb blinzeln
blitzn	(einen) z. Narren halten, prellen
Blōa f	nb Leinwand (verw. m. Blacha)
Bloach f	Grundstück, auf d. Leinwand gebleicht wird
Bloama	Blume, -en
Blocker	Handgerät z. Parkett bohnern
Blōdan	s. Bladern
bloßfuaßert, -at	barfuß
bloßkopfert, -at	barhäuptig
Bluat, bluati, -ig	Blut, blutig
Bluats-	als verstärkendes Kraftwort gebraucht, s. folgende
Bluatshitz	unerträgliche Hitze
Bluatskerl	abgefeimter Mensch

Bluatssauerei	Mordsschweinerei
Bluatwurscht	Wurst, mit gestocktem Blut zubereitet, s. a. Blunzn
Blüa, blüan, blüarad	Blüte (i. Sinn in der Blüte), blühen, blühend
Blümo	Plumeau, s. Plümo
Blunzn	1. Blutwurst, 2. Schweinsblase, 3. dicker Hintern bzw. deren Besitzer, -in
Blusn	Bluse
bo	bei, s. a. bon
Bō	nb Bach
Bõ	Bahn
Boa, Boana	1. Knochen, 2. Gliedmaßen: Mir tean d Boana weh
Boandl	kl. Knochen
boanern, -an	aus Bein, knöchern
boanert, -at	wie boanig
boani, -ig	knochig: a boaniger Kerl
Boar	Bayer
boarisch	bayerisch (sozus. echt bayerisch)
Boazn f	1. Beize, 2. Beisel, kl. gemütliche Schenke
boazn	1. beizen, 2. boazn lassn = (einen) lange warten lassen (mürbe machen)
Bobberl, -al	s. Bopperl
Bock, Bok m	Starkbier; der Name stammt vom »Einbecker Bier« (Niedersachsen), das die bayerischen Herzöge im 16. Jahrh. in großen Mengen einführten. Da es durch die Fracht sehr teuer kam, berief Herzog Wilhelm IV. einen Braumeister aus Einbeck nach München. Er verhalf Bayern zum »Ainpöckisch Bier«, dem Bock.

bocka	beleidigt schweigen, stur nicht mehr mitmachen (»böckisch« sein)
bockboani, -ig	stur, unnachgiebig
Bockerlbō	kl. Eisenbahn, v. allem in Vergnügungsparks etc. (wie v. einem kl. Bock gezogen; od. v. Altf. böckeln = rütteln, schütteln)
Bōda	Bader, s. d.
böcken	»böckeln«, nach Ziegenbock riechen
böifern, -an	belfern, ständig bellen bzw. schimpfen
Bohnastanga	langer, dürrer Mensch
bohrad	bohrend, lästig in etw. od. einen eindringend: a bohrader Kerl
bōi	sobald, wenn, falls: Boi i di dawisch!
Bōi, Bōin	Ball, Bälle
bōid	1. bald, 2. beinahe: Jetzt hätt i mi boid dafoin!
Boidl n	kl. Bollen, z. B. Schafboidl
Bōikn	Balken
Boin	1. Bollen, 2. unhöflicher, sturer Mensch
Boinbruader	furchtsamer Mensch (der in die Hose macht): Da hab i Boin!
bōis	sobald es, wenn es (Zusammenziehung boi + es)
Bōisam	Balsam
Boizn, boizn	1. Bolzen, 2. stämmiger Kerl; einen harten, straffen Fußballstoß machen
boizngråd	stracks geradeaus: Er ist boizngrad an Baam higfahrn
Bojazzl	Hanswurst (v. Bajazzo)
bollisch	störrisch, unhöflich

bon beim: I bin bon Kramer

bonaranand s. beiaranand

Bōōch Bach

Bōōchratz s. Bachratz

Boon Boden

bōōn baden

Bopọ Popo

Bopọscheitl Frisur mit gerade gezogenem Mittelscheitel

Bopperl, -al 1. bevorzugter Liebling, 2. liebes zierliches Wesen, s. a. Bobberl

Boschn 1. Busch, 2. Büschel: a Boschn Stroh

Boschnzaun Zaun v. Büschen od. kl. Fichten

Bọsnickl leicht aufbringbarer, aggressiver Mensch

bossiern das Wachs formen

Bot 1. Bote, 2. (früher) Partie im Kartenspiel (v. bieten); oi Bot: eigentl. bei jedem Spiel; so oft man will bzw. allzuhäufig: Da Willi wui oi Bot was anders!

bōtschat s. patschert

Bōtschn s. Patschn

Bōu nb Bub (auch oberpf. u. fränkisch)

bōuchan nb »buchern«: hölzern, schwerfällig

bōun nb baden

bōuschti rauh, unfreundlich (v. borstig)

brāāch, -at bräche

brācha brauchen

brācht brächte

Bräsl n Brösel, Krümel

Brätschn f gefächerte Rute (Kasperlwaffe)

Brand	großer Durst, auch Rausch
brãndln	nach Brand od. angebrannt riechen
Brandsoin	fußnächste Schicht d. Schuhs: Da föits an da Brandsoin = da fehlt es arg
brãng	brächte (selten)
brãsauer, -a	nb »brandsauer«: vom Brand = Rausch darnieder
Brãt	feingehacktes Fleisch, z. B. z. Wurstfüllung od. f. Leberkäs (nicht mit »braten« verwandt, auch wenn die Wurst dann gebraten wird. Im Wort Wildbret erkennbar)
Bråter, -a; m **Braterer, -a**	gr. Taschenuhr (einem Brater = einer Bratpfanne ähnlich, nicht verwandt mit Prater in Wien)
Bråtwürschtlfinger	Finger in Würstchenform, s. a. Schweinswürschtlfinger
Brautweiser	nb »Organisator« u. »Moderator« d. Hochzeit (u. a. m. lustigen Zwischentexten)
Brãwa	nb Brombeere, -en (Brambeere)
Brãxer	s. Keiwibraxer
breanzln, breazln	herumtrödeln, nicht fertig werden (viell. v. brenzln = schmoren, aber nicht richtig anbrennen)
Breatn	Breite
brẽchln	Flachs brechen
Brecke	s. Bröcke
Breel	s. Brel
Brei	1. beim Brei: beim Bräuwirt, 2. nb Hirse (v. d. man Brei macht)
Breigaul n	Bräuroß
Breimoaster, a	Braumeister

Breindl	»Bräundl«, braunes Pferd
Brel, Breel	kl. Brett, s. a. Bretl
Brema f, Brem m	Bremse: Stechfliegenart
bremsig	v. innen her pricklig, v. Unruhe getrieben
Bremsn	s. Brema
brenna	(sich) brennen = sich sehr täuschen (geht auf d. Brauch zurück, durch die Feuerprobe die Wahrheit zu erweisen. Wer die Unwahrheit behauptete, hat sich »gebrannt«)
Brennsuppn	Einbrennsuppe. I bin net auf da Brennsuppn dahergschwumma: Ich bin wer!
Brentn f	1. Bottich, 2. breitleibiges Weib, 3. Name f. breite Berge (dann der B.)
Brĕsten m	Gebrechen, auch schmerzende Stelle od. kränklicher Zustand
Bret	Brett
Bretl	kl. Brett
bretlbroat	»brettbreit«, sich breit machend: Er macht si bretlbraot
bretlebn, -eem	eben wie ein Brett (z. B. schwachbusige Damen)
Bretln	Skier
brezern, -an	charmelos (vermutl. wie eine alte Breze)
Brezn	Bretze; wiar a Brezn = zuverlässig (wie die Morgenbretzen) (ital. brachiatello, v. d. Form ineinander verschränkter Arme)
Breznstangerl	dünne Salzstäbchen, s. Soizlettn
Bria, brian, briat	s. Brüa etc.
Briader, -a	s. Brüader

Briaderl, -al	s. Brüaderl
Briaf	Brief
briawarm	s. brüawarm
Bries	zartes Fleisch an Lunge od. Hals b. Rind od. Lamm, z. B. Kalbsbries
brimsln	nach Brand riechen
brinna	nb brennen
Britschler, -a	s. Pritschler
britschln	s. pritschln
broat	breit
Broatn	Breite
broatoaschert, -at	mit breitem Hintern
brocka	Beeren od. kl. Blumen pflücken
Bröcke n	wie Bröckerl
Bröckerl, -al	1. kl. Brocken, ein bißchen, 2. freches Bürschchen: so a Bröckerl!
brōōn, Brōōn	braten, Braten
Brotladn, -lōōn	abfällig f. Mund: Hoit dein Brotladn!
Brotzeit	sog. schönste Zeit, Vesper
Brout	Brot
Bruader, -a	1. Bruder, 2. unzuverlässiger Mensch: Du bist ma so a Bruader!
Bruat	Brut
bruat	gebrütet
Bruathenna	1. brütende Henne, 2. Frau, die immer nur zu Hause hockt
bruatn	brüten
Bruathitz	brütende Hitze
Brüa	Brühe

Brüader, -a	1. Brüder, 2. anrüchige Leute: Dees san so Brüader!
Brüaderl, -al	Brüderlein; nicht immer freundlich gemeint: Wart nur Brüaderl!
brüan	brühen
brüat	gebrüht
brüatn, brüat	(üa kurz), brüten, gebrütet
brüawarm	unmittelbar, lebfrisch: Er hats brüawarm erzäit
Brüstlfleisch	Rippenfleisch, früher Armeleuteessen, heute »Spareribs«
Bruiaff	Brüllaffe, brüllender Mensch
Bruimeier	brüllfreudiger Mensch, lautstarker Sprecher
bruin	brüllen
Bruin	Brille
brummen	brummeln
brumpfin	nb brummen
brunga	gebracht
brunna	gebrannt: Beim Wirt hats brunna
brunzln	n. Urin riechen
brunzn	pissen (v. Brunnen: wie ein Br. fließen)
Brusttēē	scherzhafter Ausdruck f. Busen: I moan, du brauchst an Arm voi Brusttee!
bsaufa	besaufen
bschāndln	beschädigen
bscheißn	beschwindeln
Bschieß, Bschiß	»Beschiß«, Betrug
bschlågn	1. ein Pferd beschlagen, 2. mit Wissen beschlagen

Bschoad m	1. Bescheid, 2. Festmahlrest z. Heimbringen
Bschoadtüache	Tüchlein f. d. Bschoad (mann nimmt mit, was einem »beschieden« ist, was man aber nicht mehr aufessen kann)
bsēhgn, -eng	besehen
Bsteck	Besteck: D Köinerin hat s Bsteck zspät bstöit
bstöin	bestellen
Bsuach, bsuacha	Besuch, besuchen
bsuffa	besoffen
Bsuffaner, -na	Besoffener
bsundaner, -na	besonderer: Da Toni is a Bsundana!
bsunders, -as	besonders
bsunna	besonnen: I hab mi bsunna
Bua	Bub
Buaberl, -wal	kl. Bub
Buach	Buch
buachern, -an	aus Buchenholz
Buachn	Buche
Buale	kl. Bub (Koseform): Kumm, Buale!
Buam, Buama	Buben
Buaß	Buße
Buckl	Buckel, Höcker
bucklert, -at	bucklig
bucklkrāx	auf d. Rücken wie eine Kraxn: I trag di bucklkrax
buckln	devot, kriecherisch sein (Bücklinge machen)

Budl	(Laden-)budl, Ladentisch
Büaberl, -wal	kl. Bub
Büchslmadam	s. Bixlmadam
büchsln	zur Kasse gebeten sein, zahlen
Büffä	Büffet
Büffe	1. Büffel, 2. sturer, ungefälliger Mensch, s. a. Biffe
büffen	angestrengt lernen
Bürsche	wie Bürscherl
Bürscherl, -al	sehr junger Bursch, meist abwertend: Wart nur, Bürscherl! (freches)
bürschtln	1. bürsten, 2. Ausdruck f. ein Weib »lieben«
Bürschtn	1. Bürste, 2. ungepflegtes, ungeordnetes Haar
Bürschtn-binder	im Ausdruck: Der sauft wiar a Bürschtn-binder (trockene Arbeit v. Entstauben d. Borsten u. Haare)
Buid	Bild
Buidl	kl. Bild, aber auch Bild überhaupt
buidn	bilden
Buidogg	Traktor (Bulldogge)
buidsauber	bildschön
Buidstöckl	Marterl, Betstein am Weg
Buidung	Bildung
Bumbs m	kl. Blähung, die das Freie sucht
Bummerl, -al	1. junger Stier, 2. etwas langsam denkender Mensch, 3. dickliche Person
bumperl-gsund, -al	s. pumperlgsund
bumpern, -an	s. pumpern

Busam Busen

Buschn m Büschel, Strauß

Buserl, -al kl. Busen

Busserl, -al Kuß (lat. basiare)

bussiern poussiern: Da Willi bussiert mit da Hilde

bussln küssen

Butz 1. kl. Kerl, auch Kosewort, 2. Kobold (Butzemann)

Butzerl, -al ganz kl. Kerl

Butzküa Tannenzapfen (viell. v. Butz = kl. Wesen)

Butzlwar Kindervolk

Butzn m Kerngehäuse, nach d. Essen übrig: Apfelbutzn etc.

Buwi Bubi

Buzerl, -al s. Butzerl

C

Charcutier (franz.) früherer Name f. Fleischer, s. a. Schakutjee

Chārivạri 1. (aus dem Frz.) Schmuckgehänge am Trachtenanzug bzw. -kleid, ursprünglich buntscheckig gekleideter Kerl; aber auch lärmendes Durcheinander (Katzenmusik) zu Spott oder auch lustiger Ehrung, 2. Name einer bayer. Kulturzeitschrift, s. a. Schariwari

Chemiserl, -al Hemd- od. Bluseneinsatz, s. a. Schmieserl

Christbaam Christbaum

Christkindl Christkind

Christl früherer Name f. Skischwung mit parallelen Skiern

christli	christlich, christli teiln: ehrlich teilen
Christmettn	Christmette
Couplet	scherzhaftes Volkssängerlied (frz. couplet = Liedchen)

D

d	die (Kurzform): d Kirch
d	du (Kurzf. b. verbindendem s): wenns d magst
dā	der: da Pfarrer
dā	dir (nachgestellt): I gib da was
dā	Vorsilbe der-, meist m. d. Bedeutung -er, -zer: dabarma etc.
Dāāche	kl. Dach: unter meim Daache = bei mir daheim, s. a. Dāche
Dāāma	Daumen
dāāmalang, daam-	daumenlang; oi daamalang: lästig oft (jede »Daum-Elle«: früheres Maß eines halben Ellenbogens)
daamalutschn	am Daumen saugen
dāāsi	wie umnebelt, ganz still geworden: Er is daasi worn, s. a. dasi
dāāt	täte, s. a. taat
Dāātschi, Dātschi m	Blechkuchen, v. allem Zwetschgendaatschi (es werden Früchte drauf »datscht«, s. d.)
dābāāzn (dā gilt für folgende da-)	zu »Baaz« zerdrücken
Dabarmnis n	Erbarmen: Er hat a Dabarmnis ghabt

dabētn	durch Gebet erreichen
dabitt	durch Bitten erreicht
dablēcka	ausspotten (eigentl. m. Zungenblecken verbunden
dabräslt	1. zerbröselt, 2. völlig erschöpft, 3. tödl. verunglückt
dabremsn	durch Bremsen gerade noch z. Stillstand bringen; einem Unglück gerade noch Einhalt gebieten können
Dāche	s. Dääche
dāchen	stehlen (wie die Dohle)
Dāchl f	Dohle
Dāchsn	s. Daxn
Dachtl	Ohrfeige
dåda	genau da
dadāätschn	s. dadätschn
dadådat, -dattert	verdattert, verschreckt
Dadädl, Dadirl	s. Ladirl
dadätschn	zerquetschen, kaputtdrücken; aggressiver Konjunktiv: Den kunnt i dadätschn!
dadēpft	erschöpft, erledigt (viell. v. tappig)
dadrucka	erdrücken
daessn	aufessen können: I konns nimmer daessn!
dätschn	quetschen, ein- od. zusammendrücken
Dätschn f	Schlag m. d. flachen Hand auf d. Kopf
dafanga	(sich) wieder fangen, fassen
dafeit	1. verfault, 2. abgefeimt: a dafeiter Hund
dafōin	(sich) zu Tode stürzen
dafotzt	mit Ohrfeigen eingedeckt

dafrågn	durch intensives Fragen herausbekommen
dafrert	erfroren (nur v. Körperteilen): d Finger dafrert
dafrorn	sehr kältescheu: I bin a ganz a Dafrorner
dagārbn, -m	erdrücken (v. Altf. garben = drücken, würgen; vermutl. v. Drücken des Leders beim Gerben)
dagebn, -eem	ergiebig sein, vollauf reichen
daglanga	Hochliegendes erreichen: Er hats net daglangt
dagneißn	etwas erspähen, »spitzkriegen«, merken, daß es so ist
dagrāätschn, -grātschn	etw. grade noch erreichen (m. langen Grätschschritten)
dagurgln	erdrosseln
dahaut	1. erschöpft, zerschlagen, 2. heruntergekommen
dahebn	gerade noch halten können: I habs grad no dahebt
dåhi, dahį	dahin: 1. dorthin (dåhi), 2. dahi (endbetont) hinweg: s Göid is dahi! 3. dem Ende zu: Mit uns gehts dahi! 4. mit Schwung voraus: Dahi gehts!
dahoam	daheim
dahoazn	voll ausheizen: Die Wohnung konnst net dahoazn
dahōitn	noch zum Halten bringen können: I hab an Wagn no dahoitn
dåig	hiesig, einheimisch
dairm	erben
dakemma	schockiert, entmutigt sein: I war ganz dakemma

dakennt	anerkannt, gewürdigt: Es is nix dakennt!
dakerwen	zu Tode stürzen: Es hatn dakerwet, s. kerwen
dakrein	gerade noch erwischen (mit d. Krallen)
daläffa	noch erlaufen
dalanga	noch ergreifen, erwischen: I habs grad no dalangt!
dalebn, -leem	erleben
daleidn	ertragen: I konns net daleidn
dalinsn	erspähen (mehr zufällig)
daloabet, -wet	1. entkräftet, 2. »entleibt«: tödlich verunglückt
daloatn	noch lenken können: Er hat an Karrn nimmer daloat
dalogn, -ng	erlogen
dalüagn	m. Lügen eindecken: Der hat di schee dalogn!
dalurn	erspähen
damacha	durchhalten, ertragen: I konns net damacha
damäcka	abmurksen (v. Altf. dermacken = umbringen)
damätscht	ermattet (zu Matsch geworden)
dämisch	1. dämlich, 2. schwindlig (v. Altf. täumisch = taumelig)
Dämpes	Rausch, Benommenheit vom Rausch
Dampf	wie Dampes
dämpfen	»dampfeln«, v. Schweiß od. anderem dunsten
dämpfi	dunstig

Dampfnudl Dampfgebäck aus Hefeteig; bildl: Der geht auf wiar a Dampfnudl = er erregt sich schnell u. heftig

daneem daneben

danga danken

dani nb hinab, -nunter

daniern, -niehrn nb ernähren

dankschee dankeschön

danna von dannen: er geht danna

danōōch danach

dānt Ausdruck b. Watten. Wenn z. B. d. Grasneuner den Grasachter sticht, sticht er dant: ein billiger Stich ohne Trumpfeinsatz. Bildlich: Den nimm i dant! (sozus. m. d. linken Hand) (viell. v. Altf. tantln = m. Kleinigkeiten tauschen)

dāntschi, -ig niedlich (v. kl. Kindern u. jungen Mädchen gesagt)

Dānz »Tänze« i. Sinn v. unnötige Scherereien od. Sprüche machen

dapacka noch schaffen, bewältigen: Dees dapack i nimmer!

dāppert, -at bedeppt, auch zeitweise, z. B. durch Schlag a. d. Kopf

dāppi deppenhaft, z. »Deppen« geworden: I arbat mi dappi!

dar da = dir m. anhängendem r als Verbindung zum Vokal: I schenk dar a Ketterl

dareitn 1. reiterisch bewältigen, 2. durch Reiten einholen

darenna (sich) zu Tode rennen

Dārf	Dorf
Dārm	Gedärme: Mit de Darm stimmts nimmer ganz
darōōn	erraten
dasaufa	ertrinken
daschnaufa	mit d. Atem durchhalten: I habs kaum daschnaufa könna
dasell	nb derselbe, derjenige, s. a. dasöi
dāsi, -ig	s. daasi
dasöi	derselbe, derselbige
daspēchtn	erspähen
daspitzn	erspähen
dasteßn	1. totstoßen, 2. (sich) total überanstrengen: I konn mi doch net dasteßn!
dasuffa	»ersoffen«, ertrunken
datō (v. datoa)	1. noch geschafft: Er hats no dato, 2. völlig abgeschafft: I bin ganz dato!
datreen	zertreten
Dātscherl, -al	Tätschelklaps, s. auch Tatschler
Dātschi	s. Daatschi
dātschln	tätscheln, s. auch tätschln
dātschn	s. dätschn
Dātschn	1. allg. Gerät zum Zusammenpressen v. etwas, 2. Kamm z. Krempeln (Kämmen) d. Wolle
Datterer	s. Tatterer
Dāttl	wie Datterer
Daubn	Zielklotz b. Eisstockschießen
Daum	s. Daubn
daußd	draußen

davā nb davon

davõ davon

davor außer davor auch vorher: Davor war i no in da Kirch

Davọsamützerl früherer Ausdruck f. Baskenmütze (aber keine ausladende)

dawāl nb derweilen, s. dawei

dawart erfolgreich abgewartet: I habs dawart

dawaschn durchnäßt (z. B. v. Regen)

dawei 1. derweilen, 2. statt dessen: Äpfe hätt i woin, dawei hams nur Birn ghabt

dawerfa 1. kaputt od. zu Tode werfen, 2. werfen können: Den Stoa konnst net dawerfa!

dawert Verkürzung v. der Mühe wert: Es is net dawert

dawischn erwischen

dawuschn dawischt: erwischt

dawuzln 1. umbringen (zu Würstchen drehen), 2. völlig vernichten: Den hats dawuzlt, 3. zärtlich: I kunnt di dawuzln!

Dā̤xkrai Werkzeug zum Entfernen und Zerhacken von Dachsen bzw. Daxn, s. d. (v. krein, kratzen, s. d.)

Dāxn Nadelholzzweige, s. a. Dachsn

dazogn, -ng mit Mühe ziehen können: D Roß hams dazogn

dazua dazu

de die od. den (unbetont): de Leit da; i habs de Leit gsagt

deana dienen

Deandl Mädchen (dagegen Dirndlkleid, s. d.)

Deanst	Dienst
Deansta, -ag	Dienstag
Deanstbot	Dienstbote
dēcht	denn doch: Dees hab i ma decht denkt!
decka	begatten (bei Tieren)
Deckl	flacher, komisch wirkender Hut
dee	die (betont): Dee iss! Dee sans!
deesmoi	dieses Mal
dēi	dein
deichsln	s. deixln
deicht	däucht, dünkt: Mir deicht, du schwindlst
Deifi	Teufel, s. a. Teifi
deim, dein	deinem, deinen: Pfeif deim Hund! Hoit dein Schnabe: Aber auch (Bequemform): In dein Haus brennt s Liacht!
deiner, -a	dir i. Genitiv: Zweng deiner bin i kemma!
Deiter	Deuter, Hilfszeichen: Gib mar an Deiter!
deitli	deutlich
deitln	etwas Abgeschlossenes kleinlich umdeuten oder umändern wollen: Da gibts nix dro zum deitln!
deitsch	deutsch
Deixl	1. Wortvariation v. Deifi: Pfui Deixl!, 2. Deichsel
deixln	eine aufgetretene Schwierigkeit geschickt meistern, z. T. mit nicht ganz legaler Nachhilfe (so wie man ein Fuhrwerk durch Handhabung der Deichsel in die Furt bringt)
dekoriert	m. Orden geschmückt
denga	denken

dengerscht, -ascht	dennoch, s. a. dennerscht
dengln	die Sense klopfen
denkt	gedacht: Dees hab i ma glei denkt!
Denna	s. Tenna
dennat	nb wie dennerscht
dennerscht, -ascht	dennoch: Dees hätt i ma dennerscht denga könna
Dēpp	1. Idiot, 2. Schimpfwort f. jeden, der etwas Unpassendes sagt od. tut (verw. m. täppisch): o, i Depp!
Dēpperl, -al	Dummerl
dēppert	bedeppt, depperter Hund!
dera	der (Wemfall): Dera hab i gsagt
deratwegn	nb deswegen
dercht	s. decht
derfa	dürfen
derrt	gedörrt: derrte Birn
desell	nb wie desöi
desöi	dieselbe, dieselbige
di	dich
Diab	Dieb
diam, diamoi	ab und zu (v. Altf. diemalen)
diạmōi	wie diam
Dicke	den Regensburgern (s. d.) ähnliche, aber fettärmere Würste
Dickerl, -al	Dickerchen
dickhabn, -ham	nicht ausstehen können
Dietschi m	flacher, komisch wirkender Hut (v. gedätscht, s. dätschn), s. a. Ditschi

Diezl	Schnuller
Diftler, -a	Tüftler
diftln	tüfteln
Dimpfe	s. Bierdimpfe
Ding	Weibsperson i. positiven od. negativen Sinn: So a netts Ding! So a dumms Ding!
Dingin f	wie Ding
dinn	drinnen
dinnat	wie dinn
dipfen, nei-	1. besiegen (sportlich), 2. b. Fußball den Ball ins Tor stupsen: Er hatn grad no neidipfet
Dipferl, -al	Tüpfelchen
direkt	ohne Umschweife, steht auch für am liebsten: I kunnt di direkt fressn!
Diridạ̄ri	Geld (viell. verw. m. Altf. Diradey: Gemisch aus Korn u. Gerste, s. Gerschtl)
Dirn	Magd
Dirndl	1. Mädchen, 2. Dirndlkleid
Dirnei	Koseform f. Mädchen
dischkriern	sich angelegentlich unterhalten (lat. discurrere = hin- und herlaufen bzw. hin- und herreden)
Dischkurs	angelegentliches Gespräch
dischputiern	diskutieren (lat. disputare = sich unterreden)
Ditschi	s. Dietschi
do	doch
do schõ	doch wohl: Dees werd do scho glanga!
dō	da
doa	tun, s. a. toa

Doag Teig, s. a. Toag

Doagaff s. Toagaff

doagat teigig, lasch

Doaggsicht teigiges Gesicht

Dockerl, -al Püppchen (v. Altf. Tocke = Puppe)

dōda s. dada

Dōdara s. Tatterer

Doich Dolch

Doidde etwas alberner Mensch (viell. v. Dolde = Blütenbüschel, früher auch Quaste bzw. Troddel, verw. m. Trottel)

dōig s. daig

Dōikerl, -al kl. Tolpatsch

dōikert, -at unbeholfen: doikerter Bua! (v. Altf. dalken = ungeschickt sprechen)

Dokta Doktor

Dōōch Dach

Doppedecker doppeltes Butterbrot

doppen Schuhe besohlen (viell. v. Altf. Döbel = Dübel: dübeln)

dorat taub

dortat dort

dortmōis damals, dort

Dotschn 1. Kohlrübe, 2. langweiliger, unbeholfener Mensch (i. d. Regel f. weibl. Pers. gemeint)

dou nb da (betont)

drã nb dran

drāāf, drāf nb drauf

drāāma träumen, s. a. traama

Dracha m häßliches u. schimpfendes Weib

drāchslt	s. draxlt
Drack m	1. Drache, 2. ungebärdige Person, bes. f. Kinder gebraucht
Drāher, -a	Drehtanz i. Zweivierteltakt
drāhn	drehen
drāht	1. gedreht, auch i. Sinn v.: Jetzt ham ma oan tanzt, 2. listig bewerkstelligt: Da hat a was draht!
Drāller	Kreisel (v. Drall)
drāllert, -at	durchgedreht, schwindlig
Dramm	Balken am Giebel mit Haken z. Aufziehen v. Lasten (v. Altf. Tram = Balken)
drāpft	s. trapft
draufdenka, -ga	daran denken: Da hab i jetzt net draufdenkt!
draufgeh	kaputtgehen, umkommen: Bei dera Arbat geh i drauf!
draufhabn	1. auf einem Gebiet etwas können: Der hat was drauf! 2. auf dem Repertoire haben
draufhaun	1. auf etw. schlagen, 2. ausgelassen feiern: Haun ma oan drauf!
draufhocka	wie draufsitzn
draufhöifa	1. daraufhelfen (z. B. bei der Prüfung), 2. einen unsanft an seine Verpflichtung bzw. sein Fehlverhalten erinnern
draufkemma	1. auf die Lösung kommen, 2. (einem) auf d. Schliche kommen
draufmacha	noch eins draufgeben, weitermachen
draufschaugn	auf etwas od. jemand sorglich achten
draufsitzn	auf seinem Vermögen od. auf seinem Posten unverrückbar beharren

draufzōin	Verlustgeschäft machen
drauskemma	den Faden verlieren
drauß, draußd	draußen
draußdern, -dran	(die) da draußen
drāxlt	gedrechselt: Die hat Haxn wia draxlt, s. a. drachslt
dreckert, -at	schmutzig
dreckln	bei d. Arbeit Schmutz verursachen, s. a. rumdreckln
Dreek	s. Drek
Drēhwurm	1. (urspr. Wurmkrankheit b. Schafen): Du hast an Drehwurm = bei dir dreht sich's, du spinnst! 2. Schwindelgefühl
drēi	drein: Gib oan drei!
Dreieckshosn	knappe Männerbadehose (f. d. sehr verknappte Bikini-Unterteil nicht verwendet)
dreifahrn	erzürnt dazwischenfahren, abrupt verhindern
dreifetzn	wie dreifahrn, jedoch heftiger
Dreigab	Dreingabe
dreigebn, -eem	(etw.) dazugeben (umsonst)
Dreigschau	Art, in die Gegend zu blicken
dreihaun	wild zuschlagen, vor allem im Handgemenge
dreikriagn, -ng	gratis dazubekommen: Dee Soafa hab i dreikriagt
dreinei	drunter … hinein: Was hast denn da dreinei to? Er hat dreinei ghaut
dreipatzn	sich störend einmischen

Dreiquartl-privatier	Rentner (d. sich 3 Quartl = ¾ Liter Bier kaufte, i. d. Hoffnung, fast eine Maß zu bekommen)
dreiredn, -een	dazwischenreden
dreischaugn	vor sich hinblicken: Heit schaugst traurig drei!
dreischlågn	wie dreihaun, auch f. Klavierspiel verwendet: Der hat dreigschlagn!
dreitoa	(etw.) dareinmischen
dreizea	dreizehn
dreizōin	sich am Zahlen beteiligen
Drek	Dreck; Drek am Stecka ham = selber nicht unschuldig sein; Drek im Schachterl = kein Gewinn (statt d. erwarteten)
Drekarbat, -wat	Schmutzarbeit, niedere Arbeit
Drekbär	unsauberer Mensch (körperl. od. geistig), s. Saubär
Drekhāmme	schmutzig sprechender od. handelnder, aber auch unverschämter, rücksichtsloser Mensch
Drekhund	abgefeimter Mensch
Dreklacka	Schmutzlache
Dreksau	Verstärkung d. Schimpfworts Sau
Drekschleidern f	freches Maul: Hoit dei Drekschleidern!
drent, drenterhoib, drenta-	drüben (Gegensatz herent: herüben) drüberhalb
drentern, -an	(die) da drüben
drinna	drinnen

drinnern, -an	(die) da drinnen
Drischl	Dreschflegel
drõ	dran, daran
droberhõib, droba-	oberhalb
drobern, -an	(die) da droben
drobleibn, -eim	dranbleiben, nicht davon ablassen
drogeh	eine Arbeit, ein Projekt anpacken
droglaabn, -aam	1. dran glauben, 2. umkommen, sterben (dran glauben müssen, daß man stirbt)
drogråtn	an jemand od. etwas hingeraten
drohabn, -ham	dran haben, an sich haben: Er hat a Feder dro (am Hut)
drokriagn, -ng	1. drankriegen, (einen) überreden zu etwas, was er eigentlich nicht will, 2. (einen) z. Spaß hereinlegen
drolassn	daranlassen: Sie laßt nix Guats an eam dro
dronehma	drannehmen: Heit hat mi da Lehrer drognumma
droom	droben
droschn	verhaut
drosei	an der Reihe sein: Jetzt bin i dro!
drositzn	daransitzen: Er sitzt scho drei Tag dro
drosteh	dranstehen: Da stehts dro!
drotoa	dazutun: 1. i. Sinn v. hinzufügen: Sie tuat a Milli dro, 2. sich eifriger als vorher bemühen: Jetzt muaßt scho drotoa, daß …
drucka	(sich) verdrücken: Druck di!
Drud	Alptraumhexe

drüberlassn	(einem) vorübergehend Liebesgunst gewähren
drumrumredn, -een	dauernd um die Sache herumreden
drumrumtoa	eine Sache umständlich od. ausweichend behandeln
drunt	drunten
drunterhoib, drunta-	unterhalb
druntern, -an	(die) da drunten
Drutscherl, -al	nettes, naives Weibchen od. Kind (wohl nicht m. Drutschn verwandt, sondern v. Altf. Trutschl = kokette Gebärde)
drutschert, -at	tapsig, unbeholfen
Drutschn f	plumpes, ungeschicktes Weib (vermutl. mit trottelig verw.)
dschuings	s. tschuings
dudln	vor sich hintrinken
Dümpfe	nb Tümpel
Dünne	Wiener Würstchen: 3 Paar Dünne, bittschön!
Dünnschiß	Durchfall
dürschtn	dürsten
Duin	1. Delle, 2. Ohrfeige: Magst a Duin?
Duit	Jahrmarkt, z. B. die Münchner Auer Dult (v. Altform dulden = feierlich begehen)
duliö	häufigstes Jodelwort
Dultschinea	mitgezogenes Weibsbild (nach Dulcinea d. Don Quijote)
Dummerl, -al	ungeschickter od. naiver od. wenig intelligenter Mensch (auch freundlich gebraucht)
dumpa	dämmrig

Dung	Mist
dunga	düngen
Dunger, -a	Dünger
Dunkls	dunkles Bier
dupfa	s. abidupfa, s. a. tupfa
dur	durch
durchanand, -er, -a	1. durcheinander, 2. verwirrt: I bin ganz durchanand!
Durchanand	wie Durcharanand
Durchara-nand, -er, -a	Durcheinander i. Sinn v. Mischmasch, Tohuwabohu: um a Fünferl a Durchanand!
durcharbatn	ohne Pause bis z. Schluß arbeiten
durchaus	völlig, ganz u. gar (wie im Hd), aber als Verstärkung gebraucht: Dees konn i durchaus glei gar net leidn!
durchbeitln	heftig u. lang schütteln: Da hats mi durchbeitlt, s. beitln
durchblicka	Einsicht u. Übersicht haben: Da blick i net durch!
durchbringa	1. (einen) üb. eine Prüfung od. eine schwere Krankheit hinwegretten, 2. einen Plan od. Antrag bis zur Genehmigung verfechten, 3. ein Vermögen bis z. Ende verschwenden
durchdrähn	verrückt werden
durchfliagn	mit Schwung durch die Prüfung fallen
durchfressn	1. (sich) durch eine mühevolle, langwierige Sache arbeiten, 2. (sich) schmarotzend ernähren
Durchföi	Durchfall
durchgeh	1. gelingen: Dees werd eam net durchgeh! 2. genehmigt werden: Da Antrag is durchganga

durchgwichst	mit allen Wassern gewaschen, durchtrieben
durchhöifa	über den Notstand hinweghelfen
durchi	hindurch
durchireidern, -an	nb durchseihen (v. Altf. reiden = sieben)
durchitoa	wie durchlassn, s. d.
durchkemma	eine Prüfung od. eine große Gefahr bestehen
durchlassn	1. gemeinsam verhauen, 2. durchs Gerede ziehen
durchmacha	1. erleiden, überstehen, 2. eine Nacht od. sogar mehrere Tage durchfeiern
durchrāāma	1. (b. Speisen od. Medikamenten) den Darm reinigen bzw. z. Entleerung bringen, 2. Verstopfungen in Rohren etc. beseitigen
durchrutschn	gerade noch die Prüfung bestehen
durch und durch	völlig durchdringend: Der Schroa is ma durch und durch ganga!
durchwōigln	kräftig massieren
durchwuisln	(sich) schlecht u. recht leben können
Durscht	Durst
durt	nb dort
duschn	eine Ohrfeige verabreichen: I dusch da oane! (v. franz. toucher = berühren?)
Dusl	1. Rauschzustand, Benommensein, 2. Glück: Der hat an Dusl ghabt (wie i. Trance)
dusln	in leichtem Schlaf sein
Dutt m	hochstehender Haarknoten
Dutterer, -a	unreifer Mensch, der wichtig tut (kaum der Duttn entwöhnt, s. d.)

Duttn f	weibl. Brust, nicht zu dürftig geraten
Dutzad	Dutzend

E

e	nb in: e da Kuchl
e	ich, wie i, jedoch direkt ans Verbum angehängt: Dees sage da!
eah	nb ihnen: sag eah
eam, eahm	1. ihm (h eigentl. überflüssig): sag eam! 2. ihn: eam schaug o! 3. sich: Er hat eam denkt
eahra	ihr, ihre: de Leit eara Trost, eara Freid
eana	ihr, ihre: de Leit eana Trost, eana Freid
eana, Eana	ihren, Ihnen: I Hab eana gsagt (den Kindern); wia gehts Eana?
eanane, -are Eanane, -are	ihre: Wo ham die Kinder eanane Spuisachan? Wia gehts Eanane Kinder?
ebba	etwa, vielleicht
ebba	(etwer) jemand: Da is ebba kemma
ebban	wen i. Sinn v. jemanden: Hast ebban troffa?
ebbas, ebbs	etwas
Eckerl, -al	kl. abgeschnittenes Stück: Schenk mar a Eckerl Kaas!
eckerlsteh, eckal-	zur Strafe im Eck stehen müssen
eckert, -at	eckig
eem	eben
ēh	nb (wie österr.) sowieso
ēh	ehe: Eh i gschaugt hab

Ēhhoitn	Ehehalten, Dienstboten auf d. Bauernhof
ēhnder, -a	eher
ēhvor	nb bevor
ẽi gilt f. folgende ei-)	ein (region. auch als reines ei)
eiāschern	feuerbestatten
eiāschln	die Stirn m. Asche bestreuen (Aschermittwoch)
eibindn	verbinden: an Kopf eibindn
Ẹiblåserin	Souffleuse
eiblåsn	(einem etw.) einflüstern, einreden, zu etw. verleiten
eiblein	einbleuen
Eibrenn n	angeröstetes Mehl f. Soßenzubereitung
eibrocka	1. Brotbrocken i. d. Kaffee od. die Suppe tun, 2. in große Schwierigkeiten bringen (schwer z. »Auslöffeln«): Da hast ma was eibrockt!
eibuidn	1. (sich) einbilden, 2. etw. unbedingt haben od. tun wollen: Sie buidt si an Nerz ei
eibuiderisch	sich unnachgiebig etw. einbildend (i. Sinne v. eibuidn 2.)
eidätscht	eingedrückt: a eidätschter Huat
eiduit	eingedrückt, -gedellt
eidusln	s. dusln
eifādln	1. einfädeln, 2. geschickt i. d. Wege leiten
eifahrn	Heu od. Getreide heimfahren
eifātschn	mit Mullbinde umwickeln, s. Fatschn
Eifõi	Einfall
eifūadan	s. eigebn

Eigäckerl, -al	Ei
eigebn, -eem	dem Vieh Futter einfüllen
eigeh	1. langsam umkommen, 2. sterben v. Tieren, 3. hereinfallen: Da bin i eiganga!
Eigerl, -al	Äuglein
eiglåsn	1. hinter Glas rahmen, 2. unantastbar machen, aus dem Verkehr ziehen: Laß da s doch eiglasn!
eigln	äugen
eigråbn, eigrōōm	eingraben, begraben
eigsāāmt	gut »eingesäumt«: wohlhabend
eigschirrn	d. Pferd od. Ochsen d. Geschirr umlegen
Eigschnittne, -gschniine	Semmel m. Einkerbung
eigwāndn	einkleiden
eihänga	1. (sich) ins Zeug legen, 2. (sich) einhaken, s. eihakln
eihāftln	in die Schnürhäkchen einhaken (z. B. beim Mieder)
eihākln	d. Arm zum Per-Arm-Gehen einhängen: Geh, hakl di ei!
eihaun	1. (auf einen) einschlagen, 2. dem Essen gewaltig zusprechen
eihebn, -eem	(sich) festhalten
eiheiratn, -an	in einen Hof, eine Familie einheiraten
eihoazn	(einem) durch Tadel od. Schimpfen »heiß machen«: Dem hab i eighoazt!
eikāstln	1. einsperren, 2. eine Information durch Umrandung hervorheben
eikehrn	im Wirtshaus Einkehr halten

eikrein	(sich) einkrallen, fest dranhalten
eilōōn	einladen
eimacha	1. einwecken, 2. einwickeln: Machas mas ei!
Eimachpapierl	Folie z. Verschließen v. Eingewecktem
Eimerkerl, -al	Lesezeichen (eingemerkt)
eina	herein, hinein
einähn	ins Gefängnis stecken (wie etw. einnähen, damit es nicht entschlüpft)
Einbrenn	s. Eibrenn
einfach	s. oafach
eingli	eigentlich (reines ei)
eingna	1. eigener, 2. eignen
eini	hinein, s. a. nei
einihechtn	wie ein Hecht ins Wasser springen (einen »Hecht« machen)
einikemma	s. neikemma
einikniagln	(sich) intensiv m. einer Aufgabe befassen (hineinknien)
einitaucha	(einen) in etwas Schlimmes hineinziehen
Einlaufsuppn	Eierflaumsuppe (d. Eierflaum entsteht durch »Einlaufenlassen« u. Verrühren d. Eis in d. Suppenbrühe)
eipacka	aufhören (weitermachen sinnlos): Jetzt konnst eipacka!
eipapierln	in Papier einwickeln: Bittschön, teans mas eipapierln!
eirāāma	einräumen
eireen	einreden (sich od. einem anderen)
eireibn, -eim	1. wie eisoafa s. d., 2. im Winter m. Schnee einreiben

eirissig	eigensinnig auf Sonderabsichten beharrend (v. »einrissigem d. h. zu leicht aufsplitterbarem Holz; der »Eirissige« ist leicht reizbar, verletzbar)
eischenka	einem eine Ohrfeige verabreichen
eisågn	1. nicht Gewußtes zuflüstern, 2. bei Familienfesten d. Verwandten etc. verständigen
eisäckln	1. einheimsen (ins Säckchen füllen), 2. (einen) sozus. in die Tasche stecken
eischiabn, -iam	1. einschieben, 2. einheimsen: Der hat ois eigschobn
eischlågn	1. Ausdruck für endlichen Nachwuchserfolg: Jetzt hats bei eich eigschlagn! 2. durch Handschlag besiegeln
eischnäckln	1. einrasten, einklinken, 2. plötzlich beleidigt sein: Jetz is a eigschnacklt!
eischnappa	wie eischnackln
eischürn	fest nachheizen
Eisehgerts, -ats	Einsehen: Er hat a Eisehgerts ghabt
eisengna	einsegnen
Eismänner	die 3 »Eisheiligen« im Mai: Pankratius, Servatius, Bonifatius, die Frost bringen
eisoafa	1. einseifen, 2. (einen) so bereden, daß er den Schwindel nicht merkt
eisoizn	einsalzen; Laß das eisoizn! = verächtlich für: Behalte dein Zeug!
eispanna	(einen) f. seine Zwecke in Dienst nehmen
eisparrn	einsperren
eispeim	»einspeien«, (einem) etw. Ungutes einreden: Wer hat da denn dees eigspiem?
eispirrn	wie eisparrn

eispreizn	(sich) auf etwas versteifen, es hartnäckig vertreten
Eisschiaßn	Wintersport mit Eisstöcken (schwere Gleitscheiben mit Handgriff)
Eisstokschiaßn	wie Eisschiaßn
eistaubn	1. mit Staub bedecken: Der Karrn hat uns eigstaubt! 2. m. Mehl einstäuben (z. B. den Teig
eisteh	1. den Dienst antreten, 2. f. etw. geradestehen
eisträhn	dem Vieh im Stall Streu breiten
Eiter, -a	Euter, s. a. Auter
Eiwärts	Herbst (i. d. Winter hinein)
Eiweckerl	zweihälftige Semmel (2 verschmolzenen Eiern ähnlich)
eiweicha	einweichen
eiwendi	inwendig
eiwickln	umgarnen: die hatn schee eigwicklt!
eiwoacha	einweichen
eiwoaka	wie eiwoacha
ēklhaft	schlecht gelaunt, unausstehlich: Sei doch net so eklhaft!
Elektrische	Trambahn (gegenüber d. früheren Dampftrambahn)
Elend	i. d. Verbindung: 1. langes Elend = langer, dürrer Mensch, 2. a Häuferl Elend: hilfloser, verzweifelter od. todkranker Mensch
elendi, -ig	1. elend, 2. sehr arg: Dees reit mi elendi
ēllerbētsch	s. ätschibetsch
Emsn	Ameise, -en
en	nb am: en Bach

Ēng	Egge
Enge	nb Engel
enk	euch: I hab enk gsagt
enker, -ka	euer
enkerne, -ane	euere
ent	herüben, s. a. herent
enter, enter-hoib	herüberhalb: enterm See
Epfe, Epfebaam	Äpfel, Apfelbaum
ēppa	s. ebba
Erdäpfe, -epfe	Kartoffeln
erm	erben
erscht	erst
es	ihr: Es habts ja koa Zeit!
Ēschpas	lange Umstände, Vorbehalte (v. Altf. Aisch = Bedenkzeit, um etwas genau zu ermitteln?, od. verwandt m. Sperenzln, s. d.)
eschtimiern, esti-	estimieren, achten, schätzen
essat	äße
et	Kurzf. f. net = nicht
etla, etli	etliche: Etla Leit san kemma
Etwi	Etui
ētz, ētza, ētzad	jetzt
ēwi	ewig
ēxtrig, Ēxtrigs	1. besonders, Besonderes: Es war nix Extrigs heit, 2. eigen: Du kriagst a extrigs Zimmer

F

Fāām	s. Foam
fāānd, fānd	fände (fand gebräuchlicher)
Fāck, Fācke, Fāckei	Ferkel
fācken	1. ferkeln, Ferkel »werfen«, 2. fackeln, zaudern
fāin	fällen (eines Baums)
fārbig	farbig: a rotfärbigs Hemad
Fahnaweih	Fahnenweihe
Fāhndl	kl. Fahne
fahrn lassn	1. v. etw. od. jemand ablassen od. ihn verlassen, 2. einen Pfurz entweichen lassen
Falott	liederlicher Mensch, Gauner (v. Altf. Falant = Teufel? od. v. fallieren: Bankrott machen?)
Familiendiezl	nasses Zigarettenmundstück (als ob die ganze Familie dran gesogen hätte)
fānd	fände
Fangamāndl	Fang-mich-Spiel d. Kinder
Fangsterl, -al	wie Fangamandl
Fānkerl, -ggal	s. Sparifankerl
Fasnacht	Fastnacht
Fastn f	Fastenzeit
Fātschn, fātschn	Mullbinde, mit Mull verbinden, siehe eifatschn (lat. fascia = Binde)
Fātschnkindl	Wickelkind (heute nur mehr als Christkindlfigur üblich)
Fāxn	1. spaßhafte Gebärden, 2. Drum-herum-Getue, Ausreden
fēchtn	betteln (Handwerksburschen sammelten Zehrpfennig f. Reisen z. Fechtspielen)

Fegeisn	1. herumzankendes Weib, 2. Weib, das viel unterwegs ist (herumfegt)
Feger, -a	unsolider Mensch, Amüsierbursche
fegn, Fegn	zanken; streitsame Person, s. a. ofegn
fẽi	faul
fẽi	fein; auch als Bekräftigungsmittel: Sag fei nix! = sag ja nix! (v. Altf. feindli = angestrengt, sehr)
feicht	feucht
feichtern, -an	aus Fichtenholz
Feichtn	Fichte
Feier, -a	Feuer
feiern	feuern i. Sinn v. Hinauswerfen, an Trainer feiern
Feierōōmd	Feierabend
Feiertags-gurgl, Feia-	Gurgel mit feiertäglich großem Schluckkonsum, s. a. Sonntagsgurgl
fein	fehlen: Werd scho nix fein; da feit si nix!
fein	faulen, s. dafeit
Feirda	Feiertag, -ge
feirig	feurig
Feistling	Fäustling, Handschuh, der alle Finger zugleich umhüllt
feit	s. fein
Feitl m	kl. Messer, Taschenmesser (v. gfeitlt = zusammengefaltet bzw. -geklappt)
Fensterbretl	Fenstersims
fensterln, -aln	den Schatz a. Kammerfenster besuchen
ferchtn	fürchten: Da fercht i ma net! (aber: da fürcht i mi …)

fert, fertn	voriges Jahr (verw. m. Firn: Schnee v. vorigen Jahr)
Fēttn	1. Fett, 2. Fettleibigkeit, überflüssiges Leibesfett: Dem sei Fettn möcht i net ham!
fētzig	stark rhythmisch u. sehr flott (f. Rock- und ähnliche Musik gebraucht)
fētzn	1. hektisch umtreiben, 2. schnell fahren od. laufen: Da sam ma gfetzt!
Fētzn	liederliches, abgenütztes Weibsbild
Fētznrausch	Mordsrausch
Fiaber, -a	Fieber
fiachtn	fürchten
Fiada	nb Fürtuch, s. Fürta
Fiaß	Füße, s. a. Füaß
Ficklmui	»Fickelmühle«: Doppelmühle beim Brettspiel Mühlfahren
fickln	hin- und herwetzn: Da Schua ficklt mi auf
fickrig	zappelig, nervös
fidöi	fidel
Fierantn	Schausteller (v. ital. fiera = Jahrmarkt)
fiesln, fisln	1. sauber abnagen, 2. an einer schwierigen Aufgabe nagen, s. a. fisln
Fimme	Fimmel, Marotte
Fingerhākln	bayer. Kraftsport
Fingerling	Fingerhülse z. Schutz b. Verletzung
Firda	s. Fürta
firti	fertig
fischaugert, -at	fischäugig
Fischhaut	Kumpelbegrüßung: Ja grüaß di, oide Fischhaut!

Fisimatẹntn s. Visimatentn

fisln s. fiesln

Flāchs spaßhaftes Geplänkel, lustiges Scheingerede: mit der hab i an Flachs gmacht

Flāchsn s. Flaxn

flacka, flagga faul daliegen

flānkerln, -aln tanzen

Flāschl Fläschchen

Flaschn 1. einer, der nichts kann, 2. Leerstoß b. Fußball (jeweils; nichts drin)

flāxn 1. verdreschen, 2. überlisten: Den hab i gflaxt!

Flāxn, Flachsn Sehne, Muskel: Der hat Flaxn = der hat Kraft

Flāxnmotor Fahrrad

Fleckerl-teppich Teppich od. Läufer aus bunten Flicken

Fleischpfanna-kuacha Omelette m. Hackfleischfüllung

Fleischpflānzl durchgetriebenes Fleisch + Semmelteig i. d. Pfanne gebraten (eigentl. -pfanzl, von Pfannzelten, kl. Pfannkuchen, s. a. Lebzelten)

Fleißaufgab freiwillige Schülerarbeit

Flek 1. Fleck, 2. Flicken

flenna weinen

Fletz, Flez Hausflur im Bauernhaus

Fliader, -da Flieder

Fliager, -a Flieger

Fliagn Fliege: süaße Fliagn: Rosinen i. Kuchen

fliagn, -ng	fliegen
Fliagnschiß	1. Fliegendreck, 2. Geringfügigkeit: Dees is nur a Fliagnschiß!
Flickzeig	Reparaturkästchen f. Reifenpanne am Fahrrad
Flins n	Geld (entw. v. flinseln = flimmern od. v. Flins = festes Gestein unter dem Kies?)
Flinserl, -al	anhängende od. herumschwebende Faser (die flinselt = flimmert)
Flitscherl, -al	gemilderte Form v. Flitschn, s. d.
Flitschn f	leichtlebiges, vielmännriges Wesen
Floing	nb Fliege, -en
Flōōn	Fladen
Florstrümpf	durchsichtige Strümpfe (vor d. Nylon- u. Perlonzeit)
Fluach, fluacha	Fluch, fluchen
Fluat, fluatn	Flut, fluten
Flucka	wie Flitschn (viell. v. Altf. fluckern = flattern)
flugezn	nb flattern
Flusn	wie Flinserl: Bürschtl ma d Flusn vom Gwand!
Foam	Schaum, v. allem Bierschaum, s. a. Faam
foast	feist
Föid	Feld
Föidhendln	Kartoffeln (Hühnchen d. armen Leute)
Föidwebe, -we	Feldwebel
Föign	Felge
Föhn	d. v. d. Alpen kommende Südwind (lat. favonius)

fōin	fehlen
Fōisn	Felsen
fōhrn	nb fahren
Fōi	Fall
fōiat	fiele: Dees foiat ma net ei
foign, -ng	1. folgen, 2. gehorchen: d Kinder foign einfach net!
fōin	fallen
Fōin	1. Falle, 2. Bett: I hau mi in d Foin!
fōis	falls
fōisch	falsch
Fōiter	Falter, Schmetterling
foitern, -an	foltern
Fōitn, fōitn	Falte, falten
Fōiz, fōizn	Falz, falzen
Fōōn	Faden
Fotzhobe, -we	Mundharmonika (»Maulhobel«)
Fotzn f, Fotz m	1. Mund (abfällig): Hoit dei Fotzn! 2. Gesicht: Was machstn für a Fotzn? 3. Ohrfeige: Magst a Fotzn?
fotzn	ohrfeigen
Fotznspāngler	Zahnarzt
Foxl	Foxterrier
Frä	nb Frau
Frāck	Jacke: Moment, i ziag mein Frack o!
fransert, -at	fransig
Franzos	verstellbarer Schraubenmutterschlüssel
Frāsä	Francaise (Tanz)
frātschln	s. ausfratschln

Fratz	freches Kind
Fraule	Hundeherrin
fredi, freding	freiweg, gleich gar: Da hab i ma fredi denkt
freia	nb freuen
Freibank	Verkaufsstelle f. billiges (notgeschlachtetes) Fleisch
Freida	Freitag
freili	freilich
Frein	Kurzf. f. Fräulein: d. Frein Anni
frein	freuen
Freinderl	1. zweifelhafter Freund, 2. ironische Anrede: Wart nur Freinderl
Freithof	nb Friedhof
Freßsack, -sōk	Viel- u. Schnellesser
frettn	(sich notdürftig durchbringen), s. Gfrett
Frettn f	Unterkunft, in der man sich frettet: windiges Häuschen, auch Gefängnis
Fretter	einer, der sich durchs Leben frettet, s. o.
fria	früh, s. früa
friara	früher, s. früara
Frien	Frieden
frisch, friesch	just soeben: Die kemma friesch von da Beerdigung! (sozus. noch beerdigungsfrisch)
friß, frieß	fresse: Dees friß i net!
froasln	Unsinn reden: Was froaslst denn da?
Froasn	Fraisen (Kinderkrämpfe b. Gehirnentwicklung): I foi in d Froasn: Ich bin völlig verwirrt
frōng	fragen
Froschaugn	hervorquellende Augen

Froschmei n	breiter, an Frosch erinnernder Mund
frōu	nb froh
frozzln	necken
Frua, frua, Früa, früa	Frühe, früh
früara	früher
frumm	fromm
Fuada	1. Futter, 2. Fuder Heu od. Getreide
fuadan	1. füttern, 2. essen: Jetzt hab i aber gfuadat, s. a. füattern
Fuaß	Fuß
Fuaßkāās	Fußschweiß bzw. -absonderung
fuaßln	m. d. Füßen heimlich Kontakt aufnehmen
Fuatter, -a; fuattern, -an	Futtern, füttern
fuchsn	(einen) innerlich ärgern, aufreiben: Dees fuchst mi scho aso!
fuchsteifes-wuid	»fuchsteufelswild«: sehr wütend
fuchti	wild i. Sinn v. wütend: Jetzt wer i fuchti!
Fuchtl	1. Peitsche, 2. liederliches Weib, 3. oide Fuchtl = unliebsames altes Weib, s. fuchtln
fuchtln	wild umherwedeln
fuchzea	fünfzehn
fuchzg, -ge	fünfzig
Fuchzger, -a	1. Fünfzigmarkschein, 2. Fünfzigjähriger; foischer Fuchzger = falscher Kerl
Füaß	Füße, Beine: Der Rhythmus geht in d Füaß
füattern, -an	füttern
Fülle, Füllei	Füllen, junges Pferd

Fünferl, -al	Fünfpfennigstück
fünferln, -aln	soviel wie »gern haben«: Du konnst mi fünferln (v. alt. Kartenspiel »Fünfangln«)
Fünferstutzn n	Fünfmarkstück
für	vor: Mir kimmt für, s. a. vür
füranand, -er, -a	füreinander
füri	hervor: Dei Hemad schaugt füri!
fürkemma	vorkommen i. Sinn v.: Mir is fürkemma, da Schorsch is heit trauri
Fürscht	Fürst
Fürta	Fürtuch, Schürze
Fuim	Film
fuima	filmen
fuin	fühlen
fuin	füllen
Fuiz	Filz
Fuizl n	Untersatz f. Bierglas: Bierfuizl (früher echt aus Filz)
Fuizleis	Filzläuse
Fuizpantoffe	Filzpantoffel
fummen	1. herumtappen od. -wetzen, 2. an Kleinigkeiten herumpfuschen, 3. sauber reiben
Fummler	1. Herumtapper, 2. Herumpfuscher, 3. einer, der's mit Saubermachen genau nimmt
Furm	Ordnung, Aussehen, Gestalt: Dees hat ja koa Furm (v. Form)
furt	fort
fussln	Haare od. Wollfäden verlieren: Der Pöiz fusslt

G

g-	Verkürzung d. Vorsilbe ge- (ghabt etc.)
gāāb, gāābat	gäbe
gāāch, gāch	jäh, steil, bildl. wild, ohne Zögern: Jetzt pack i s gach!
Gåbe, -we	Gabel
Gackerl, -al	Hühnerei
gackerlgöib	gelb wie Eidotter
gackert, -at	1. geackert, 2. gegackert
gacksn	gackernd, stotternd reden
Gåder, -a	Gatter, Gitter
gä!	Kundgebung des Staunens od. des Bezweifelns, ironische Variante durch Wiederholung: gä gä gä! (v. geh!, s. d.)
gagātzn, -ezn	nb gackern, stottern
gāggen	gemilderte Form von »kacken«
Galoschn	Überschuhe (frz. galoches)
Gamāschn f	Beinüberzug aus Stoff od. Leder, ab Knöchel
gāmmen	gammeln, s. herumtreiben, zivilisationsfeindl. leben
Gāms	Gemse
Gāmsbart	Hutschmuck aus Gemsenbarthaar
Gang	Korridor, Flur
Gāng	»Gänge«; aber nicht die Korridore, sondern die Zeitläufte, Alltagsschicksale: Jaja, so genga de Gang!
gāng, gāngat	ginge
Gānkerl, -al	Spitzname f. Teufel, s. Sparifankerl
Ganserer, -a	Gänserich

Ganshaut	Gänsehaut
Gansjung	Gänseklein: Heit gibts Gansjung mit Knödl! (klein mit jung verwechselt!)
Gānt f	Zwangsversteigerung eines Anwesens (von lat. quantum = wieviel, d. Fragewort beim Meistbieten)
Gānter, -a	Untersatz f. Bierfaß
ganz, ganzn	1. sehr: Ganz vui san kemma! 2. so einigermaßen: »Wia wars?« »No ja, ganz guat!«, 3. ganzn = alle: Die ganzn Leit san kemma!
ganz aus	sehr schlimm, weit gefehlt
går	1. aus i. Sinn v. ausgegangen: d. Suppn is gar, 2. zu Ende (z. B. Theater), 3. i. Sinn v. sogar: Bist ebba gar a Dokta? 4. i. Sinn v. durchaus: Dees mag i gar net!
går nia	niemals
garbat, -wat	gearbeitet
Garbn, -rm	Garbe
Gå̩rneamd	»Garniemand«, unbeachteter Mensch
gārrezn, garezn	knarren
garschti	garstig
Gārtl	kl. Garten
Gārtler, -a	Gartenfreund (aktiver)
gārtln	im Garten arbeiten (als Hobby)
Gāsmo	Gasmann
gāssigeh	1. m. d. Hund spazierengehen, 2. »fremdgehen«, untreu sein
Gassnbua, -deandl	Gassenjunge, Gassenmädchen (Kinder, die sich auf d. Straße herumtreiben)
Gassnschenk	Gassenschänke (noch selten)

Gātzl n	Schöpfkelle
Gatzlmacher	früher Ausdr. f. Italiener (da solche m. Gatzln etc. z. Feilbieten kamen), fälschlich »Katzlmacher« nach W. J. Bekh)
Gaudi	lustiges Treiben (lat. gaudere)
Gaudibursch	immer zur Gaudi bereiter Bursche
Gaufest	bäuerliches Treffen aus dem Gau, mit Trachtenzug etc.
Gauschterer, -ara	einer, der gauschtert, s. u.
gauschtern, -an, -stern	fahrig, schlampig, ziellos draufloshandeln (u. a. m. frz. gâster = verderben verw.)
Gåwe	Gabel, s. a. Gåbe
Gäwentn f	Schneewehe, Schneewehen (v. gach wenden d. Schnees im Sturm), s. gach
ge	milderndes Zwischenwort i. Sinn v. denn doch: I muaß ge zum Dokta geh! (Stümmelform v. Gehen)
gebe̱r	nb bergauf
geem	geben
gega	gegen
gegaranand, -er, -a	gegeneinander: Die zwoa san gegaranand
gegnanand, -er, a; geng-	gegeneinander
geh	gehen
gēh	1. gehe (ich), 2. gehe!: Geh zua! (auch i. ungläubigem Sinn), s. a. gä! 3. Aufforderungswort: Geh, mach doch d Tür zua!
Gēhsthintre	Frack (bei dem die Rockschöße gespalten n. hinten – unten gehen)

gei	(selten) gebe: I gei dar a Bleame
Gei	Gäu, Revier; Der is ma ins Gei kemma!: Der ist mir dazwischen gekommen, hat mir den Platz streitig gemacht, die Chance zerstört
geifert, -at	1. geeifert, 2. gegeifert
geign	(sich) ergeben, anbahnen: Da geigt si nix!
geit	gibt: Da geits vui Bleame
Geizhōis	Geizhals
Geizkrågn	wie Geizhois, s. d.
Gellert, -at	nb kl. Erlengehölz
gellns	gell bzw. göi zu jemand, dem man siezt: gellns? s. göi, göins
Gelts Gott!	gehobene Form v. Göits God, s. d. u. Vagöits God
gema!	gehen wir!
geng	gegen
genga; geng ma	gehen: Mir genga furt; sie genga hoam; gehen wir!
Gengd	Gegend
gent	gleich, direkt (viell. v. gen = gegen): I geh gent zum Dokta!
gernhabn, -ham	1. von Herzen lieben, 2. 1. Stufe d. Abweisung: Du konnst mi gernhabn! 2. Stufe: an Buckl runterrutschn, 3. Stufe: … am Osch lecka
Gerstl, Gerschtl	Geld (v. Gerste als Maß d. Wohlhabenheit od. v. Altf. Gerschtl = Überrest, Vorrat)
gesting	gestern
gestri, -ig	von gestern: gestrige Semmen
Gestriger, -a	rückständiger Mensch
getōi	nb bergab (talwärts)

Geträtsch	breitgetretene Ausplauderei und Ausrichterei
Getritschl	1. Ausgeplauder, d. man nicht f. sich behalten kann, 2. umständliches Herumgetue
Getua	Getue
gfäit	gefällt (einen Baum)
gfährli	gefährlich
gfeit	aussichtslos, »gefehlt«: Jetzt iss gfeit!
Gfeiter, -a	durchtriebener Mensch (gefeit gegen alles)
Gflenn	Geweine
gfõin, Gfõin	gefallen, Gefallen: Tua mar an Gfoin!
Gfõine	Gefallene
gfõitert, -at	mit vielen Falten
gforchtn	gefürchtet: Dees hab i gforchtn
gfotzert, -at	das Maul anhängend, flotte od. freche Reden führend
gfransert, -at	fransig; si an Mund gfransert redn: lange vergeblich reden
Gfräß	schlechtes Essen
gfrein	freuen: gfrei di! (kann auch heißen: Da konnst was dalebn!)
gfrern	gefrieren, erfrieren, s. dafrert
Gfrett	Plagerei, notdürftiges Fristen, s. a. frettn
Gfrier f	Winterkälte
Gfrieß, Gfriß	(abschätzig) Gesicht: Dem sei Gfriß wenn i scho siehg! (mit Fresse verw.)
Gfrorns	Speiseeis
Gfrozzl	Neckerei, s. frozzln
gführi	leichtläufig: a gführiger Schnee, 2. leicht umgänglich: a gführiger Mo!

Gfui	Gefühl
Gfuid	Gefilde
gfuismäßi	so ungefähr (nach Gefühl geschätzt)
gfuit	gefühlt
gfuit	gefüllt
gfuizt	gründlich durchsucht (wie man verfilztes, verwachsenes Gesträuch durchsucht)
gfunna	gefunden
ghabt	im Bett »besessen«: an Hans hats aa ghabt!
ghåt	gehabt
ghaut	i. d. Verbindung: mi hast ghaut = mir wär's genug (damit wäre ich geschlagen)
Ghoaß	Versprechen, Gelöbnis
Ghōit	Gehalt
ghōitn	behalten: Dees konnst ghoitn
Ghuif	Gehilfe
ghunka	gehinkt
Giaßkanna	Gießkanne
giaßn	gießen
gick und gack	so und so: Er sagt net gick u. net gack: Er kann sich nicht entscheiden
Gickerl, -al	zartes Gockerl
Gickl	Gockel
Gicks	Mißton beim Blasinstrument, s. gicksn
gicksn	gackerähnlich d. Stimme od. den Ton überschlagen, z. B. beim Trompeten
Giebe, -we	Giebel
Gift m	Zorn: da Gift (die Galle) kimmt ma
giftn	(sich) »giften«, giftig vor Ärger werden

Giftnudl f	giftiges Weib
gigazn	nb unartikulierte Töne hervorbringen, z. B. beim unterdrückten Lachen
Gigerl, -al	Geck, supermodisch »auf Schau« angezogen
gilgezn	nb keuchend husten
Gimpe	1. Gimpel: Dompfaff (Vogel), 2. sprunghafter, leichtsinniger Mensch
gipfedürr	nb glatzköpfig (oben wächst nichts)
Gischpe	wie Gimpe (Wortvariation davon, viell. beide v. Altf. gimpeln = hüpfen)
Gjaid	Jagdwesen, Jagdrevier
glääbn, -aam	glauben
Glăche	1. Glockenschwengel, 2. ungeschlachter Mensch, 3. Penis; (eigentl. Klachel)
Glăchter	Gelächter
Glăzn 1. f, 2. m	1. gedörrte Birne, 2. langweiliger Mensch (wie ausgetrocknet)
Glăznbene	wie Glăzn 2.
glăffa	gelaufen
Glănder, -a	Geländer
glanga	ausreichen
glanzn	glänzen
Glăsl	kl. Glas
Glåsscherbn-viertel	»unterentwickeltes« Stadtviertel m. etlichen Bruchbuden
glatt	tatsächlich, unerwarteter – od. unglaublicherweise: Der hat die 12 Knödl glatt gfressn!
glaum	glauben

glei	1. sogleich, sofort: I kimm glei! 2. Verstärkung i. Sinn v. sogar: i hab glei 10 Pfund gnomma
gleicht	geleuchtet
gleng	1. gelegen, 2. nb lustig, gemütlich (so liegt's uns)
gliarad	glühend, s. a. glüarad
gliefert, -at	»geliefert« i. Sinn v. hilflos, am Ende: Jetzt bin i gliefert!
gliin	gelitten: Dees hab i net gliin
glittn	1. gelitten, 2. geläutet: Glittn hats!
gloamt	1. geleimt, 2. überlistet, übervorteilt (»festgeleimt«, oder »im Loam« sitzend): I bin da Gloamte!
Glockn	Klingel: Ziag an da Glockn! Druck d Glockn!
Glockngspui	das, was dem Mann zwischen den Beinen baumelt
gloffa	gelaufen
Gloife	ungehobelter, robuster Kerl (v. Altf. Glefen = Lanzenträger, od. v. Agilolfinger?)
glotzaugert, -at	glotzäugig
Gluat	Glut
Glubberl, -al	s. Klubberl
Gluckn	Glucke, Mutterhenne
glüan	glühen
glüarad	glühend
Glufan	Sicherheitsnadel, s. a. Klufan
Glump	1. Allerleikram, Siebensachen: Pack dei Glump zamm! 2. schlechtes Gerät: so a Glump!

glumpert, -at	schlecht gemacht
Glusterer, -ara	Gelüst auf etwas, s. Gusterer
glustn	anlocken, Appetit machen: Dees Kraut taat mi glustn
gmāht	gemäht; a gmahts Wiesl: große Chance, f. die ich nichts mehr zu tun brauche
Gmirk	nb Gedächtnis
Gmoa	Gemeinde
Gmoadēpp	Dorftrottel
Gmoarat	Gemeinderat
gmoicha, -ka	gemolken
gmōin	1. gemahlen, 2. gemalt
Gmüas	1. Gemüse, 2. junge, unreife Leute: s. junge Gmüas
Gmüat	Gemüt, empfindsame Seele: Der Mensch hat a Gmüat
gmüatli	gemütlich, behaglich
Gmurks	Gemurkse, Gepfusche
Gnāck n	1. Genick, 2. sturer, unbeeinflußbarer Mensch, 3. Geizkragen bzw. -hals (vermutl. weil er starr Kopf und Geld einzieht)
gnädi	1. gnädig, 2. es wichtig habend, kaum zu sprechen: Heit ham Sie s gnädi! (2. von Altf. gnedi dringend, vollauf beschäftigt, s. a. gnedda)
gnāfazn	nb schlummern
Gnåglte	Schuhe mit Kopfnägeln
gnāschi	1. naschhaft, 2. anspruchsvoll: Dee is gnaschi!
gnau	genau: Jetz hast as gnau beinand = weiter kannst du nicht gehen (dann passiert's!)

gnaugezn	nb einnicken
gnaukt	nb geneigt
gnaunzn	nb fade Murrworte u. -laute von sich geben, s. a. graunzn, groona (mit miau verw.)
gnedda	nb genau (Zusammenh. m. nötig i. Sinn v. dicht gedrängt: heit hab i s nötig), s. a. gnädi
gneißn	etwas bemerken: Hast as net gneißt?
gnennt	genannt
gnewen	nb kneten
gnocka	nb knien, s. a. knocka
gnossn	geniest
gnua	genug
gnumma	genommen
Goacherts, -ats	nb. kl. Eichengehölz
goar	nb gar
Goaß	Geiß
Goaßbok	Geißbock
Goaßer	Ziegenhirt
Goaßl	Peitsche (Geißel) f. Zugtiere
Goaßlschnöizn	m. d. Geißel schnalzen (ländl. Brauch bzw. Touristenattraktion)
Goaßlstecka	Peitsche
Goaßmaß	starkes Getränk aus dunkl. Bier, Coca, Cognac, Likör
Goaßmilli	Geißmilch
Goaßpeterl, -al	einfältiger Junge, der aber Glück hat: Der hats Glück vom Goaßpeterl!
Gockerl, -al	Hähnchen
Gockolori	s. Goggolori

God	Gott, nur i. Zusammensetzungen wie: Grüaß God, pfüa God, in Gods Nam, um Gods wuin etc.
Gōda, -an	s. Gader
Göd, Gödl	Pate, Patin
göi, göins (bei Sie)	gell, gelt (v. es gilt): Göi, heit kimmst!
göibe Ruabn, -uam	gelbe Rüben, Karotten
Göid	Geld
Göidbeitl	Geldbeutel
Göidbörs	Geldbörse
göidig	gut bei Kasse, reich
Göidscheißer m	Wunschfigur b. Geldmangel: An Göidscheißer brauchat ma!
Göidsōk	Mensch, der pralle Kassen hat u. auf seinem Geld sitzt
Göits God	s. Vagöits God
Goggerl, -al	wie Gockerl
Goggolori, -es	Hanswurst, alberner Kerl (urspr. sagenhafter Waldschrat um Landsberg a. Lech, der böse Streiche spielte)
Goi	Fußballtor: Kare, geh ins Goi! (vermutl. Verstümmelung v. engl. goal = Fußballtor)
Goid	Gold
Goiderl, -al	(du) Goldiges (Kosename)
Goidgruabn, -m	Goldgrube: sehr ergiebiges Geschäft dank guter Lage
goidig	goldig
goidn, -an	aus Gold
Goiserer	alpenländ. Bergschuh (nach dem österr. Ort Goisern)

Goißl	nb Peitsche
Goks	Hut-Melone (a la Charlie Chaplin; v. hebräisch gag = Dach)
gon	(ländl.) gegen, zum: Jetzt geh i gon Wirt
gōrnix	gar nichts
Goscherl, -al	Kosename f. Mund: dei liabs Goscherl
Goschn f	Mund: Hoit dei Goschn!
Gottesdienst	1. heilige Messe, 2. Gebet- u. Singbuch f. die hl. Messe
Gottsacker, Godsacker, -a	Friedhof
Gōwe	Gabel, s. Gåbe
grāāb, grāb	grau
grāāben, grāwen	angeschimmelt sein, modern
grāātig, grātig	»voller Gräten«, sperrig (schwer anzukommen): Dee is a Graatige!
Gråbnbach	Ausdruck für Unglücksgraben, Abgrund, Ruin: Jetz gehts Grabnbach zu!
grabschn	greifen, erwischen: grad no dagrabscht (vermutl. v. Altf. groppen = greifen)
gråd	1. verstärkend: wirklich: Grad schee iss! 2. nur: I hab grad gmoant!
Grådaus, Grådo	Mensch, der alles ohne Vorbehalte sagt
Gräffe	allerhand wertloses Zeug (Zusammengerafftes; v. Altf. raffen, raffeln = schnell bewegen)
Grāmmen	Grieben, Krustenbröckchen i. Schweineschmalz (v. Altf. grameln = mit d. Zähnen od. zwischen ihnen knirschen)

Grāndl n	eingesenkter Wasserkasten im Herd
Grānt m	schlechte, miesmacherische Stimmung: Der hat an Grant
grānti, -ig	schlecht gelaunt, mürrisch
Grāntler, -a	einer, der immer grantlt, s. d.
Grāntlhauer	wie Grantler
Grāntlhuaber	ebenfalls wie oben
grāntln	mürrisch herumreden, seine schlechte Laune äußern
Grås	Spielkartenfarbe
graschben, -pen	klappern, geräuschvoll umeinandersuchen
Grassert, -at n	nb abgehackte bzw. abzuhackende Äste u. Zweige v. Fichten u. Tannen
gråtn	v. etwas ablassen, darauf verzichten können: Dees konn i net gratn (seiner nicht entraten)
graunzn	dumpf murren, s. grohna
grāwen	s. grääben
grea	grün
Greafuatter, -fuada	Grünfutter
Greaner, -a	(früher) einer v. d. Landpolizei; heute Angehöriger der Partei »Die Grünen«
Greaspo	Grünspan
Greazeig	Suppengrün
grēcht	1. gerecht, ehrenhaft, 2. stimmig: dees Eck is net grecht
Gred	Gerede
Gred f	Pflastervorplatz vor d. Bauernhaus (lat. gradus = Stufe)

Gredert, -at	nb Gerede
gredt	geredet
Greicherts, -ats	Geräuchertes
greina	weinen, weinerlich, quängeln
Greisch	Geräusch
greisli	greulich, häßlich (v. grauslich)
Greiter, -a	nb Reuiger (den es gereut hat)
Gremmen	nb s. Grammen
Grempe	Trödelkram (v. Altf. grempeln = handeln), Zeug (verächtlich): Pack dein Grempe zamm!
grennt	gerannt
grēßer, -a	größer
Grēstl n	Röstkartoffeln
Grētl	halb Schimpf-, halb Kosename f. etw. aus d. Rahmen fallendes od. eigenwilliges Weib: Du bist ma so a Gretl!
griabi, -ig	s. grüabig
Griabiger, -a	s. Grüabiger
Griasgram	Griesgram
graisgrama	1. unmutig sein, 2. grimmig, kalt sein (v. gramen = knirschen)
Griaß, Grüaß	Grüße
griaß di!	grüß dich (Gott)!
Griaßmuas	Grießmus
griaßn, grüaßn	grüßen
griawi	s. grüabig
Gribesgrabes, -wes-wes	unleserliches Geschreibsel, Hokuspokus: Mach koan Griwesgrawes!

gricht	zurechtgemacht, fertig: I bin gricht
grichtsmaßi, -ig	übers Gericht zu erledigen
griem	gerieben
Grieß, Griß	»Gereiße«: Die hats Grieß = um die reißen sich die Männer
Griffe	Finger (v. greifen, nicht vom Schreibgriffel): Laß deine Griffen weg!
Grimma	s. Bauchgrimma
Grind	1. Kopfhautschorf, 2. Kopf überhaupt: Tua dein Grind weg!
gring	1. klein, wenig, nicht d. Mühe wert: Naa, der is ma z gring! 2. zusammengeschrumpft: Mei, d Tante is gring worn!
gripsn	kl. Sachen stehlen (verw. zu greifen, franz. gripper = erhaschen)
Grischperl, -al	s. Krischperl
Griß	s. Grieß
Groamet, -at	Grummet (Grünmahd, 2. Grasmahd)
groana	s. groona u. graunzn = Was graunztn de ganze Zeit?
groaß	groß
Grōb	Grab
grobgstrickt	wenig sensibel
grōd	gerade
gröi	grell
Gröi	Geröll
Gröstl	s. Grestl
grōōm	graben, gegraben
grōōn	geraten

groona, grona	dumpf murren, s. graunzen
Großkopferter, -ata	Reicher u. auf Grund seines Reichtums Mächtiger
grouß	groß
Gruam	Grube
Gruasch	Kleinkram, nicht od. kaum geordnet
gruaschn	herumkramen
Gruaß	Gruß
grüabi, -ig	gemütlich, zünftig, s. a. griawi
Grüabiger	ungestörte Ruhe: Laßts ma mein Grüabign! s. a. Griabiger
grüaßn, Grüaß	grüßen, Grüße
Grui	Grill
Gruin	Grille
grundln	Kopfübertauchen v. Schwimmvögeln
grunna	geronnen
gsāāmt	gesäumt, s. eigsaamt
gsammet	gesammelt
Gsāngl n	1. kl. Gesang, Liedchen, 2. abwertend: minderwertiger Gesang
Gsātzl	s. Gsetzl
gsaut	unsauber gearbeitet od. gespielt: D Musi hat gsaut
gschāāmi, -ig	verschämt, schüchtern, s. a. gschami
gschāfti, -ig	geschäftig, eifrig tätig, wichtigtuerisch
Gschāftlhuaber	überflüssig beflissener, wichtigtuerischer Mensch
Gschaid	Eingeweide des Wilds
gschāmi, -ig	s. gschāāmig
Gschau	das Gesehenwerden durch Auffallen: Sie hats Gschau

gschĕckert, -at	buntscheckig
gschēhgn, -ng, gscheng	geschehen
gscheicht	ängstlich (gescheucht)
gscheit	1. gescheit, 2. stark: a gscheiter Durscht, 3. in Ordnung, solid: nix Gscheits! 4. im Ernst: sag gscheit!
Gscheiterl, -al	wie Gscheithaferl
Gscheithāferl, -al	einer, der v. »Gescheitheit« überläuft
Gscheitl m	wie Gscheithaferl
gschenkter, -a	als Geschenk: Dees wui i net gschenkter!
Gscher	Schererei, lästige Umstände
Gscherad, -at	nb wie Gscher
Gscherr	in d. Verbindung: Wia da Herr, so s Gscherr (vermutl. v. Geschirr, worunter die gesamten Gerätschaften, ja der ganze Anhang gemeint sind. Ein schlampiger Herr hat ein schlampiges Geschirr).
gschert	ordinär, grob, die Bauern hatten früher, als Leibeigene, die Haare geschoren, aber »gschert« können alle Stände sein)
gschiaglert, -at	schielend, s. schiagln
gschiagt	nb geschieht
Gschiaß	Geschieße
gschicha	gescheut, scheumachend: Den hab i gschicha! s. scheicha
Gschicht	behutsames Wort für weibl. Periode: Sie hat ihra Gschicht
gschiecht, -iehgt	geschieht

gschiem	kegelgeschoben (sonst nicht üblich)
Gschieß, Gschiß	wichtigtuerische od. ängstliche od. lästige Umständlichkeit
Gschlăcht	Geschlecht: aus wöichm Gschlacht is denn der?
Gschlămp	schlampiges Zeug, undefinierbares Gemisch: a Gschlamp hats dort zum essn gebn!
gschlampert, -at	1. schlampig, nachlässig, 2. nicht d. bürgerlichen Ordnung entsprechend: a gschlamperts Verhältnis
Gschlänse	1. gr. abgeschnittenes Stück v. Wurst od. Käse u. a., 2. langer, schlacksiger Kerl (Gschlans)
Gschläre	nicht sehr ernst zu nehmender Typ: so ein Gschlare!
gschlĕckert, -at	im Essen heikel, auf köstliche Speisen erpicht, sehr wählerisch
gschled	nb geradeaus
Gschlerf	etwas zweifelhaftes Weib: Was hat denn der für a Gschlerf dabei? (v. schlerfen = schleppend gehen, bzw. Gschlerf = mitgeschlepptes Gesindel)
Gschloaf n	schlampiges Gepäckzeug (das man mitschleift)
gschloffa	geschlüpft
Gschloß	Schloß (Gebäude od. Türschloß)
gschmâch	niedlich, zierlich, anmutig (verw. mit gschmacki, s. d.)
Gschmâcherl, -al	ein »gschmachs« Wesen
gschmăcki, -ig	schmackhaft

Gschmäckl	Nebengeschmack (nicht immer gut)
Gschmåh	nb wie Gschmackl
Gschmarr	sinnloses Gerede
Gschmätz	1. Schmätzgeräusch b. Essen, 2. törichtes Gerede
Gschmeiß	s. Gschmoaß
gschmerzt	überempfindlich, oft nur als Pose: Tua net so gschmerzt!
Gschmier	Geschmiere
gschmiert	leicht v. d. Hand gehend: Es geht wie gschmiert
gschmissn	1. geworfen, gestürzt, 2. von der Schule verwiesen, bzw. durchgefallen: Mi hats gschmissn
Gschmoaß	»Geschmeiße«, widerliches Volk (od. als solches vermeintes)
gschmōizn	»geschmalzen«, soviel wie »hat's in sich« (hd gepfeffert): a gschmoizner Preis, a gschmoizne Prüfung, s. a. gsoizn
Gschmus	Geschmuse, zärtliches Techtelmechtel
gschnäcklt	eingeschnappt, eingerastet: Gschnacklt hats (z. B. b. Verliebten); aber auch, wenn etw. plötzlich einleuchtet, s. schnackln
gschnäppi	1. vorlaut, 2. schnippisch (»mundschnappig«)
gschnĕcklt	kraushaarig od. m. eingedrehten Locken
gschniebn, -iem	geschneit, s. schneibn
gschniin	1. geschnitten, 2. getäuscht: Da hast di gschniin! (danebengeschnitten)
gschnitzn	geschneuzt

Gschnür	Verschnürung am Mieder d. Tracht
gschobn, -oom	1. geschoben, 2. liiert gewesen: mit da Hilde bin i lang gschoom
Gschockter, -a	reaktionsstumpfer od. -gestörter Mensch
Gschoserl, -al n	lebhafte (quirlige) Person (vermutl. v. schwenken der Rockschöße; die Rückführung auf Gschosl = vagina v. frz. la chose = Sache fraglich)
gschp-	s. gsp.
gschraubt	hochgestochen, affektiert i. Reden u. Benehmen
Gschreibsl	unleserliches od. sonstwie gering geachtetes Geschreibe
gschrian	geschrien
Gschrift	Schreiben: Da hab i a Gschrift kriagt
Gschroa	Geschrei
gschroamaulert, -at	großmäulig, lautrednerisch
gschroit	verschreckt, verrückt (von Altf. Schroll = Erdklumpen, mit denen man Unliebsame bewarf)
gschumpfa	geschimpft
gschupft	1. leicht verrückt: a gschupfte Henna (Henne, die »weggeschubst« wurde), 2. gschupfte Nudln = längliches Schmalzgebäck
gschusslert, -at	ungeschickt, schusselig
Gschwär	Geschwür
Gschwafe	Geschwafel, leeres Geschwätz
gschwänzi, -ig	kokett (schwänzelnd)
Gschwätz	Geschwätz

Gschwerl	Gesindel (viell. v. Altf. Schwirbel = Wirbel, verworrene Menge od. aber v. Altf. Geschwei = angeheirateter Verwandter, Schweher = Schwiegervater)
Gschwister-kind	Cousin u. Cousine
Gschwoabats n	Brühe, undefinierbares Flüssigkeitsgemisch
gschwoabt	geschwemmt
Gschwoidl m	alberner Kerl
Gschwoikopf	1. gedunsener Kopf, 2. aufgeblasener Kerl
gschwoin	1. geschwollen, 2. aufgebauscht, angeberisch: Der redt gschwoin daher!
Gschwoine	»Geschwollene«, Wollwürste (ohne Haut, schwellen b. Kochen bzw. Braten an)
Gschwoi-schädl	wie Gschwoikopf
Gschwuist	Geschwulst
gschwumma	geschwommen
gsegnt, -ngt	gesegnet
gsēhgn, -ng, gseng	gesehen
gsenga	segnen: Gsengs Gott!
Gsetzl	Absatz, Abschnitt v. Gesprochenem od. Geschriebenem, v. allem beim Rosenkranzgebet
Gsichtsmatratzn	Vollbart
Gsief	Gesöff, nicht bes. gutes Getränk
gsiffi	s. gsüffi
gsiehgn, gsieng	geseiht, rein
Gsoach	Geseiche, inhaltsloses Gerede
Gsoad	s. Soad

gsoaft geseift

Gsöi 1. Geselle, 2. etwas liederlicher od. unzuverlässiger Mensch: Dees is so a Gsöi!

Gsöichts Geselchtes, Rauchfleisch

Gsöischaft Gesellschaft, auch abwertend: So a Gsöischaft!

gsōibt gesalbt

Gsōifer Gesalbader, leeres Geschwätz

gsōizn 1. gesalzen, 2. inhaltlich scharf: a gsoizne Predigt, 3. übertrieben: gsoizne Preise

gsoon gesotten

Gsot gehäckseltes Futter aus abgesottenen Getreideresten

gspannt 1. auf etwas sehr neugierig sein: Da bin i gspannt! 2. bemerkt i. Sinn v. aufgefallen: Er hat nix gspannt! (1 + 2: Wer »gespannt« auf etwas lauert, spannt etwas oder nichts)

Gspāß Spaß

gspāßi, -ig 1. spaßhaft, 2. komisch i. Sinn v. absonderlich

Gspickter, -a Reicher (m. Geld gespickt)

gspiebn, -iem erbrochen, s. speibn

Gspinn Hirngespinst, verrücktes Getue

gspinnat verrückt (Hirngespinste spinnend)

Gspoaz Gespucke, s. spoazn

Gspöi nb Spiel, s. a. Gspui

Gspreizerts, -ats nb gespreiztes Getue

gspreizt affektiert, hochgestochen (vermutl. v. Bild d. Pfaus, der die Federn spreizt)

gspritzt 1. beim Wein: mit Sprudel verdünnt, 2. bestochen

Gspür Gespür, feines Gefühl f. etwas

gspürn fühlen: I gspür was!

Gspui Spiel

gspunna gesponnen

Gspusi »Gespons«, mit dem man »geht«, d. man gerade od. auch länger liebt (lat. sponsus = verlobt)

Gstāms langer Kerl (v. Gstemm = Hirschgeweih od. v. stämmig)

gstanna gestanden: Da vorn is a gstanna!

gstandn standfest, gediegen: a gstandns Mannsbuid

Gstānzl kurzer Spaß- od. Spottgesang, s. Schnaderhüpfl (ursprüngl. Lärm, Ständchen, alles was z. Stehenbleiben – lat. stare – verführt)

gstārm gestorben

gstārrat starr geworden: Meine Händ san ganz gstarrat

Gsteck 1. Blumengebinde, 2. lange, dünne Person (wie zusammengesteckt)

Gstecklte gestockte Milch (Gstöcklte)

gsteckt 1. eine Ohrfeige versetzt: I hab eam oane gsteckt, 2. verraten: I habs eam gsteckt

gstēßn gestoßen

gstinkert -gat faul

Gstinkater, -gata fauler Kerl: Der is a ganz a Gstinkater!

Gstöi 1. Gestell, 2. langer, schlaksiger Mensch, 3. zögerndes od. ungeschicktes Sichanstellen: Mach koa Gstöi! 4. d. ganze Körper: s ganz Gstöi tuat ma weh!

gstöin	(sich) anstellen: Gstöi di net so bläd!
gstöit	1. »gestellt« i. Sinn v. wohlbestallt, begütert: Der is gstöit, 2. mit üppigen Reizen bedacht: Dee is guat gstöit!
gstoin	gestohlen, s. stöin
gstorm	gestorben
gstrāht	1. gestreut, 2. hingestürzt: Jetzt hats mi gstraht
gstreckterlängs, gstreckta-	der Länge nach: gstreckterlängs higfoin
gstricha	i. Sinn v.: Den hab i gstricha = den hab i dick (auf d. Liste gestrichen od. angestrichen?)
gstriffa	gestreift: An Baam hat a gstriffa
gstriin	gestritten
gstroacht	erschöpft, arg strapaziert (wie mit Streichen geschlagen)
gstudiert	akademisch gebildet
Gstüat	Gestüt
gstuit	gestillt: Jetzt is s Kind gstuit
gstunga	i. Sinn v. geärgert: Da hat a ma gstunga!
Gsuach	Gesuch
gsüffi	erfrischend, genußreich zu trinken
Gsünder, -a	(der, die) Gesündere, meist negativ: Er is aa net da Gsünder
gsuffa	gesoffen
Gesundheitskuacha	süßer Napfkuchen
guat	gut
Guatl, Guazl	Bonbon (was ganz »Guats«)

guatmüati, -ig gutmütig

guatsteh 1. dafürstehen, bürgschaft leisten, 2. gut daran sein: I steh mi guat, 3. m. einem andern ein gutes Verhältnis haben: Mit dem steh i mi guat!

Guckerl, -al 1. Ausguckloch, 2. Äuglein

Gụggabergn, Gucka- Versteckspiel (der sich Verbergende ruft jeweils »Kuckuck«; kann aber auch mit »guck!« zusammenhängen)

Güatl kl. Gut, Anwesen

Gụglhupf Napfkuchen aus Hefeteig (v. Altf. Gugl = Kapuze; Hopf = Hefe)

Gugụmer, -a Gurke (v. frz. coucombre, lat. cucumis)

Gụguzer, -a nb Kuckuck (heißt so, weil er guguzt s. d.)

guguzn schreien (ähnlich wie der Kuckuck, obwohl guguzen urspr. Wort)

Guidn Gulden

guit gilt; guits? = abgemacht?

Gulli Kanalgitter a. d. Straße (verw. m. engl. gullet = Gurgel: weil er d. Abwasser gurgelnd schluckt)

Gummimändl Weingummi (soweit in Menschen- od. Tierformen geprägt)

Gumpn Wassermulde (kann noch ein Teich werden)

gunna gönnen

Gupf emporstehendes Hutoberteil

Gurgl 1. Gurgel, 2. Hals: I fahr da an d Gurgl! 3. bissiges Weib: So a Gurgl!

Guster, -a Gelüst auf etwas: Heit hab i koan Guster drauf

Gusterer, -ara	wie Guster
Gwächs	1. Gewächs (krankhaftes), 2. vitales, waches, originelles Kind od. auch Erwachsener
Gwäff	abfällig 1. Mund, 2. Gesicht (v. Altf. waffen = verächtlich reden: Hoit dei Gwaff!)
Gwähr	Gewehr
gwampert, -at	dickleibig, m. einer Wampe
Gwand	Gewand, Anzug, Kleid
gwändn	kleiden, s. a. eigwandn
gwändt	sehr passend, prima (wohl v. gewandt): Dees is gwandt! Du bist gwandt!
gwäppet	gewappnet, überlegen, geistig beschlagen, schlagfertig
Gewäppeter, -a	Reicher, Mächtiger (der früher ein Wappen führte)
Gwäsch	1. Wasser, in dem man schwimmen kann: I geh ins Gwasch, 2. wässriges Getränk: so a Gwasch!
gwaschn	1. schwierig: Mensch, dee Tour hat si gwaschn! 2. raffiniert: Der Kerl hat si gwaschn!
gweicht, Gweichts	geweiht, Geweihtes (an Ostern: Geräuchertes, »Zopf« s. d., Eier, Salz)
Gweih	Geweih
gwen	gewesen
gwest	(ländl.) gewesen
Gwichste	nb kl. Knödel aus Roggenmehl, sehr glatt gedreht
Gwichtl	Rehbockgeweih (als Wandschmuck bzw. Stück d. »Abschußliste«)
gwieft	durchtrieben, m. allen Wassern gewaschen, s. wief

gwieß, gwiß	gewiß
Gwing	nb Gewinn
Gwinst, Gwinnst	Gewinn
gwischt	gewatscht: Dem hab i oane gwischt
Gwissns-wurm m	nagendes Gewissen
gwißt	gewußt: Dees hab i net gwißt
Gwöib	Gewölbe
Gwōit	Gewalt
gwoittaati, -ta-ti, -ig	gewalttätig, gefährlich aggressiv
Gwürg	mühsame Angelegenheit, durch d. man sich »durchwürgen« muß
gwunka	gewinkt
gwunna	gewonnen
Gwurl	Gewimmel, s. wurln
gwunschn	gewünscht

H

hå, hō	habe: i ha koa Glück
hã	nb habe
hãã?	soviel wie »wie bitte?«
håårig	heikel, riskant, schwierig
Hããrl	Härchen
Håberer, Hōwara	Haberfeldtreiber
Håbern, Hōwan	Hafer

Hāchl	grober Kerl, ohne Manieren (v. Hachel = grober Flachskamm od. aber v. Hacht = Habicht, s. d. od. v. altem Männernamen Hache)
Hacht	ungehobelter, grobschlächtiger Mensch (v. Hacht = Habicht)
Hacka	Beil, Hacke
Hāckl	1. kl. Beil, 2. wie Hachl s. d. 3. Schwips bis Rausch
hāckln	s. hakln
Hācklstecka	s. Haklstecka
Hackstok	Kerl, der unbeweglich u. unumwerfbar wie ein Hackstock ist
Håderlump	Lumpensammler, kl. Lump
Hådern, -an	1. Lumpen, 2. liederliches, vernachlässigtes Weib: so a Hadern!
hää!	hallo! aber auch: Bleib stehn! Hör auf!
hään, hän	hätten: Sie hään gmoant
Häifte	Hälfte
Häis	Hälse
Hämoritn-schaukl	s. Hemaritnschaukl
häst	(du) hättest
Håfa	1. Tiegel, Topf, 2. unhübsche, uncharmante weibl. Person
Hāferl, -al	kl. Topf
Hāferlschua	seitlich geschnürter, kräftiger Halbschuh (berglerisch)
hāfti	heftig, ungestüm
Hāftlmacher	einer, der »Haftln« machte; s. d., daher d. Spruch: Der paßt auf wiar a Haftlmacher

Hāftln	Schnürhäkchen, u. -ösen
håglbuachern, -an	ungeschliffen, mit groben Manieren (d. harten Hagelbuche verwandt)
Hagottl	s. Herrgottl
hai	s. hei
hākln	(sich) kleinlich streiten
Hāklnåsn	gekrümmte, spitze Nase
Hāklschua	1. a. d. Kuppe aufgebogene Schuhe, 2. Zierschuhe m. Hakenspitze
Hāklstēcka	Spazierstock mit Krummgriff
Hāllodri, Hālodri	leichtsinniger Bursche, zu krummen Touren, zumindest aber zu Unfug aufgelegt (v. Allotria)
ham	haben: mir ham Zeit; sie ham koa Zeit
hamma, ham ma	haben wir
hammans	nb haben sie
Hāmme	1. Hammel, 2. rücksichtsloser Mensch
hāmpe	nicht ganz geheuer zumute (viell. v. Altf. hampeln = einen zum Besten haben, od. v. hampsen = einen zu schaffen machen): Mir werds ganz hampe! s. zwoaraloa
hampern, -an	nb. hausen, leben
hamstern, -an	Waren anhäufen, in Notzeiten (a. d. Land) Lebensmittel betteln od. eintauschen od. kaufen
Hāmur	Humor, Stimmung: I hab heit koan Hāmur
hān, hānd	sind: Jetzt hans da! Mir hand aa da!
hān	wie hã
Handlschaft f	Handelsgeschäft (v. Person z. Person)
handlsoans	handelseinig

handsam	umgänglich, leicht zu behandeln, gefügig: a handsams Weib
Hāndscha	Handschuhe: Ziag d Handscha o!
Handschlittn, -schliin	Weib (nicht Eheweib), das einer immer wieder »mitzieht«
Hānserl, -al	kl. Kopfkissen als bessere Kopfunterlage
hānsln	hänseln, zum Narren halten
Hanswurscht	Hanswurst
hānti, -ig	1. bitter, zäh (von Eßbarem: die Spargel san hanti), 2. unfreundlich, gereizt, schwer zu nehmen
Har	nb Flachs
hārb	1. herb, 2. gram: Bist jetzt härb auf mi?
Hāring	Hering
hārma	(sich) härmen
Harpfa, -pfn	Harfe
Hāschā, -schee	Hackfleisch in Soße (franz. hachis = Hackfleisch)
Hāscherl, -al	hilfsbedürftiges, liebenswertes Wesen (verw. mit heischen: fordern, erbitten)
haschpen	haspeln, schnell daherreden od. arbeiten od. spielen
Hås	nettes Mädchen, ca. zwischen 16 u. 25
Hāserl	besonders nettes Mädchen (z. B. Skihaserl)
Hātscher, -a	Schluckauf
Hātschier	Leibgardist d. Königs v. Bayern, d. Kaisers v. Österreich (v. ital. arciere = Bogenschütze)
hātschn	schleppend gehen
håts di	»hat es dich« (erwischt): Bist du von Sinnen?

Hauderer, -ara	einer, der sehr haudi is, s. d.
haudi, -ti	schwach, kraftlos (wie eine Haut ohne Knochen)
Haufa	Haufen; a Haufa Arbat: sehr viel Arbeit
haufaweis	in großen Mengen
Haum, -bn	Haube
hau-ruck, hōruck	Anfeuerungsruf zum gemeinsamen Ziehen oder Drücken
Hausbrot	Schwarzbrot (i. Gegensatz zu Semmel etc.): Bringas ma a Hausbrot!
Hausdepp	Schimpfname: Trottel d. Hauses
Hausdracha	zänkisches Eheweib od. sonstige tyrannische Mitbewohnerin
Hauserin	Wirtschafterin
Haushäiterin	Frau, die den Haushalt gegen Lohn führt
haushōitn	vernünftig einteilen, sparen
Hauskreiz	schwer erträgliche Person i. Haus, dennoch oft liebevoll geduldet
Hausl	Hausknecht, Haus-Fürsorger
Hausmacher	(in Zusammensetzungen) Hausgemachtes: Heute prima Hausmacher-Leberwurst!
hausn	1. wohnen, 2. sparsam haushalten: Sie hat guat ghaust
haußn	nb heraußen
Hausschua	Hausschuh, Pantoffel
Haussēgn	Schutzfigur am Bauernhaus (Gottvater mit Zepter): Da Haussegn hängt schiaf = Zwist im Haus
Haut	i. d. Verbindung: guate Haut = herzensguter Mensch: D Leitnerin is a guate Haut!
haut	i. Sinn v. prima! Dees haut! Haut scho (v.: haut hin!)

hauti	s. haudi
Hautsdrei	(auf) Teufel komm raus, wild wie im Gefecht
Hawedehre	1. Gruß: »Habe die Ehre!« 2. erledigt, am Nullpunkt: I bin ganz Hawedehre (ich verabschiede mich mit »Habe die Ehre«!)
Hāx, Hāxn m	Bein: mei Hax tuat ma weh
Hāxerl, -al, -l	kleine Haxn: Ich möcht s Haxerl (b. Geflügel)
Hāxn	Schenkelteil des Beins von Schwein und Kalb: Dee Schweinshaxn war guat! (Haxn hier weibl. von Hachse)
Heach	nb Höhe
Heaft	Senf (v. Senft)
heaßer, -a	heißer
Hebamm	Hebamme
Hebe, -we	Hebel
hebn	s. heem
Hebweih	Richtfest b. Bau
Hēcha, Hēchn; hēcha	Höhe; höher, s. a. heher
hēchtn	einen »Hecht« machen: hechtgleich ins Wasser springen
heem	heben, halten: Werd scho heem!
Hēfa, Hefn	Hefe
Hefntoag, Hēfa-	Hefeteig
Hēh	Höhe
hēher, -a	höher
hei	eis- u. schneeglatt: Obacht, heit iss hei! (viell. v. Ruf hai! an das Zugvieh, wenn es sacht u. vorsichtig gehen soll)

Hei	Heu
Heibleame	Heublumen
Heiboon	Heuboden
heier, -a	heuer
Heierl, -al, nb Heidl	kl. Gartengerät z. Auflockern d. Erde, s. aufheierln
Heiferl, -al	Häuflein; a Heiferl Elend: einer, der ganz darniederliegt
Heigåbe, -gõwe	Heugabel
Heigeign f	langbeiniges, mageres Weib
Heihupfer, -a	Heuschreck
Heiligdreikini	Fest d. Heiligen Drei Könige
Heilinger, -a	Heiliger
Heimãndl	Heigeign, 1. s. d. + drübergehängtes Heu
heinga	Heuarbeit machen
hẽint	heute
heintzutåg	heutzutage
heiran	heiraten
Heiptling	Häuptling (oft scherzhaft f. Chef gesagt)
Heiratsguat	Mitgift
Heiser, -a	Häuser
Heiserl, -al	wie Heisl
Heisl	1. Häuschen, 2. Aborthäuschen (Holzverschlag m. Plumpsklo), s. Scheißheisl
Heisler, -a	Häuschenbesitzer
Heislfahrn	Spiel, bei dem man auf einem gezeichneten Karreefeld möglichst viele Karrees schließen muß
Heislleit	Hausbewohner einer Kleinsiedlung, s. Kloaheisler

Heislschleicher	falscher Mensch, der sich Liebkind macht, um Profit zu erschleichen
Heiß m	Hengstfüllen
Heistådl	Heustadel
heit	heute
Heiter	altes od. schwächliches Pferd (v. häutig, Häuter)
Hells	helles Bier: a Hells bittschön! (i. Bayern immer a Hoibe = ½ Liter)
Hemad	Hemd
Hemadlenz	Bub od. Mann im Hemd
Hemadzipfe	Hemadzipfel: Da Hemadzipfe schaugt da raus!
Hemaritnschaukel	(Hämorrhoiden-): klappriger, holpernder Wagen
Hend	Hände
Hendl	Hühnchen (vorwiegend als gebratenes)
Hendlfriedhof	angefressener Bauch
henga	hängen
Hena, Henn, Henna	1. Henne, 2. albernes bzw. eingebildetes Weib: So a blöde Henna!
Hennabrust	Hühnerbrust: schmächtige Brust
Hennadrek	Hühnerdreck
Hennafraß	1. Hühnerfraß, 2. langweilig schmeckendes, »substanzloses« Essen
Hennafuada, -fuatter	Hühnerfutter
Hennalauf	Freilaufplatz f. (glückliche) Hühner
Hennaloater	Hühnerleiter
Hennasteign	Hühnerstiege (Brett, z. Stalloch führend)

Hennastōi	Hühnerstall
Hennasuppn	Hühnersuppe
Hēpfa	Gaudi (viell. mit hüpfen verw.)
Heppin	Kröte (v. hopsen)
her-	die, Vorsilbe bedeutet nicht nur ein herzu-, sondern auch ein intensiveres Herannehmen od. Herangenommenwerden
hera	her (verstärkt): Geh hera!
herarbatn, -wan	(einen) bis z. Erschöpfung traktieren od. malträtieren: Der hatn hergarbat! (z. B. beim Raufen od. Ringen)
herauß, -ßd	1. heraußen, 2. herausgebracht: Jetzt hab i s heaußd!
heraußer, -re	der (die) draußen
herbeitln	durchschütteln, verschlagen: Den hab i herbeitlt!
herbergn	1. beherbergen, 2. Herberge nehmen
herbringa	1. herbeischaffen, 2. verdienen, Gewinn machen, zum Unterhalt beitragen: Da Mo bringt ja nix her!
Herbstkatzln	im Herbst geborene Kätzchen (angeblich schwächlich)
herbstln	nah am Herbst sein
herent, herenterhōib	herüben, herüberhalb
herfahrn	etw. auf Aufforderung hergeben: Fahr a Markl her!
herfotzn	(einen) mit Ohrfeigen eindecken
hergeh	1. wagen, fertigbringen (nur v. Dritten gesagt): Da soi oaner hergeh und dees nachmacha! 2. leicht hergeh = leicht zu haben sein (Mann od. Frau)

Hergläffaner, -a, -ne Dahergelaufener, -ne

Herrgottln nb kl. Kruzifix f. d. Stube

Herrgottswinkl Winkel i. d. guten Stube, in dem das Kruzifix hängt!

hergschenkt verloren, preisgegeben: Bei dene bist hergschenkt

herhaun 1. durchprügeln, 2. in Mengen hergeworfen od. -geweht werden: Die Schlossn (Hagelkörner) hats grad so herghaut, 3. (sich) freundlich aufgefordert, neben einen legen: Hau di hera!

herhebn wie herhoitn 1. u. 2.

herhint da hinten

herhinter, -re der (die) hintere

herhöitn 1. ausreichen: dees Essn muaß an ganzn Tag herhoitn, 2. sich benützen lassen: Mei Karrn muaß no lang herhoitn, 3. f. etw. einstehen od. büßen müssen, was andere verschuldet haben: I muaß dafür herhoitn!

herin herinnen

herinner, -re der (die) herinnen

herlassn etw. versäumen, auf es verzichten: Dees konn ma doch net herlassn!

hermacha 1. etwas ergeben, ausgiebig sein: Mei, dees bißl macht nix her! 2. etwas Bedeutendes aus Unbedeutendem machen: Mei, mit dem Dr. Huaber machas a Weda her! s. a. Weda, 3. (sich) auf etw. od. jemand stürzen: Zu dritt ham sa si über mi hergmacht!

hern hören

hernehma 1. verwenden: Dee oide Unterhosn konnst zum Putzn hernehma, 2. strapazieren, (einem) zusetzen: Dee Arbat nimmt oan schwaar her!

herober, -re der, die heroben

Herrgott-sakramenter Verstärkung v. Sakramenter, s. d.

Herrle Hundeherr

Herrschaft-seitn Ersatzfluch f. »Herrgottsa«

herschaugn 1. hersehen, 2. so od. so aussehen: Die Sach schaugt net guat her!

hertoa auf Aufforderung hergeben: tua die Zigarettn her!

herum herüber (Betonung auf der ersten Silbe u. in Verbindung m. hinum: Zerscht is a hinum ganga, dann wieder herum)

herunt herunten

herunter, -re der (die) herunten

hervorder, -re der (die) vorderen

hervorn da vorne, im Vordergrund

herwartn lange warten müssen: Bei dem Dokta muaßt herwartn

Herz 1. Mut: Da hab i koa Herz dazua, 2. Busen: Die hat a schöns Herz, 3. Gemüt: Da Peter hat a guats Herz

herzärrn etw. od. jemanden mit Anstrengung od. zumindest Einsatz herbeischaffen, einbringen: Wo hast denn dees herzarrt?

Herzbinkl Liebling (v. Binkl. = Rundung, s. d.)

Herzerl, -al 1. Herzchen, v. allem Kosename

herziagn, -ng	1. wie herzarrn, 2. (über einen) ausfällig schimpfen: Der hat über den herzogn!
Herzibobberl, -al	Liebling, auch i. d. Schule: Lieblingsschüler od. -schülerin der Lehrkraft
herzig	zum herzlich Gernhaben
Herzkāschperl, -al	Herzanfall v. leichter bis schwer
herzua	herzu
Hese	Höschen, s. a. Höse
Hētschibētsch	Hagebutte, v. allem Hagebuttenmarmelade
Hetz	große Gaudi, wildes Vergnügen
Hewe	Hebel, s. a. Hebe
Hēx	1. Hexe, 2. die Haut auf der abgekochten Milch: Mama, kriag i d Hex?
hi	1. hin i. örtlichen Sinn, 2. kaputt: die Uhr is hi! 3. völlig erschöpft: I bin ganz hi!
hia	s. hüa
Hiagscht, hiagstln	nb Herbst, herbsteln
Hiasl	Schimpfname f. einen etw. einfältigen u. ungeschickten Menschen (v. Matthias)
Hiat	Hüte, s. a. Hüat
Hiaterbua, Hiata-	Hüterbub, s. a. Hüaterbua
hiatn	hüten, s. a. hüatn
hiawan	nb beherbergen
hibaun	zu Fall Kommen: Mensch, mi hats hibaut!
hiblātln	hinblättern, Geldscheine zahlend u. zählend abliefern: Tausnd hab i scho hiblatlt!

hidrāhn 1. etw. durch listiges Reden u. Handeln z. Erfolg bringen: Dees hast sauber hidraht; 2. (einem etw.) unter die Nase reiben, ihm vorhalten: Dees hab i eam hidraht!

hiebei unmittelbar da: I bin glei hiebei gstandn

Hiesiger, -a einer v. Ort, s. daig

hifahrn 1. (einem) eine Ohrfeige versetzen: Fahr eam oane hi! 2. (einem etw.) scharf vorwerfen od. zurückweisen: Dees hab ia eam aber higfahrn!

hifāzn nb stoßweise weinen

hiflacka, -gga (sich) schwer u. entspannt bzw. faul hinlegen: I flack mi hi!

hifliagn, -ng jäh zu Boden stürzen

Hifōiade die »hinfallende Krankheit«, Epilepsie

hifummen an etw. herumreiben: Unser Nachbar fummet heit die ganz Zeit an sein Karrn hi

higlanga 1. anfassen, 2. tüchtig zupacken: Da Kare glangt hi! 3. ausreichen: Dees werd higlanga

hihänga (einen) schlimm ausrichten, verklagen

hihaun 1. voll gelingen: Dees haut hi! 2. (sich) auf einen Platz fallen lassen bzw. hinlegen: Da hau di hi, Kare!

hihōitn 1. etwas stellvertretend ertragen: Und i muaß mein Kopf dafür hihoitn! 2. (einen) durch Versprechungen od. Vertröstungen zum Aufschub seiner Forderungen bewegen: I habn no a Zeit highoitn

hikemma 1. hinkommen, 2. einen bestimmten Punkt od. Wert erreichen: Da kemma ma scho hi

hikriagn, -ng	es noch zuwege, z. guten Ende bringen: Dees wern ma scho hikriagn!
hilanga	wie higlanga
hilassn	an etw. od. jemand heranlassen: Den laß i net hi!
himacha	1. kaputtmachen, 2. soviel wie hinscheißen: Jetzt hat da Waggi pfeigrad aufs Kanapee higmacht
himfāzn	nb seufzen
himlitzn	nb wetterleuchten
Himme, -i	1. Himmel, 2. Traghimmel, Baldachin bei Prozessionen
Himmeseitn!	Ersatzfluch (Variation v. Herrschaftseitn)
Himmibāppa	1. (kindl.) wie Himmivatter, s. d.
Himmi-fahrtsnåsn	wie Himmischmecker, s. d.
Himmi-muatter, -a	Muttergottes
Himmi-schmecker	nach oben gewendete Nase
Himmivatter, -a	der liebe Gott
Himpehāmpe	umständliches Getue, viel Lärm um nichts
hinå	hinab (hi betont)
hināckln	eine Sache, ein Problem immer wieder verbissen angehen (sie »rütteln«)
hinēi	hinein (hi betont)
hintdro	hintendran
hinterfotzi, -ig, hinta-	heimtückisch, hinterlistig (sein wahres Gesicht = Fotzn verbergend)
hinterher	nachher: Hinterher hat a mi no an krumma Hund ghoaßn!

hinterhöib, -oi	hinter, hinterhalb: hinterhoib am Haus
hinterkünfti, -ig, hinta-	hintergründig
Hintern	Gesäß: Setz di auf dein Hintern!
hinterrucks, hinta-	1. von hinten her: Da Wildschütz Jennerwein is hinterrucks daschossn worn, 2. hinter d. Rücken: Dees hat a hinterrucks gmacht
hint habn	i. bes. Reserve haben: Da hab i no was hint (i. Lager)
hintre	nach hinten: Tua s hintre!
hinum	hinüber (i. Verbindung mit herum, s. d.)
hipatzn	1. etw. grob hinwerfen, 2. etw. schlampig hinmalen od. -zeichnen od. -schreiben
Hirba, -wa	nb Herberge
hiredn, -reen	(in einem) hineinreden, zu überzeugen versuchen: An den konnst lang hireen!
hireibn, -ein	einem gehörig die Meinung sagen: Dem hab i s aber higriebn!
Hirgscht	Herbst
Hirgschtkatzln	s. Herbstkatzln
Hirn	1. Gehirn, 2. Stirn
Hirnbätzl, -erl	Fingerstups auf die Stirn
Hirnkästl	Schädel: Geht denn dees net in dei Hirnkastl nei?
hirnrissig	verstiegen, absurd denkend (als ob man einen Riß im Hirn hätte)
Hirnschmöiz	Denkkraft, Intelligenz
hirnvabrennt	verblendet, unfaßbar töricht
Hirsch	2-Hektoliter-Bierfaß
hirt	hart

Hirwa nb Herberge, s. a. Hirba

hisågn (einem etw.) schlagend entgegnen: Der hats eam aber higsagt!

hisẽi 1. kaputt sein, 2. tot sein: Jetz is a hi, 3. total erschöpft sein: Mei, bin i hi!

hisitzn 1. (sich) hinsetzen: sitzts eich hi! 2. bei einem sitzen: I hab mi drei Stund zu eam higsitzt

histeh (sich) hinstellen: Da brauchst di net histeh, da gibts nix!

hitoa (etw.) dazutun, an eine bestimmte Stelle tun: Da muaßt a Schuidl hitoa!

Hitz, Hitzn 1. (Einzahl) Hitze, 2. (Mehrzahl) fiebriger Zustand: Er hat die fliagadn Hitzn (Hitze-Anflüge)

Hitzvakãnz Hitzeferien i. d. Schule

Hivöder, -a Ostwind (d. Vorderfront d. Bauernhauses liegt nach Osten: d. Ostwind ist daher d. »Hervordere« = d. Hivöder)

hiwandln (sich) anbiedernd heranmachen

hiwartn auf etwas sehr lange warten müssen: Da wartst hi und hi, und nix passiert

hiwern 1. kaputt werden (auch im bildl. Sinn): Refrain eines bayerischen Lieds: Ja, da muaß oaner hiwern, ob a wui oder net!

hiwuisln (an einen) hinjammern, weinerlich hinreden

hizãrrn (einen) halb willig, halb unwillig wohin »verschleppen«: Wo habts mi denn da hizarrt?

hizündn (einem) etwas scharf ins Gesicht sagen: Dem hab i s hizundn!

Hõ	nb Hahn
hō, hõn	habe: I ho koa Zeit, s. a. hā
hoadrāchi, hoa-	voll trockenem Nebeldunst b. gr. Hitze (wörtl. »heirauchig« v. Altf. hei = trocken)
Hoagart	gemütliches Zusammensein mit Nachbarn od. Freunden, heutzutage auch auf Kurgäste und Touristen ausgedehnt u. organisiert
hoagārtln	einen Hoagart halten
Hoagascht	wie Hoagart
hoakli, -ig	1. heikel: a hoaklige Gschicht, 2. von wählerischem Geschmack: Da bin i hoakli, 3. nur feinstes od. erwünschtes Essen akzeptierend: so a hoakliger Bua! 4. schwierig zu behandeln: a hoakliger Kerl
hoam	heim
Hoamat, Hoamatl	Heimat, »Heimatl« (etw. rührselig betont)
hoamgehzeiti	nb an der Zeit, heimzugehen
hoamgeign	nur i. d. Verbindung: Laß di hoamgeign = Hör auf m. d. Unsinn (od. d. Stümperei) (v. Brauch, ein müdes Festpaar m. Musik heimzugeleiten)
hoamkemma	heimkommen
hoamleichtn	einem mit d. Laterne zeigen, wo's heimgeht: Einem so radikal die Meinung sagen, daß er sich verdrückt
hoamli	heimlich
Hoamlicher, -a	einer, der Heimlichkeiten hat
Hoamwēh	Heimweh
hoamweisn	heimgeleiten
hoamzōin	(einem etw.) heimzahlen, zurückzahlen i. Sinn v. sich rächen

hoanbua-chern, -an	nb wie haglbuachern, s. d.
Hoar	nb 1. Haar, -e, 2. Flachs
hoaß	1. heiß, 2. begierig auf: Auf dee bin i hoaß
hoaßn	1. heißen (Name), 2. anweisen, befehlen: Da Vatter hats ma ghoaßn!
Hoawa, Hoawerl, -al	nb Heidelbeere, -en
Hoawerltauch	Tunke aus Heidelbeeren
hoazn	heizen
Hobe, -we	Hobel
Hobeschoatn, Howe-	Hobelspäne (kl. Scheite), auch Abfall b. Holzhacken
hochhåbn, -håm	beschwipst sein (Vorwegnahme des zeitgemäßen Ausdrucks »high«): Mensch, der hat heit hoch!
hochnåsert, -at	hochnäsig
Hochwasser-hosn	zu kurze od. zu hochgezogene Hosen (als ob man durch Wasserstellen waten müßte)
Hock	stille, brütende Wut auf einen, die plötzlich ausbrechen kann, s. hocka
hocka	i. d. Verbindung mir hockt a = mir stinkt a: Es wurmt mich (der Groll hockt sozusagen auf mir)
Hockableiber, -a	1. einer, der nicht aufsteht – entweder zu Hause od. zu Gast od. im Wirtshaus, 2. Schüler, der das Klassenziel nicht erreicht hat, der »sitzenbleibt«
Hockader, -a	wie Hockableiber 1.
Hockerl, -al	niedriger Hocker, Schemel
Hōdan	Hadern, Wischlappen

Höse	Höschen
höi!	Ausruf: hoppla! halt! ja so was!
höi	hell
Höi	Hölle
höif	nb hilf, aber auch im Obb. z. B. b. höif Gott!
höifa	helfen
höif Gott!	hilf Gott! Gott helfe dir! (der Segenswunsch nach d. Niesen stammt aus d. Pestzeit. Wer nieste, schien dem Tod geweiht. Man wünschte ihm Gottes Hilfe dazu. Daher auch: Höif da Gott in n Himme nauf!
Hohlhippn	röhrenförmige Hohlwaffeln (v. Hippen = oblatendünner Kuchen, bei Hohlh. zusammengerollt)
hōib, -bert, -wat	halb
Hōibe, -we	Halbe Bier
hōibschāāri, -ig, -schāri	unzuverlässig, nicht solid, Besseres vortäuschend (v. Bauernknecht, der aus Bequemlichkeit nur m. halb eingeführter Pflugschar pflügt, so daß das Samengut nicht ganz eindringen kann. Der »halbscharige Acker« überträgt sich auf den Knecht
hōibseidn	pseudovornehm, dubios: mehr Schein als Sein
Hōibstarker, -a	Halbwüchsiger
Hōibzeit	Halbzeit (b. Fußball)
hoin	holen
hoipern, -an	holpern
hoipri, -ig	holperig
Hōis	Hals

Hōiskrankheit	starkes Bedürfnis, Orden umgehängt zu bekommen
hōisn	halsen, zärtlich umfangen
hoißn	nb heißen
hōit	1. halte (ich, er), 2. halt, 3. soviel wie eben: Gstunka hat er eam hoit = gstunka hat ar eam ebn
hōitn	halten
Hoiwegl	kl. Hohlweg
Hoiz	1. Holz, 2. Wald, 3. Hoiz vor da Hüttn: ansehnlicher Busen
Hoizer-schmarrn	selbstgebackener Schmarrn d. Holzknechte, s. Schmarrn
Hoizfuchs	als Spottname: zahnader Hoizfuchs (wie ein Fuchs, der die Zähne bleckt)
hoizig	1. holzhaltig, holzartig, 2. hartfleischig: Der Koirabi is hoizig und da Radi aa!
Hoizleg f	Holzschuppen (f. die Lagerung d. Brennholzes)
hoizn	etwas hart und plump tun, z. B. beim Fußball od. auch beim Klavierspielen
hōlbat	nb halb
Holler, -staudn	Holunder, -busch
hōlt	nb halt
hōm	nb haben: Mir hom Zeit
hǫneckln	s. vahonackln
hōōm	haben: Ois konn ma net hoom! (nur Infinitiv)
Hōōr	Haare
Hopfastanga	langer, dünner Mensch
Hopfazupfer, -a	Hopfenzupfer

hoppen	hoppeln
hopsgeh	draufgehen, tödlich verunglücken
Hornochs	Riesendummkopf
hō-ruck	hau-ruck, rhythmischer Ruf bei gemeinsamer Kraftanstrengung (z. B. Seilziehen)
Hoserl, -al	Höschen (f. Kinderhosen od. Damenwäsche gebraucht)
hosert, -at	unruhig, nervös, aufbruchsbereit (v. hosln, s. d.)
hosln	schnell gehen (verw. m. Altf. hüsig = hurtig)
Hosn	Hose, -en
Hosndrädrä	Hosenmatz
Hosnsåk	Hosentasche
Hosntürl	Hosenschlitz bzw. -klappe (b. Lederhose)
hōt, -tt!	rechts (Zuruf an Pferd u. Ochse)
Hotvolä	Hautevolée
hou, hōouch	hoch
hōurucki	nb hochdruckwittrig (»hochrückig«)
Hōusn	nb Hose
Hōuwåsser, -a	nb Hochwasser
Hōuzat	Hochzeit
Hōuzatlåder, -a	Hochzeitslader
Hōuzeiter, -a	Hochzeiter
hōw	habe (falls Vokal folgt): Jetzt how i koa Göid dabei!
Hōwan	Hafer, s. a. Habern
Hōwara	s. Haberer
Howe	Hobel, s. a. Hobe
hōwe	Zusammenziehung: hab i = habe ich
Huasterer, -a	Hustenstoß, auch i. d. Verbindung: Der hat koan Huasterer mehr to = der war tot

huastn	1. husten, 2. etw. verschmähen: I huast da drauf! 3. unzumutbare Forderungen od. sonstiges unverschämtes Verhalten – nachdem man davon erfahren hat – schroff zurückweisen bzw. tadeln: Dem wer i was huastn!
Huastn	husten, Husten
Huastnguatl, -zöitl	Hustenbonbon, s. a. Zöitl
Huaterer, -ara	Hutmacher
hudln	hasten auf Kosten der Sorgfalt: nur net hudln!
hüa, hüah!	Anspornruf f. Pferd u. Ochs
hüastln	hüsteln
Hüat	Hüte, s. a. Hiat
Hüatei	kl. lustiger Hut
Hüaterbua, Hüata-	Hüterbub
hüatn	hüten
hüm	herüben i. Ausdruck hüm und drüm
Hüttn	1. Hütte, 2. Kumpelbegrüßung: Servus, oide Hüttn!
Hugo	Zigarettenstummel (nach dem 2. Weltkrieg sammelten die Buben »Ami-Hugos«; Wortherkunft unausmachbar)
hui	1. Ausruf f. Geschwindigkeit: Hui, jetzt gehts dahi! 2. Ausruf b. erschrecktem Erstaunen: Hui, was is denn dees? 3. in d. Verbindung: außn hui und innen pfui – sieht man's v. außen, möchte man hui! rufen, sieht man's von innen, pfui!
huif	1. (ich) helfe, 2. hilf! s. a. höif

Huif	Hilfe
Huifsschui	frühere Bezeichnung f. Sonderschule
huin, Huin	hüllen, Hülle
Huisn	Hülse
Huiß	Sau
Hundertfünfa-siebzger	früh. Ausdruck f. Homosexuellen (als § 175 noch galt)
hundig	elend: Mir gehts hundig! (wie vielen armen Hunden)
Hundling	Hundskerl, infamer Mensch; aber auch als Anerkennung v. Raffinesse: Du bist a Hundling!
hundln	stark nach Hund riechen
Hunds-	Schimpfverstärkung s. folgendes
Hundsbua	arger Lausejunge, s. a. Saubua
hundsheitern	»hundshäutig«, ausgekocht, nicht zu belangen
Hundskrüppe	sehr frecher Kerl, s. Krüppe
hundsn	schlecht wie einen Hund behandeln: hetzen, überfordern (kein Zeugnis f. Tierliebe)
Hundstapperer, -a	Anfängerschwimmstil
Hundsviech	liebloser Name f. Hund
hupfa	hüpfen
hupfads Wasser, -a	Sprudelwasser, auch Sekt (weil die Kohlensäurebläschen hüpfen)
Hupfer, -a	unreifer Bursche: Was wui denn der (junge) Hupfer?
Hupferer, -ara	plötzlicher Sprung: Da hat er an Hupferer to!
Hur	Hure

hurāxdāx	lustiger Ausruf, wenn es lebhaft zugeht (vermutlich v. hurra: Huraxdax! Packs bei da Hax!)
hussn	hetzen, umeinandertreiben (v. Ausruf huss!, mit dem man einen Hund auf einen Menschen trieb od. m. d. man den Hund wegjagt)
hutschn, Hutschn	schaukeln, Schaukel: Geh, Toni, hutsch mi o!
Hutzlbrot	Brot mit Hutzln, s. d.
Hutzlbrüa	schlechter Kaffee, wie Brühe v. gekochten Hutzln
Hutzln	1. getrocknete Birnen, 2. Falten, den getrockneten Birnen ähnlich
Hutzlwei	altes Weiblein (wie Hutzln eingeschrumpft)

I

iatz	jetzt
Ibidum n	scherzhaft erfundene »Arznei«, um die man früher, vor allem am 1. April, Kinder oder naive Leute zum Apotheker schickte. Ibidum = I bi dumm
Idēē	ein ganz kleins bißchen (so klein, daß es fast so wenig wiegt wie ein Gedanke): Und dann tuast no a Idēē Soiz dazua!
Idipferl	I-Tüpfelchen
Igl	Igel
Ihāhā	scherzhafter Ausdruck für Pferdefleisch, ans Wiehern anklingend
ihra	1. ihr: Da hat a ihra gstunga! Der Huat ghört ihra! 2. sich: Sie hat ihra nix z Schuidn kemma lassn!

Impn	Biene, Bienen
inanand, -er, -a	ineinander
inaranand, -er, -a	Verstärkung v. inanand: Die hänga inaranand wie d Klettn
Ingreisch	1. Eingeweide (eigentl. Inkreisch, vermutl.: inneres Gekröse), 2. Inneres (seelisch)
inkommodiern	belästigen (franz. incommoder)
Inlet	Überzug fürs Federbett (v. engl. inlet = Einlaß)
inloans	allein: I bin ganz inloans
innert	innerhalb
innewern	gewahrwerden: i bins inneworn
ins, inser, -sa	uns, unser, -e
inseroaner, -a	nb unsereiner
Inspekta, Inschpekta	Inspektor
int	unten, drunten
Interhosn	nb Unterhose
inwendi	inwendig, innerlich: Dees is a inwendigs Versl
irdan, -den	irden
irgad	irgend
irgadēbbs	irgend etwas
irgadoa	irgendwelche
irger, -a	ärger
Irgst	nb (das) Ärgste: Dees waar ma s Irgst
irm	erben
Irrliacht	Irrlicht, als leuchtende Arme Seele gedeutet
Irta, Erta	Dienstag (Tag d. Ares, röm. Kriegsgott)

irwends	nb hie u. da
Irxn	Achsel
Irxnschmōiz	»Schmalz« i. d. Achseln bzw. Schultern: große körperliche Kraft
is	ist
iß	esse: I iß net vui
iss	ist's
it	nicht: Dees geht it!
Iwe	Übel, s. a. Übe

J

Jāāger, -a, Jāger, -a	Jäger
Jāgertēē	Rumgetränk m. etw. Tee
Jänner	Januar (a. d. Österr.)
jāhrig	einjährig (bes. bei Tieren, in Forsetzung: dreijährig etc.)
Jāhrl	Jährchen
Jāhrling	Einjähriger (bei Tieren)
Jahrtåg	Jahrestag (des Todes: Heit is d Mess fürn Jahrtåg von da Muatter)
ja mēi!	Ausdruck des Bedauerns (mei ist Rest v. mein Gott!)
Jānker, -a m	Jacke, bes. Trachtenjacke, meist gestrickt
ja nō	ja nun: Ja no, besser gehts net!
Japāner	Leichtkoffer aus Flechtwerk (früher häufig im Gebrauch)
ja so, jaso	ach so
Jausn	Brotzeit (a. d. Österr.)
jawoi	jawohl

jēdsmōi	jedesmal
Jēggerl	verkleinernde Verstümmelung von Jesus, oft mit »ui« verbunden: Ui Jeggerl!
jēmōis	jemals
Jēssas	Jesus (nur in der Anrufungsform: O Jessas!)
Jēss-Mar-und Josef! Jessmarand-josef!	Jesus, Maria und Josef (Anrufung der Heiligen Familie beim Erschrecken)
jetz, jetza, jetzat	jetzt, s. auch etz, etza
jinger, -a	jünger
jo	ja (verstärkt im Sinn v. doch)
Joar	nb Jahr
Jochgeier	Lämmergeier, schrein wie a Jochgeier = heftig schreien
Jodl	Stier (ursprüngl. Kurzf. f. Georg od. Jakob; f. groben Menschen gebraucht bzw. als Stiername verwendet)
jodln	jodeln (weltweit bekanntes bayerisches Wort)
jöi!	Ausruf der Überraschung oder Bewunderung
Joppn	Jacke
Josefi	Fest d. heiligen Josef, 19. März, Beginn d. Starkbierausschanks (-ator-Biere)
Jube, -we	Jubel
juben, -wen	jubeln
Jūchä	oberstes Stockwerk, meist m. Mansarde: Die Meiers wohna im Jūchä drobn (sozus. auf dem Jūchu-Gipfel)

juchazn, juchuzn	jauchzen
jucka	reizen, stören: Dees juckt mi net! aber auch: Dees reizt mi, dees taat i gern!
Jüngferl, -al	Verkleinerungsform von Jungfer
jugazn	nb juchzen, jauchzen
Jugo	Abkürzung für Jugoslawe (muß keinesfalls herabmindernd sein)
Juhschroa	Juhuschrei, Jauchzer
juhu	Freudenruf
Juwe	Jubel
juwen	s. a. juben

K

k	statt d = die zu Beginn eines K-Worts: k Kinder san kemma (Einschmelzung des d)
kã	nb kann, s. ko
kããf	1. (ich) kaufe, 2. kaufe!
kããm, kããmat	käme: I kaam scho, wenn i kunnt; wenn nur da Vatter kaam!
Kããs	1. Käse (lat. caseus), 2. Unsinn: Red doch koan Kaas!
Kããsfüaß	nach »Fuaßkaas« riechende Füße, s. Fuaßkaas
kããsig	1. käsebleich, 2. nach Käse riechend
kããsln	1. Käse bereiten, 2. nach Käse riechen
Kããsloabe, -we n	Käslaib; weiß wiar a Kaasloabe = schrekkensbleich
kããsn	Käse fertigen
kããsweiß	käseweiß: 1. schreckensbleich, 2. bar jeder Sonnenbräune

Kābe, -we	Kabel: Mit dem Kabefernsehgn kriagst an Haufa Programme
Kache	1. Kachel, 2. muldiges Gefäß, 3. vulgär f. Vagina
Kācherl, -al	kleine Grube, z. B. fürs Schussern gegraben
kachezn	nb laut lachen (die laute Form v. kichern)
Kachlofa	Kachelofen
Kadą̄r	Katarrh
Käi	nb Kühe (auch oberpf.)
Käitn	Kälte
käiwern, -wan	vom Kalbfleisch; a Käiwerns = Kalbfleisch
Kafą̄	Kaffee
Kafäzal, Kaffēēzerl	genüßliches Wort f. Kaffee: Jetzt trink mar a Kaffeezerl
kāffa	1. kaufen, 2. (sich einen) vornehmen: Den kaaf i ma! s. a. kaaf
kagāzn	nb husten
Kaisersemme	Semmel mit 5 windradförmigen Einschnitten
Kaiwe; kaiwen	Kalb; kalben, s. a. Keiwe
Kal	nb Kerl
Kāmedi	Komödie
Kāminą̄ln	aus Hackfleisch gebackene »Fleischpflanzln«, s. d. u. s. Karmenadln
Kammerfensterln	bekannter, aber nur noch seltener Brauch: mit der Leiter ans Fenster der Erwählten steigen, um eingelassen zu werden
Kammerwågn	Wagen mit der Aussteuer der Braut, s. Kuchlwagn
kāmod	bequem, gemütlich, s. a. kommod

Kamöi	Kamel
Kāmọppe n	leicht tölpelhafter Mensch: Du bist vielleicht a Kamoppe! (mehr scherzhaft statt bös gemeint; viell. v. Kamel)
Kāmpe	1. Kamm, 2. etwas flatterhafter, leichtsinniger Mensch. Kann auch positiv gemeint sein: Der is a lustiger Kāmpe (vermutl. v. Kämpe od. Kumpan)
kāmpen	kämmen
Kamuintēē	Kamillentee
Kanapä	Kanapee
Kānāri	Kanarienvogel
Kāndl	Kännchen
Kāndlleichter	Kerzenleuchter (v. Altf. Kandel = Kerze, lat. candela)
kānnt	könnte, s. kunnt
Kapöin	Kapelle
kapores	kaputt (lautl. Variation)
Kāppe, -i	Käppchen
Kapuziner	Milchkaffee kapuzinerbraun, im Gegensatz zum Espresso (haupts. in Österreich, i. Italien hat der Cappuccino noch Milchschaum od. Sahne drauf)
Kapuzn	Kapuze
Kārāchl n	Geschwindigkeit, Schwung, hd. Karacho (span.: Anfeuerungs- u. Kraftausdruck, urspr. Penis)
Kārākta	Charakter
Kārfioi	Karfiol, Blumenkohl
Karfreitags-rātschn	Schnarrgerät, das am Karfreitag den Tod Christi andeutet (noch selten)

Kärmenädln	(v. franz. carbonade, Kotelett), s. Kaminaln
Karrn	Karren, häufig für Auto gebraucht (lat. carrus = Karren)
kärtln	Karten spielen
Kartn	Karte
Karussöi	Karussell
Käschperl, -al	1. Kasperl, 2. nicht ernstzunehmender Mensch
Käschperlkopf	1. grinsende Physiognomie, 2. ständiger Gaudimacher
käsig	s. kaasig
Kässiẹrin	Kellnerin (die kassiert)
kässig	gereizt, schroff (v. kaussen = bellen, zanken)
Kästl	Kästchen
katholisch macha	einen zur Vernunft, zur »rechten Auffassung« bzw. zum Nachgeben bringen oder zwingen
Katoffe m	1. Kartoffel, 2. gr. Loch im Strumpf, 3. tölpeliger Mensch
Katoffebänkerl, -al	Röllchen aus Kartoffelteig, i. d. Pfanne gebacken
Katreintanz	letzter Tanztag a. d. Land vor dem Advent
Kätzerl, -al	kl. Katze, auch für anschmiegsame Mädchen gebraucht
Kätzl	kl. Katze
kätzln	junge Katzn kriegen
Kätzlmacher	abfälliges Wort für Italiener, d. a. einem sprachlichen Mißverständnis beruht. Ursprünglich hieß es Gatzlmacher, s. d.
Kaukạu	Kakao

kausn	nb bellen
Kāwe	Kabel, s. a. Kabe
Keanzl	Kinn
Keaspã	Kienspan
Keen	Kette, s. a. Ken
Kēferloher	irdener Maßkrug ohne Deckel (Ursprungsort Keferloh b. München)
Keglbruader	Kegelbruder, Mitglied einer Keglergruppe
keglscheibn, -scheim, -schiabn, schiam	Kegel schieben
Keibe; keiben, -wen	Kalb; kalben (ein Kalb kriegen)
Keibestrik	Kälberstrick
keicha	keuchen
Keichhuastn	Keuchhusten
Keifzanga	keifendes Weib
kein	schlagen
keisch	keusch
Keiwe, keiwen	Kalb; kalben, s. a. Keibe
Keiwebrāxer, -a	Fuhrknecht, u. a. für Kälber, Viehtransporteur: Da Toni hat Arm wiar a Keiwebraxer
kema, kemma	kommen, s. a. kumma
Ken	Kette (Verkürzung v. Kettn), s. a. Keen, Kuakeen
kenna, kennt	kennen, gekannt
kenna	können
Kepf	Köpfe
Kepfal	Köpfchen, s. a. Köpferl

kepfen	s. köpfen
Kerbe	Körbchen, s. a. Kerwal
kerben, -wen	stürzen, abgeworfen werden, in der Verbindung: Jetzt hats mi kerwet (vermutl. von Korb ausschütten)
Kerbezeiner, Kerwe-	»Korbzäuner«, Korbflechter (auch Beruf d. Vaters v. J. Andreas Schmeller)
Kerl	Mannsbild (nicht nur, aber bes. auch bayerisch) 1. abfällig: mit Steigerung Saukerl, 2. bewundernd: Dees is a Kerl
Kerndl	einzelnes Korn, Körnchen
Kerndlfuatter	Körnerfutter
Kerschbāām	Kirschbaum
Kerschn	Kirschen
Kerwal, Kerwe	Körbchen, Korb, s. a. Kerbe
Kerznleichter, -a	unbeholfener, überflüssiger Mensch (viell. weil er nur herum- od. a. falschen Platz steht)
Kia	Kühe, s. Küa
Kiachl	s. Küachl
kichāzn	nb kichern
kickezn	nb abgestoßen lachen
kihrn	kehren
Kiil	Kittel
kimm	komme, komm: I kimm scho; kimm her!
Kinderl, -al, Kindl	kleines Kind
kindsn	kleine Kinder pflegen, behüten, dazu zärtlich sein
Kindstauf	Tauffeier

Kini	König
Kinihås	Kaninchen (nicht »Königshase«; v. lat. cuniculus)
kinna	nb können
Kipf	kleiner Brotwecken, auch Endstück eines Weckens
Kipferl, -al	längliche Semmelart
Kippn f	Zigarettenstummel (vermutl. weil man ihn i. d. Aschenbecher kippt)
Kirch, -a	Kirche
Kirchaliacht	Leuchte i. Sinn v.: Der is aa koa Kirchaliacht! (geistig bescheiden)
Kirda	s. Kirta
Kirm f	Korb, am Rücken tragbar
Kirta	Kirchweih
Kirtahutschn	Schaukel aus gr. Balken od. Brett, i. d. Tenne an Stricken od. Ketten hängend (Kirchweihbrauch)
Kirtasau	die Sau, die an Kirchweih geschlachtet wird
Kirzn	Kerze
Kistl	kleine Kiste
Kittl	Kittel
Kiwe	Kübel, s. a. Kübe
klāābn, -m	s. klaubn
Klāche	s. Glache
Klamm	Bergschlucht, oft mit Wildbach (z. B. Partnachklamm)
Klāmpfn	Gitarre (Herkunft entw. v. Altf. klampern = tönen, klappern, oder v. Klampfl = etwas, das am Haken hängt bzw. umgehängt mitgetragen wird)

Klāpperl, -al	Sandalen (die beim Gehen klappern)
Klarä	Nikolaus (v. Klaus bzw. Klas)
Klāss	2. Schulklasse, 2. Passagierklasse: Er fahrt erster Klass
Klatscher, -a	1. Klatsche: Wo is denn da Fliagnklatscher? 2. plötzliches starkes Klatschgeräusch: Da hats an Klatscher to. 3. Beifallspender
Klaubauf	Knecht Ruprecht, der (ehedem) die bösen Kinder in den Sack steckte, sie »zusammenklaubte«
klaubn, klaum	klauben, auflesen (Erdäpfe klaubn etc.)
kleaner, -a	kleiner: da Kleaner is da Rudi (kann auch »der Kleinste« heißen)
kleanster, -e	kleinster, -e
kleem	kleben
Kleim	Kleie
Klewen	nb kl. Klauen
Klēzn	s. Gläzn
Kliabn, -iam m	großes abgespaltenes Holzstück, Kloben
kloa	klein
Kloagöid	Kleingeld
Kloaheisler	Kleinhausbesitzer bzw. -bewohner
Kloahoiz	Kleinholz
Kloaner, -a	Kleiner: Was wuist denn, Kloaner?
kloas	wie kloans: Beim Nachbarn gibts was Kloas (ist ein Kind unterwegs)
kloaweis	»kleinweise«, Stückchen für Stückchen
Klobn, -oom	Kloben, großes Holzscheit
Klosucht, Klōu-	Maul- und Klauenseuche

Klōuschter, -a	nb Kloster
Klubberl, -al	1. Wäscheklammer, 2. Finger (nur i. d. Mehrzahl): I hab ma d Klubberl gfrorn
Klufa(n)	Sicherheitsnadel, s. Glufan
knăcksn	leise knacken: s. Unterhoiz knackst
Knäi	nb Knie
knagezn	nb knarren
knărzn	knarren
knaugga	nb nicken
knaunzn	quengelnd herummäkeln, monieren und kommandieren
Knechal	s. Knöcherl
Knedl, Kneel	Knödel, Kloß
kneen	kneten
kneippn	Wasserkur nach Kneipp machen
Knel	s. Knedl
knepfa, knepfen	knöpfen
Knepfal	Knöpfchen, s. a. Knöpferl
Knewe	Knebel
Knia	Knie
Kniafōi	Kniefall
kniagln	knien
knian	knien
kniaroglert, -at	m. wackligen Knien, s. rogl
Kniaschnăckler, -a	Kniezittern nach Geh- oder Steiganstrengung od. bei Angst
Kniaschnacklermotọr	Fahrrad

Kniaschwām-merl, -al	»weiche Knie« nach Anstrengung etc., s. Kniaschnackler
knickert, -at	knickerig, geizig (der Knickerte knickt bzw. zwackt möglichst wenig von seinem Geld u. Gut ab)
knoben, -wen	knobeln
Knocha	1. Knochen, 2. geiziger Mensch (von dem nichts zu holen ist wie v. einem leeren Knochen)
knocka	s. knogga
Knöcherl, -al	Knöchelchen
Knöcherlsuiz f	Knochenfleisch in Sülze
Knödl	Knödel, Kloß, Klöße
Knödler	s. Krawattltenor
Knöpferl, -al	Knöpfchen
Knofi	Knoblauch
knogga, -cka	nb hocken, im Kniesitz kauern
Knōi, Knōia-rer, -a, Knōier	Knall
knōin	knallen
Knopf	i. d. Verbindung feiner Knopf = vornehm gekleideter Herr
kõ	kann: Ko scho sei, s. a. konn
koa, koane	kein, keiner bzw. keine
koam	keinem
koan	keinen
Koat	wie Kout, s. d.
Kobe, -we	Kobel, 1. als Bergkegel s. Kogl, 2. Holzverschlag f. Vögel, v. allem Stare od. Tauben, s. Taubnkobe

Kocherl, al	Hausköchin, Hausgehilfin (etw. abfällig)
Kōda	Kater
Köiner, -a, Köinerin	Kellner, Kellnerin
köpfen	»köpfeln«: Kopfball spielen b. Fußball
Köpferl, -al	1. Köpfchen, 2. viver Verstand: Der Bua hat a Köpferl!
Kofe, -fl	wie Kogl
Kogl	Bergkegel (verw. m. Altf. Gugl = Kapuze)
Koi n	Kohle (als Sammelwort): s Koi hoin
Kōib	Kalb
kōibn	kalben, s. a. keiwen
Koibn	Kolben, s. a. Koim
Kōibsvögerl, -al	Kalbsrouladen
Kōich	Kalk
kōid, -t	kalt, s. a. koit
Kōifakter, -a	Kalfakter, wörtl. Heizer (lt. calefacto = ich mache warm), früher Schuldiener, Offiziersbursche u. a.: einer, der liebedienert. In Bayern harmloser gemeint, i. Sinn v.: Du bist mir so einer!
Kōik	Kalk, s. a. Koich
Kōikoar	Kalkeier (in Kalk konserviert)
Koiloder, -a	Bergmann i. Kohlenbergwerk, s. a. Loder
Koim	Kolben, s. a. Koibn
Kōim, Kōima	Jungkuh, -kühe
Koin, Koina	Kohlen, s. a. Koi
Koirābi	Kohlrabi
Koirābiapostl	Vegetarier mit Sendungsbewußtsein

koirabn-schwarz	schwarz wie ein Kohlrabe
kōit	kalt, s. a. koid
Kōiter, -a	nb kastenförmiger Behälter, insbes. Fischbehälter (v. Gehalter: Ghoiter)
Kolöffe	nb Kochlöffel
komilfo	wie gewünscht, wie es sein soll bzw. zu sein hat (franz. comme il faut = wie es sein muß): Eigricht sans beim Huaber komilfo!
kommod, Kommod	bequem, gemütlich (franz. commode = bequem); Kommod = Kommode
konn	kann, s. a. ko
Kopfnuß	s. Nuß
Kopperer, -ara	Rülpser
koppn	rülpsen, aus dem Magen aufstoßen: Dees koppt ma auf
Koprätter, -ata	Kaplan (v. lat. cooperator = Mitarbeiter)
koscher, -a	sauber, ohne Makel (jiddisch koscher = nach den rituellen Speisegesetzen erlaubt)
kostn	probieren: Laß mi den Kaas kostn!
Kotzn	Umhang aus grobem Stoff od. Wollzeug (Kutte)
Kou	nb Kuh
Kout	Kot, Erde
krābbli	munter, regsam (noch oder wieder!): unser Urgroßvatter is no ganz krabbli
Krācherl, -al	Limonade (v. leisen »Krachen« d. Kohlensäure)
krachert, -at	deftig, grobtuerisch: Dees san vielleicht Kracherte!
Krachlederne, -dane	Lederhose (die nach längerem Gebrauch steif wird u. beim Draufschlagen kracht)

krächzn	krächzen
Kraftmensch	Kraftathlet (im Zirkus etc.)
Krågn	1. Kragen, 2. Hals: Hat dee an langa Kragn!
Krågnknöpfe, -knepfe	Kragenknopf
Krāh	Krähe, s. a. Kroh
krāhn	krähen
Kramer, -a	Krämer
Krampf	Unsinn: Red koan Krampf
Krāmpf	»Krämpfe«, 1. scherzhafter Unsinn: San ja bloß Krampf, 2. überflüssige, umständliche Verzögerung: Kimm, jetzt mach koane Krampf!
krāmpfen	stehlen (v. Krampn = Kralle: man krallt etw. zu sich her), s. Krampn
Krampfhenna	Unsinn, albernes Zeug redender Mensch (nicht nur weiblich)
Krāmpn m	1. Kralle, 2. gekrümmter Zacken od. Haken (bei uns auch als Schimpfwort »gscherter Krampn«)
Krampus	Knecht Ruprecht
Kranawitt-staudn	s. Kronawittstaudn
Kranz	Treffer beim Kegelschieben: Alle Kegel außer dem mittleren fallen
Krānzljungfer	Brautjungfer
Krāttler	Leute ohne Sinn f. feinere Lebensart (v. Krattn = Karren. Die Kr. ziehen mit dem Karren herum): Es seids vielleicht Krattler!
Krāttn m	Karren, scherzhaft f. Auto gebraucht

Krauterer, -ara alter, wackliger Mann, (der zuweilen noch mitmachen will); vormals jedoch der Krautschneider und -einstampfer, der ins Haus kam.

krauti sich breitmachen, unangenehm werden (sozus. ins Kraut schießen)

Krautscheich häßliches, bissiges Weib (wie d. Vogelscheuche im Krautfeld)

Krautstampfer 1. Stößel zum Krauteinstampfen, 2. plumpe Beine u. Füße

Krautwickerl, -al Krautrouladen

Krāwāttltenor Sänger mit gepreßter Stimme (»Knödler«), als ob ihm die Krawatte zu eng wäre

krāwen krabbeln

krāwottisch mit Gewalt (v. kroatisch. Die Kroaten stellten einen Großteil d. gefürchteten Panduren: im 18. Jh. zur österreichischen Armee gehörig) Jetzt pack mas krawottisch!

krāxln klettern

Krāxn Traggestell, am Rücken zu tragen

Krēe s. Kren

Kreigōdan Zither (»Krallgitter«)

krein kratzen (v. krallen)

Krein Kreide

Kreischter m Schlafkammer auf d. Boden, v. allem i. d. Almhütte (viell. v. Altf. kreisten = stöhnen)

Kreissäg Strohhut m. kreissägeartigem Rand

Kreiterweiberl Kräutersammlerin u. -verkäuferin (oft auch zugleich Krenweiberl, s. d.)

Kreitl Kräutlein

Kreiz	Kreuz
Kreizbirnbaamundhollerstaudn, -aun	»Kreuzbirnbaumundhollunderbusch«: Langfluch, in dem das Wort »Kreiz« durch die folgenden Harmlosigkeiten neutralisiert wird
kreizbrāv	durch und durch rechtschaffen (d. Teilwort kreiz ist hier d. Gipfel d. Verstärkung, wie auch i. anderen Fällen, s. u.)
Kreizer, -a	Kreuzer: 1. die alte Münze, 2. das Schlachtschiff
Kreizerl, -al, Kreizl	1. Kreuzlein, 2. kl. Opfermünze (Kreizerl)
kreizfidöi, -el	höchst fidel
Kreizteifi	Verstärkung des Ausrufs »Teifi!«
kreizweis	rabiate Verstärkung der Götz-Aufforderung: Du konnst mi kreizweis!
Krempe	s. Grempe
Kren	Meerrettich, s. a. Kree
Krenweiberl, Krēeweiwi	Hausiererin mit Kren und Gewürzen, die sie in einem Rückenkorb (s. Kirm) trägt
Krepfal	kl. Kropf, s. a. Kröpferl
Krēppn f	Hohlweg, durch einen vom Wasser ausgespülten Graben entstanden
kriacha	kriechen
Kriacherl, -al	kleine Pflaumensorte
Kriag	Krieg
Kriagl	Krüglein, s. a. Krüagl
kriagn	kriegen (verwandt m. Krieg), bekommen
Kriminaler, -a	Kriminalbeamter
Krimskrams	Allerleikram
Krippe	s. Krüppe

Kripperl, -al	Weihnachtskrippe
Krischperl, -al	körperlich zarter, schwächlicher Mensch, vornehmlich Kind: Mei, is dees a Krischperl (von Altf. krispeln = kräuseln: Das Gekräuselte ist fein und zittrig)
Kritischer, -a	eine der drei alle anderen stechenden Karten beim Watten, s. d.: Maxe, Belli, Bettsoacher (Spiz)
kroalert, -at	krummbeinig nach innen
Kroas	nb Kreis
Kröpferl	kl. Kropf
Krõh	Krähe, s. Krah
kroicha	nb kriechen
Krõin, krõin	Kralle, krallen
Krokodui	Krokodil
Kronawitt-staudn, Krana-	Wacholderstrauch
Kronfleisch	besonders feine Partie des Ochsenfleisches (Zwerchfell)
Krõng	Kragen
Kropfater, -a, kropfert, -at	Mann mit Kropf; mit einem Kropf versehen
Kropfbändl	Stoffhalsband z. Trachtenkleid
kropfezn	nb rülpsen
Krott	Kröte
Kruag	Krug
Kruckn, -a	Krücke, Krücken
Kruckstok	Krückstock
Krüagl, Krüagerl, -al	Krüglein

Krüaglredner	entspricht dem Büttenredner im Fasching
Krüppe	1. Krüppel, 2. (Schimpfwort) boshafter od. raffinierter Kerl
kruschplig	knorpelig (v. Kruspel = Knorpel)
Kruzifix	das Kruzifix, als Fluch mißbraucht
Kruzifünferl, -al	Entschärfung des Fluches »Kruzifix«
Kruzinäsn	wie Kruzifünferl
Kruzitürkn	wie Kruzifünferl
Kua	Kuh
kuaaugert, -gat	kuhäugig
Kuacha	Kuchen
Kuadrek	Kuhmist, bes. als einzelner Fladen: Jetzt bin i in n Kuadrek einitretn
Kuaeiter, -a	Kuheuter, s. a. Auter
Kuaflådn, -flōōn	Kuhfladen
Kuakeen, -ken	Kuhkette
Kuamist	Kuhmist
Kuaschwoaf	Kuhschweif
Kuastōi	Kuhstall
Kuchl	Küche
Kuchlwågn	Aussteuerwagen der Braut
Kuderer, -a	einer, der oft kichert bzw. in sich hineinlacht
kudern, -an	kirchern, unterdrückt lachen
Küa	Kühe
Küachl n	»kl. Kuchen«, s. Auszogne
Kübe, -we	Kübel

Kuferl, -al	nb kl. Koffer
Kuffer, -a	Koffer
Kuglstōōd	»Kugelstatt«, Kegelbahn
Kuhlemuhle	Kinderwort für Kuh
kui	kühl
kuit	gekühlt
kumma	kommen, s. a. kemma
Kummet	Halsjoch d. Pferds
Kumpf	1. Wetzsteinbehälter, 2. dicke Nase
Kund	Kunde; abfällig: du bist ma so a Kund!
kunnt, kunntat	könnte
Kurāsch, f Kurāschi m	Mut (franz. Courage)
kuraschiert	mutig
Kurvn	Kurve
Kurze	kurze Lederhose
Kuttln, Kuttlflek	geschnittene Innereien, als »Voressn« früher, als Delikatesse oft heute zubereitet

L

Lāāberl, -al, Lāberl	ein bißchen Laub, Blatt
lāāg	läge
lāār	leer
labern, -an	undeutlich und sinnlos daherreden
Lābn	umlaufende Altane i. Bauernhaus
Lacherer, -ara	Lacher (kurzes Lachen)
Lacka	Lache (lat. lacus = Gewässer, See)
Lāckaff	geschniegelter Kerl

läckiert	ausgeschmiert (eigentlich angeschmiert): Jetzt bin i da Lackierte!
Läckl	grober, rücksichtsloser Kerl, nach dem französ. General Mélac, d. im 17. Jh. im Auftrag Ludwigs XIV. d. Pfalz verwüstete
Ladirl	s. Lattirl
Lädl n	kleiner Laden
Lådn	nb Brett
Lådnbudl	Ladentisch
Lään	Läden
lädiert	verletzt, beschädigt: Mei, i bin ganz lädiert! (lat. laedire)
läiwer, -a	nb lieber
lätschert, -at	antriebslos, sehr langweilig: lätscherter Hund!
Lätschn f	1. Gesicht (abwertend), 2. fade Miene: Was machst denn für a Lätschn?
Lätschnbene, -beppe	langweiliger, schwungloser Mensch, s. lätschert
Laff	Laffe, Geck
läffa	laufen
Lagga	Lache, s. a. Lacka
Lahmarsch	Mensch ohne Auftrieb (der seinen A. nicht hochbringt)
Lalle	einfältiger Mensch (vermutl. m. lallen verw.)
Lämpe	s. Lamperl 2. u. 3.
lampen	ein Lämmlein gebären
Lämperl, -al	1. kleine Lampe, 2. Lämmlein, 3. lammfrommer Mensch
Ländler	Ländler

landn	1. gleichziehn, dagegen aufkommen: Da konnst du gar net landn! 2. bei einem od. einer »ankommen«
Landpomeranzn	etwas pummelige »Unschuld vom Lande«, die sich in d. Stadt schwer zurechtfindet
langa	1. genügen, reichen: jetzt langts ma aber! 2. berühren, greifen: Lang ja net hi! 3. reichen: Lang ma an Hammer her!
langgstäcklert, -at	hochaufgeschossen u. dünn
langhååarat	langhaarig
Langweiler	langweiliger Mensch
Lanks	Lenz
Lapp	Mensch, der sich alles gefallen läßt (läppisch)
lappert, -at	tölpelig, unbeholfen
Lārifāri	Unsinn; da Kaschperl Larifari
Larva, Larvn	Gesicht (abwertend): Auf dera ihra schöne Larva foi i net rei!
lassat	ließe, s. liaßat
Latsche	Lulatsch, unbeholfener, langsamer Kerl
Lattịrl, -idl	Waschlappen, trotteliger Kerl (vermutl. verwandt zu »Törlein« = kleiner Tor), s. a. Ladirl
Lattn	1. langer dürrer Mensch, 2. Fußballschuß a. d. Torlatte, 3. i. Sinn v. den hab i auf der Lattn = den habe ich »dick« (vermutl. v. mit einer »Latte« v. Schulden auf d. Zechtafel stehend), 4. eine gewisse, nicht zu kl. Menge: a Lattn Bier (sozus. aufgereiht)
Lātzerl, -al	kl. Latz, insbes. Kleiderschutz beim Essen (f. Kleinkinder stets vorgehängt)

Laugn, Laung	Lauge
Laum	Laube
launga, laungna	leugnen
Lausbua	Lausbub (teils als Schimpf, teils positiv gemeint): a richtiger Lausbua (der aufgeweckt ist)
Lauser, -a	Lausbub
Lauskerl	Lotterjunge, abgefeimter Kerl
lauters	lauter i. Sinn v. nur, lauter: »Lauters Hochwasser!« hat da Siglbauer gsagt, wiar a aus Venedig kemma is
Lavor n	Waschschüssel bzw. -becken (franz.: lavoir = Waschküche)
lāx	schlaff (lat. laxus = schlaff)
lebad	lebend
Leberkāās, Leba-	Leberkäs
Lebern	Leber (b. Metzger): a Lebern möcht i
Lebkuacha	Lebkuchen
Lebzöitn, -l	Lebkuchen
Lecha	Löcher
Lĕck-mi-am-Ōsch-Gfui	Gefühl der völligen Gleichgültigkeit
Lederapfe	Apfelsorte mit ledriger Haut
ledern, -an	zäh, schwunglos im Benehmen: a lederner Kerl
Lederne, -ane	Lederhose
ledi, -ig	ledig, 1. frei, aller Sorgen los, 2. unverheiratet: a lediger Bursch, 3. unehelich: sie hat a ledigs Kind

Leem, leem	Leben, leben
lefäzn	a. d. Lefzen triefen
Leffe	Löffel, s. a. Löffe
Leffewirt	s. Löffewirt
Leg, Legn	Schuppen: in da Hoizleg (wo das Holz geschichtet ist)
legad	»legend«, unruhig umhergetrieben in der Verbindung: a legade Henn = eine Henne, die einen Platz sucht, zu legen. Bildl.: Den treibts rum wiar a legade Henn
Leghenna	Leghuhn
Legoa	Legei: Ei aus Porzellan od. anderem harten Material, d. man d. Henne als Anreiz z. Legen unterschiebt
Lehr	Lehre, Lehrjahre: Er is in da Lehr
Lehrbua	Lehrbub
lei	vielleicht (abgekürzt): Hast lei koa Zeit?
Leiberl, -al	Leibchen, Weste
Leich	1. Leiche, 2. Beerdigung: Mir genga eam auf d Leich
leicha	leihen
leicht	vielleicht: Hast as leicht wieder vagessn?
leidi	leidig, unangenehm: a leidige Sach
leidn, lein	1. leiden, 2. zulassen: Dees leid i net! 3. sich etwas nicht leisten können: A Jaguar waar ma scho recht. Aber den leids ma net! (wörtlich: das läßt es mir nicht zu), 4. ausstehen: Den konn i net leidn!
Leif	Läufe, Beine d. Wilds, auch d. Pferds
Leifer, -a	Läufer
leifi, -ig	läufig

leiha	nb leihen
lein	leiden, s. a. leidn
leina	s. aufleina
Leis	Läuse
Leit	1. Leute, 2. Person: D Walli is a guats Leit!
Leitl, -ln	Leute, 1. (verringernd od. bedauernd): a paar Leitl nur, 2. i. Sinn v. liabe Leitl! 3. auffordernd: Leitl, seids gscheit!
Leitn	Hügelhang: D Küa san auf da Leitn
leitscheich	leutscheu, furchtsam vor Menschen
Leng	Länge
Leoni	Lyoner Wurst (Fleischwurst in Ringform)
les! les	lies! (ich) lese
lescher	leutselig, ohne Allüren (v. Höhergestellten gesagt, franz. léger = leicht)
Lēttn	1. Lehm, Schmutzboden: D Sau liegt in da Lettn, 2. trübe Brühe
letz	siech, verletzt (v. Altf. letzen = aufhalten, beeinträchtigen, verletzen)
letzn	laben, ergötzen (ursprünglich: einen vor d. Abschied mit Labung aufhalten, also verwandt mit letz i. Sinn v. aufhalten)
Letzt	im Wortverband: auf d Letzt: im letzten Augenblick, am Ende: Mit eam gehts auf d Letzt (kann auch zusammenhängen m. der Letz = Labung vor d. Abschied)
liab, Liab	lieb, Liebe
liabn	lieben
Liabsleit	Liebesleute
Liabspaar, -pōōr	Liebespaar

Liacht	Licht
liacht	licht, hell
liachthunge-risch	nb blond u. hellhäutig (event. m. Sommersprossen)
Liachtmeß	Lichtmeß, Marienfest u. Tag d. Dienstbotenwechsels auf d. Land
Liad	Lied
Liadl	kleines Lied
liaderlich	liederlich (vermutl. verwandt zu ledig: unbekümmert, ohne Bindung wie ein Lediger. Könnte auch mit Luader zusammenhängen: liederliches Weibsbild, aber auch liederl. Bursch)
liadri, -ig	armselig, schlampig (dürfte mit Luader zusammenhängen, s. d.)
liagn, liang	lügen, s. a. lüagn
liam	lieben, s. a. liabn
liaßat	ließe
liegerhafti- ig	nb bettlägerig
lies	lese: I lies gern
linsn	äugen, scharf hinsehen (durch die Linse betrachten), auch im Sinn von abschauen (spicken)
Lippe	leicht tölpelhafter Mensch (Mißbrauch d. Namens Philipp)
lispen	lispeln
Litzn	1. Stromzuführkabel, 2. Schnur überhaupt: I brauch a neie Schualitzn
Loab	Laib
Loabi, -wi	Laibchen: Roggensemmel
Loabeschmied	Bäcker

Loabitoag, -witoag	Teig fürs Loabi (Testwort f. bayer. Sprachkenntnis)
Loach	Laich (v. Fisch etc.)
load	leid: I bins load!
Loam	1. Leim, 2. Lehm, 3. Münchner Stadtteile a) Laim, b) Berg am Laim (auf lehmigem Boden)
Loamsiader, -a	Leimsieder: langsamer, schwungloser Mensch (d. sich soviel Zeit läßt wie ein Leimsieder)
loana	lehnen: loan di o!
Loandio	schlapper Mensch (s. loan di o)
Loas	Mutterschwein, s. auch Lous
loatn	leitn
Loater, -a, -an	Leiter
Loaterwägl	Leiterwagen
Loatseil	Leitseil, Zügel
Loder, -a	1. Bursche: A netter Loder, 2. Halodri: So ein Loder! s. Halodri, 3. auch »armer Loder«
Löcherl, -al	kleines Loch
löchern, -an	bildl. einem Löcher beibringen: einem auf die Nerven gehen
Löffe, Leffe	1. Löffel, 2. Ohren
löffen, leffen	1. löffeln, 2. übers Ohr hauen: Der hat mi glöffet! 3. im neueren Sprachgebrauch auch: Bauch an Rücken geschmiegt, beisammenliegen (wie zwei Löffel)
Löffewirt	Junge od. Mann mit löffelartig abstehenden Ohren
Loh	1. der, das Loh = Gebüsch, 2. die Loh = sumpfige Stelle, feuchtes Revier

loing	nb lügen
loom	loben
Lōōn, lōōn	Laden, laden
Loschie	(v. franz. Logis) Unterkunft: in Kost und Loschi
losn	zuhören, lauschn, s. a. lusn
Lōus	Mutterschwein, s. a. Loas
Luader, -a n	1. liederliche, 2. raffinierte Weibsperson; auch anerkennend gemeint: Du bist hoit a Luader!
luagn	lugen
luck	locker i. d. Verbindung: Laß net luck! = gib nicht nach (luck = locker, Altf.)
Lucka	Lücke
luckert, -at	lückenhaft, s. a. zoluckert
luder, -a	nb locker
Ludl, ludln f	Kinderfläschchen; aus d. Fläschchen trinken (saugen)
lüadrig	s. liadri
lüagn	lügen
lüagad	lügenhaft
Lüagnschüppi	Lügenbold (Lügenschopf)
Lüfterl, -al	leichter, kühler Wind
lüfti, -ig	luftig: a lüftigs Gwand hast o!
Lüftlmalerei	Frescomalerei auf bayerischen u. österreichischen Häusern (auf luftigem Gerüst gemalt; könnte aber auch v. Altf. lüfti = flink kommen, da die Malerei sehr schnell vor sich gehen muß)
Lüngerl, -al	geschnetzelte Lunge, sauer u. mit Mehlschwitze zubereitet

luftgsöicht 1. an der Luft geräuchert, 2. als Scherz- u. Schimpfwort: Du Baazi, du luftgsöichter!

Lug Lüge

Lugnschüppi s. Lüagnschüppi

lumpert, -at lumpig

lumpn 1. liederlich leben, 2. mit Sachen schlecht umgehen, 3. negativ gebraucht, großzügig sein: I laß mi net lumpn! (mich nicht wie ein Lump einstufen)

Lumpn 1. Lappen, 2. windiges Kleid: Mei, hat dee an Lumpn o!

Lumpnsammler letzte Trambahn od. U-Bahn

Lung, Lunga 1. Lunge, 2. s. Füngerl

lunglfeili nb »lungenfäulig«, tuberkulös

lupfa lüpfen, leicht anheben

Lurer, -a Voyeur

Luser, -a Ohren

lusn lauschen, s. a. losn

lusti lustig

lutschn lecken, schlecken (Lutschbonbons, Daumen etc.)

M

-ma Endsilbe bei Verben: Mir machma mit; mir trauma uns net (vermutl. angehängte Wiederholung des mir = ma)

ma 1. mir: gib ma a Brot! 2. wir (nachgestellt): Was mach ma heit? 3. man: Ma woaß s ja net

Mã	nb Mann
Mããl	nb Mädchen, s. a. Madl
maar, mar	weich, mürb: a maare Birn
Machauf	Aufmachung, Zurichtung, Art, wie man daherkommt oder etwas anstellt: Dees is doch koa Machauf!
mächti	mächtig, sehr
Mäckn	Macke, Fehler
Mäda	nb Montag
Mädl, -erl, -al	Mädchen
madi	madig: Dees konnst ma net madi macha! (kleine Maden hinzutun, od. v. Altf. mauderig = verdrüßlich?)
Mäger	(der) Magerere: Du bist aa net da Mäger!
mägerer, -a mägerner, -ana, mägriger, -a	magerer
Mågnschoaß	Rülpser
Mågnträtzer, -a, -erl, -al	kl. Portion Speise, völlig ungenügend (sie tratzt nur den Magen, s. tratzen)
Mähda	Montag s. a. Mäda
Mahlgöid	Beitrag f. d. Mahl, d. es bei Hochzeiten gibt
mähn	mähen
Maibääm	Maibaum
Maigram	Majoran
Maiwa	nb Himbeere, -en (v. slaw. malina = Himbeere)
mäkiern	so tun als ob, simulieren (v. markieren = kennzeichnen): Der makiert ja bloß!
Mäkroni	Makkaroni

Malefiz-	(v. lat. maleficus = übelhandelnd) in Zusammensetzung: der Malefizkerl! Dees Malefizglump! Also etw. od. jemand, worüber man sich sehr ärgert od. erbost
Mālizn	nb Krankheiten, die im Leben anfallen (v. franz. malade = krank, maladie = Krankheit)
Malör	Malheur
Mām	nb Mama
Māmelād, Mamalād n	Marmelade
Mampf	1. Brei, Suppe, die zu dick geworden ist, 2. schlechtes Essen überhaupt
mampfa	mit zu vollem Mund kauen
Māmsell	Frauenzimmer, etwas schrullig, od. auch nur einsam (v. frz. mademoiselle = Fräulein)
māmsn	meckern, nörgeln, ungut dazwischenreden
Māndä	Männlein
Mander, -a	Männer, s. Manner
Mānderl, -al, -l	Männchen
mānken, -ln	(etw.) heimlich bewerkstelligen, betrügerisch manipulieren
Mānklerei	Geschäft mit Manipulation, Schwindel unterderhand
Mannads	Mannsbild
Mannaleit	Mannsleute, s. a. Mannsleit
Manner, -a	Männer, Mannsleute: Da gehts her, Manner!
Mannerts, -ats n	männliche Person

Mannsbuid	ein richtiger Mann: a gstandns Mannsbuid
Mannsleit	s. Mannaleit
Manschettn	Angst, v. allem vor bedrohlichen Begegnungen (student. Ursprungs: Wer Manschetten, gr. Handkrausen, trug, war fechtunfähig): Mei, der hat Manschettn!
Māntschgerl, -al	Verniedlichung v. Manderl = kl. Mann
māntschn, Mansch m	mischen i. S. v. Undefinierbares zusammenmengen; Mantsch = das Ergebnis v. mantschen, z. B. b. schlechtem Essen
Māpperl, -al	kl. Mappe, insbesondere f. Schüler z. Aufnehmen des Schreibzeugs: Hast dei Mapperl dabei?
mar	weich, mürb, s. a. maar
mār	ma = mir m. anhängendem r als Verbindung zum Vokal: Gib mar a Bußl!
Marandjosef	Ausruf d. Bestürzung bzw. Anruf v. Maria und Josef; vollständig Jessmarandjosef s. d.
Mārāscht	sumpfige Stelle (Morast)
March	Mark
Marilln	Aprikosen (aus d. Österreichischen)
Mārkl	eine Mark, Markstück
Marktwei	Marktweib
mārod	marode, matt, erschöpft (v. franz. maraud = Taugenichts; Marodeure = Nachzügler der Truppe)
Mārterl, -al	kl. Gedenkstein od. Brett od. Kreuz mit Inschrift z. Gedenken an einen hier Verunglückten
Māschkārā	Maskiertsein, Maskengaudi! Heit geng ma Maschkara!

Maß 1. 1 Liter Bier, 2. Beim Eisstockschießen ein genauer Schuß möglichst nahe an der »Daum«, s. d.: Da leg a Maß her, Kare!

Maßkruag Maßkrug

Maßkruagstemma bayer. Wettkampf: waagr. Hinaushalten einer Maß Bier auf Zeit

Māßl Glück, glücklicher Zufall (v. hebr. másel = Glücksstern, Glück), s. a. Schlamassl

maßleidig fad, unlustig (v. Altf. Maß = Speise; maßleidig: Man ist der Speise u. überhaupt aller Dinge überdrüssig. Das Wort Maß ist u. a. in Mastdarm enthalten)

māssln beanstanden, unmutig seine Unzufriedenheit kundgeben (vermutl. v.: dauernd kontrollieren, ob das Maß bzw. die Maß stimmt)

Mathä am letztn! aus ist's (vermutl. Schluß mit d. Evangelium)

Māthe Schülerausdruck f. Mathematik: Ham ma heit Mathe?

Mātsch breiige Masse, insbes. Schneematsch

mātsch matt, kraftlos

Mātschą̄nkerl, -al n reizvolles weibliches Anhängsel, nicht unbedingt seriös (vermutl. v. tschech. măcka = Katze): Er hat sei Matschankerl dabei

Mātz unverschämtes od. zumindest raffiniertes Frauenzimmer; kann auch anerkennend gemeint sein

mau 1. unbehaglich, 2. kläglich, schwächlich: Heit bin i mau beinand (viell. v. kläglichen Miau-Schrei)

maulad frechmäulig

Maultromme alpenländisches kl. Musikinstrument, a. d. der dumpfe Ton durch Mundresonanz erzeugt wird

maunzn quengeln (dem Miau d. Katze ähnlich)

Maurerloabe, -we längs eingeschnittene Semmel aus Roggenmehl (f. Maurerbrotzeiten einst beliebt)

Mausdrek 1. Mäusedreck, 2. kl. Wichtigtuer

mausdreckerl-tot, -dreckaltot noch toter als mausetot

mausn 1. stehlen (v. listig, schleichend an sich nehmen, ähnlich wie d. Katze die Maus fängt), 2. entspricht dem norddeutschen »bumsn«

Māxe 1. feiner Maxe = feiner Kerl i. Sinn v. vornehm gekleidet, 2. Herzkönig beim Kartenspiel Watten

mēcht möchte

mēchat möchte gern: I mechat a Millionär sei

Medain Medaille

mehrern, -an (die) meisten: die mehrern von uns ham koa Göid

mēi 1. mein, meine, 2. meiniger, -e: Der Huat is da mei! 3. (betont) ich: Da mei macht net mit! 4. als Ausruf: O mei! bzw. Mei! (Rest v. »O mein Gott!«), 5. für mir: Du ghörst mei!

Meigram Majoran, s. Maigram

meim, mein meinem, meinen: I mag mein Mo! Aber auch (Bequemform): I hab zu mein Vattern gsagt

mẹineidiger Verstärkung einer Beschimpfung: So ein Schuft, so ein meineidiger!

Meis 1. Mäuse, 2. Sprüche, unglaubhafte Mitteilungen (geht vermutl. auf eine frühere angebliche Hexenkunst zurück, mit Teufelshilfe Mäuse und Ferkel zu machen): Mach koane Meis! 3. Schwierigkeiten (Bedeutung 3. v. hebr. maaseh = Mühe?): Da hats Meis! 4. Geld: I hab koane Meis!

Meiserl, -al 1. kl. Maus, 2. Meise, 3. reizempfindliche Nervenstelle am Ellenbogen: Au! Jetzt hab i ma s Meiserl oghaut!

meiserlstäād, meisal- mäuschenstill

Meisn Meise

meitern, -an meutern, auch i. harmloseren Sinn v. aufbegehren, Unmut äußern: Teats ja net meitern!

Mẹivoi (Maulvoll) Mengenmaß f. etwas, das man ißt od. frißt, falls es »locker« eingenommen werden kann: A Meivoi Suppn, a Meivoi Himbeern, a Meivoi Hei

Menāsch f früher b. Militär Versorgungstrupp

meng mögen: Mir meng nix mehr

Mensch, Menscher, -a als »das Mensch« 1. liederliches weibl. Wesen, 2. (früher) Magd (ob Mägde od. Herrinnen liederlicher waren, bleibe offen)

Menscherkammer Mägdekammer (nicht abfällig)

menschln 1. v. Menschen wimmeln, 2. nach Mensch riechen: Da menschlts aber! 3. v. menschl. Unzulänglichkeit voll sein

mentisch sehr, stark, schwer (als Adverb; verharmlosender Rest v. sakramentisch): Da hat a ma mentisch gstunka!

merse!	dankeschön! (v. frz. merci)
Mettn	1. Mitternachtsmesse, insbes. Christmesse nach Hl. Abend, urspr. frühe Morgenmesse (lat. matutinae), 2. Aufheben (weil die sogen. Pumpermettn i. d. Karwoche früher mit Lärmschlagen der Kirchgänger - aus Protest gegen den Verräter Judas - verbunden war): Machts koa so a Mettn!
Mētzlsuppn	Knöcherlfleisch-Suppe, die es nach der Sauschlachtung (-metzelung) gibt
Mētzn f	früher Getreidemaß bzw. -gefäß
Mewe	Möbel, s. Möbe
Mia	Mühe, s. a. Müa
miad	müd, s. a. müad
miasam	mühsam, s. a. müasam
Miasamerl, -al	s. Müasamerl
miassn	müssen, s. a. müassn
Mietn f	Erdbänke, i. denen Erdfrüchte wie Kartoffeln, Rüben aufbewahrt werden (heute oft m. Autoreifen beschwert)
Miezi	1. Kosename f. Katze, 2. lockere Freundin
Migga, Migda, Midicha	nb Mittwoch
migla	nb möglich
Militāri	Militär, Militärdienst
Milli	Milch, s. a. Muich
Millibitschn f	Gefäß mit Henkel z. Milchholen
Millimō̃	Milchmann, s. a. Muichmo (d. früher die Milch ins Haus lieferte); aber kaum Millifrau, sondern Muichfrau
Millipantscher, -a	Milchpanscher

Millisuppn	1. Milchsuppe, 2. Schmähwort f. Kaffee m. zuviel Milch darin
mim	mit dem
min	mit dem (noch bequemere Form, da sich n leichter mit nachfolgendem Vokal od. Konsonant verbindet): Min Auto is a kemma
Minga, Minka	München
Minzntēē	Pfefferminztee
mir	wir: Mir ham gmoant, mir waarn die erstn!
mirka	merken: Mirk da dees oa!
misrāblig	elend im Sinn v. 1. Not, Krankheit, Erschöpfung: Heit bin i misrablig beinand, 2. unverschämt, durchtrieben: so a Kerl, so a misrabliger! (v. lat. miserabilis = beklagenswert)
Mistamsl	raffiniertes Weib (oft scherzhaft)
Mistfink	1. einer, der sich gern schmutzig macht: Mei Bua, bist du a Mistfink! 2. einer, d. schmutzige Dinge dreht
Mistgurgl	bissiges, boshaftes Weib (die »mistige« Partie ist hier die Gurgel, aus der die Worte kommen)
Mistviech	ausgekochtes Weib, manchmal auch scherzhaft: A geh, du Mistviech, du!
mitanand, -er, -a	miteinander
mitgeh lassn	so nebenbei stehlen (sozus. im Vorübergehen)
mitm	mit dem, s. a. mim
mittaranand, -er, -a	wie mitanand
Mitternachtsjodler	Geschnarche

mittlmäßi, -ig	mittelmäßig
Mõ	Mann
mõa	meine: I moa scho aa
moa	nb weich, weichherzig (lat. mollis, frz. mol)
Moagram	nb Majoran
moana	1. meinen, 2. treffen i. Sinn v.: Geh, der konn mi gar net moana!
Moar	der Erste, der Beste in einem Spiel, in einer Gruppe (v. Meier, der früher der Vorsteher, Verwalter etc. war; franz. maire): Da Huaber is Moar (z. B. beim Eisstockschießen: Nächster a. d. Daum s. d.)
Moarschaft	»Team« b. Eisstockschießen od. ähnlichen Zielspielen
Moaßl, moaßln	Meißel, meißeln
Moaster, -a	Meister
Mob	Weichbesen aus Stoffsträhnen zum Bodenpolieren
mobbn	mit d. Mob arbeiten, s. a. moppn (v. engl. to mop = auf- u. abwischen)
Möbe, Mewe	Möbel
Möi	Mehl
Möibapp	1. Kleister aus Mehl u. Wasser, 2. klebrig zähe, schal schmeckende Speise (z. B. mißlungenes Mus)
Möich	nb Milch
möicha	melken, s. a. möika
Möichstui	Melkstuhl
möidn	1. melden, 2. etw. zu sagen haben: Da hab i nix z möidn!

möika	melken, s. a. möika
möin	melden
Möisōk	Mehlsack
Möitrucha, -truacha	Mehltruhe
mōi	mal: mōi da, mōi dort
Mōi	Mahl
mōin	1. malen, 2. mahlen
Moin	1. »Molle«: das Weiche im Brot, 2. fades, muffiges Weib: so a fade Moin!
Mōiz	Malz
Mōizkaffēē	Malzkaffee
mōl	nb mal
mollert, -at	mollig
Monda	Montag, s. a. Mahda
Mōng	Magen
Montur	Uniform, Dienstkleidung: Hübsch is a in da Montur, da Willi
Moos	1. Moor: im Dachauer Moos, 2. Geld: I brauch a Moos
Mōōß	Maß (das M.)
Mop, moppn	s. Mob, mobbn
mopsert, -at	fad (wie ein Mops blickend)
mopsig	aufmüpfig, sich frech beschwerend: Mach die net mopsig! (wenn ein Mops bellt, ist er besonders fad)
Mords-	Verstärkungswort s. folgende
Mọrāckl	dunkelhäutiger bzw. -haariger Bursche (von Mohr od. von Morachl = Morchel als Penissymbol)

Mordsdurscht	riesiger Durst
Mordskerl	sehr tüchtiger, auch sonst intensiver Mensch
Mordssauerei	1. ungeheurer Skandal, 2. katastrophale Unordnung bzw. Verunreinigung
Mordstrumm	riesiges Stück: Er schneidt si a Mordstrumm Gsöichts owa
moring	morgen
morixln	nb sterben (v. lat. moriri = sterben)
morng, -gn	morgen
Mõschẽi	Mondschein
mosern	granteln, nörgeln, dauernd seinen Unwillen kundgeben (v. Hans Moser?)
motzad	»motzend«
motzn	grantig aufbegehren, kriteln m. patzigem Unterton: Was motzt a denn allerwei?
mõu	nb muß (auch oberpf. u. fränk.)
mua	Abk. v. muaß: muß
Muada, -n	Mutter, s. a. Muatter
Muale	Kosename f. Kuh
Muas	Mus
muaß	muß
Muatter, -a	Mutter
Muatterbuaberl, -wal	Muttersöhnchen
Muatterl, -al	altes Mütterchen
muatterseelnalloa	ganz verlassen, völlig allein (vermutl. bayer. Umwortung v. frz. moi tout seule = ich ganz allein)
Muckerl, -al	Kosewort (v. Mücke, od. aber Verniedlichung v. Nepomuk)

Muckifuck	Malzkaffee od. anderer Ersatzkaffee
Muckn	1. Mücke, -en, 2. Launen, Flausen, Eigenheiten: Er hat seine Muckn
muckn, mucksn	(sich) unterdrückt rühren: Muck di net!
mucksmeiserl-staad	so still, daß man es auch hören würde, wenn sich ein Mäuschen muckst
Müa	Mühe
müad	1. müde, s. a. miad, 2. lasch: müade Christn
müasam	mühsam
Müasamerl, -al	einer, der einen durch ständige Fragen, Zweifel, Wünsche etc. belästigt: bist du a Müasamerl!
müassn	müssen
Müllner	Müller
Muff	Handwärmer aus Pelz z. beidseitigen Einstecken der Hände
Muffe	Muffel, fader Mensch, Spaßverderber
muffen	abgestanden, fad riechen: Da muffets!
muffig	fade Stimmung verbreitend
Mụhäckl, -häkl	grober, unmanierlicher Mensch (vermutl. mit Alf. Hachl verwandt, s. d.)
muhn	Muh-schreien d. Kuh
Mui	Mühle
Muich	Milch
Muichfrau	Milchfrau, andere Verbindungen mit »Milch« s. unter Milli
Muichkara-möin	Sahnebonbon
Muichmõ	Milchmann

muid	mild
Muidn	Mulde
Muifahrn	»Mühle fahren«: Brettspiel, bei d. es darauf ankommt, möglichst oft 3 Steine nebeneinander zu einer »Mühle« zu schließen, s. a. Ficklmui
Muiz	Milz
Muizwurscht	Milzwurst
Mumm	1. Schneid: Der hat an Mumm! 2. Stimmung für etwas: Heit hab i koan Mumm dazua!
mumpfert, -at	faul, maulhängerisch (v. Altf. Mumpfel = Maul)
Murks	zusammengemurkste Arbeit, Fehlverhalten: Da hast an Murks gmacht!
Musäum	Museum
Musch	1. Kosename: Göi, Musch! 2. Vagina
Musi	1. Musik, 2. Musikkapelle: Musi, spuits oan auf!

N

n	1. ihn (nur ans Verbum angehängt): I habn (hab n) gsehgn. 2. denn (verkürzt u. ans Verbum angehängt od. nachgestellt): Was hastn gsagt? Was hat a n to?
-na	Pluralsilbe i. Formen wie Hosna, Uhrna = Hosen, Uhren etc.
na	Kurzform v. nacha: nachher, dann, daraufhin
nå	hinab, hinunter
nã	nb noch

nãã	nein
nããrisch	1. närrisch, 2. Verstärkung von sehr: I hab di naarisch gern!
Nåbe, Nōwe	Nabel
nacha, -ad, -and	1. nachher, dann, s. auch na, 2. jetzt (i. Sinn v. nach dem eben Erfahrenen): Was sagst nacha?
nachanand, -er, -a	nacheinander
nacharanand, -er, -a	wie nachanand
nåchbētn	etwas, was einer sagt, kritiklos nachsagen
nåchhākln	Foul b. Fußball: dem Davoneilenden m. d. Fuß nachhaken
nåchi, -e	nach i. Sinn v. hinterher: Kimmst net nache?
nåchitoa	nb s. nachtoa
nåchlāffad	»nachlaufend« i. Sinn v. aufdringlich hinterher
nåchmauln	(einem) den Mund anhängen, d. letzte Wort haben (v. allem Kinder)
nācht	gestern (vor d. letzten Nacht)
nåchtārockn	eine eigentlich erledigte Angelegenheit lästigerweise wieder aufgreifen (als ob man ein fragwürdiges Tarockspiel nachprüfen od. wettmachen wollte)
Nachthåfa	Nachttopf
Nachthāferl, -al	Nachttopf
nāchti, -g	nächtig
Nachtkāstl, Nåcht-	Nachttisch

nāchtln Nacht werden

Nachtmōi Abendessen

nåchtoa 1. (negativ verwendet) einem Menschen od. einer Sache nachhängen od. sie erstreben: Naa, dem tuar i net nach! 2. nachmachen, dasselbe können: Dees tuat eam koaner nach! 3. nacheifern: Da Bua tuats am Vattern nach, s. a. nachitoa

nåchtrågad nachtragend

Nåchziagader, -a einer, der immer hintennach kommt

Nackabēzi Nackedei, v. allem f. Kinder gebraucht

nackad nackt

Nackade Wollwürste (»nackte«, weil hautlose Würste), s. Gschwoine

Nackafrosch Nackedei

nāckln, -ggln 1. an etwas Festgemachtem od. Verschlossenem rütteln: Er nacklt an da Tür, 2. s. hinackln

nådln nähen

Nägl Ausdruck f. hohe Niederlage b. Fußball etc.: Heit ham ma Nägl kriagt!

nāfāzn, -fezn nb im Sitzen einnicken, s. a. natzn

Nāgerl, -al Nelke, -en

nāgizn, -azn nb wie nafazn, s. d.

naha nah: von naha sehgn

nahder, -a nb näher

nāhm, nahmat nähme

nāhn nähen, a nicht nasal

Nåhterin Näherin

Nam, Nama Name

Nāne, Nanne	Nase: Jetzt hab i ma mei Nāne oghaut
narrat	1. närrisch, 2. leidenschaftlich verliebt: I bin narrat auf di!
Nåsn	Nase
nåsad	mit einer auffallenden Nase versehen: aso a nåsader Kerl
Näserl, -al, Näsl	Näschen
Nåsnbene	einer der nåsad is, s. d.
Nåsnrāme	Nasenkrümel, -popel (v. Rame = Kruste)
Nåsnwuzi	wie Nasnrame
nässln	Nässe absondern, entweder 1. ganz leicht regnen, 2. b. Wunden u. a.
nātzn	nb einnicken, s. a. nafazn
nauf	hinauf
naufschiaßn	(einen) m. harten Worten grimmigen Humors treffen
naus	hinaus
nausgeh	1. hinausgehen, 2. mit einem bestimmten Ergebnis enden: Wia is denn die Gschicht nausganga? 3. gelingen: Dem Kerl geht scho ois naus!
naushaun	1. (einen) grob ausweisen, 2. verschwenden: Er hat s ganze Göid nausghaut
nauslüagn, -liang	(sich) durch Lügen retten: Er hat si nausglogn
nauspuivern, -an	Geld verprassen
naussēhgn	1. hinaussehen, 2. ein gutes Ende absehen: I siech mi scho (od. nimmer) naus!
nauszöin	einen Anspruch, z. B. ein Erbteil, ausbezahlen

nauszua	in Richtung hinaus nach …: »Wo fahrst denn hi?« »Nauszua nach Freising!«
Nåwe	Nabel
Nāzi	Abkürzung des Namens Ignaz, leider verdrängt durch Abk. v. Nationalsozialist
neamd	niemand
neba, -wa	neben
Nebe, -we	Nebel
nebnnausgeh, neem	»fremdgehen«, untreu sein
nebndro, neem-	nicht ganz bei Sinnen, verwirrt (»neben sich«, weil nicht bei sich)
nebno	nebenan, s. a. neemo
neda	nicht (verstärkend od. abwehrend): Neda!
nēdda	nb genau, ausgerechnet: Nedda jetz muaß a kemma! s. a. gnedda
neem	neben
neemo	nebenan
Nēger, -a	Getränk: halb Weißbier, halb Cola
Negerschwoaß	Ausdruck f. milchlosen Malzkaffee
nei	neu
nēi	hinein (nēi gilt f. alle nei-)
neibāāzn	hineinzwängen: I hab mi no neibaazt
neibacha	1. frischgebacken, 2. am Anfang eines Berufs- od. Lebensabschnitts: Da Willi is a ganz neibachana Ehemann
neibaun	»heineinbauen« i. Sinn v. hineinwerfen: Da hats mi neibaut (z. B. i. d. Schnee)
neibeign	hineinschlichten
neiche	neue (z. B. neiche Schua)

Neidhämme neidiger Mensch

neiessn gierig u. wahllos essen: Was der ois wieder neiißt!

nẽifoin 1. hineinfallen, 2. hereinfallen (auf etwas), 3. wider Willen ein Kind bekommen: D Liesi is neigfoin!

neigieri neugierig

Neigschmeck-ter, -er einer, der nicht vom Fach od. Verein ist u. dennoch mitreden will

neihaun 1. ohrfeigen: I hau dar oane nei! 2. kräftig d. Essen zusprechen: Da ham ma neighaut, s. a. eihaun, 3. i. Sinn v.: Da hats mi neighaut = da bin ich in den Dreck gefallen od. bildl.: Da ging ich unter (z. B. i. d. Mathematik-schulaufgabe), 4. (einem) streng od. brutal schlechte Noten verpassen: An Fünfer hat a ma neighaut!

neikemma hineingeraten, z. B. in hohe Ausgaben: Da bin i teier neikemma!

neilassn (einen) ins Unglück geraten lassen

neilegn (sich) anstrengen (ins Zeug legen)

neili, -lings neulich

neim, nein neuem, neuen: I hab an nein Huat

nein neun, auch neun Uhr: Neine iss!

neinzge neunzig

neiredn, -een 1. dreinreden, einmischen: I laß ma da net neiredn! 2. (auf einen) einreden: Reds net oiwei in mi nei!

neireibn, -reim (einen) in eine mißliche Angelegenheit gänzlich hineinziehen

neißi nb geschäftig, rührig (v. Altf. naißen = plagen)

neitoa	hineintun
nemanand, -er, -a	nebeneinander
Nerverl, -al	Mensch, der einem auf die Nerven geht, aber sonst nicht unsympathisch ist
nervn	auf die Nerven gehen: Du nervst mi vielleicht!
Nesthockerl, -al	Nesthäkchen
net	nicht
netwa	nicht wahr?
nēwa	wie netwa
newam	neben dem
newanand, -er, -a	wie nemanand
newaranand, -er, -a	wie newanand, aber mit Vorliebe für eine Menge Dinge od. Leute gebraucht (Anhäufung): Alle san newaranand gstandn
Newe	Nebel, s. a. Nebe
nia	nie
niamōis	niemals
nia net	nie (verstärkt, häufiger als nia): An Papst hab i no nia net gsehgn außer im Fernsehgn
niasn	niesen
Niaspuiver, -a	Niespulver
Niatn	1. Niete (z. Befestigung), 2. Versager (vermutl. v. Niete = Fehllos): Dene eana Torwart is ja a Niatn!
Nickl	Kerl (etwas abfällig): So a Nickl! (viell. m. Nikolaus verwandt)

niesln	ganz leicht regnen (nächste Stufe v. nassln, s. d.)
niglnåglnei	neu wie eine frischgeprägte Nickelmünze (das -nagl ist wohl nur eine verstärkende Wiederholungssilbe)
Nikolo	Nikolaus (aber nur der N., der im Dezember zu d. Kindern kommt)
nimm	nehme: I nimm koan Zucker!
ninderscht, -ascht	nirgends
nirgads	nirgends
nisln	s. niesln
nissi, -ig	1. spindig, kläglich, 2. schlecht, empfindlich gelaunt
Nisslsålåt	Feldsalat
nix, nixn	nichts
nixi!	nichts da!
nixig	nichtig, nichtsnutzig
Nixnutz	Nichtsnutz
nixnutzi, -ig	nichtsnutzig
nõ	1. noch, 2. nur: Laß mi no macha! 3. nun, bei no ja! = nun ja!
nõ!	Ausruf der Aufforderung oder des Unwillens: No, werds boid! (Nun, wird es bald!)
nō	hinunter, hinab (verkürzt), s. a. nå
nō	nb nach
Noagerl, -al	Bierrest im Krug od. Glas (v. Neige)
noagn	nb neigen
nobe, nobli, -lich, nowe	nobel, vornehm, spendabel

Nocka, -n	fade weibliche Person (meist mit dem Wort fad voraus; v. Nocke = Kloß)
Nockerl, -al	kleine »Nocke«: Grießnockerl, Butternokkerl als Suppenfüllung, aber auch Salzburger Nockerl (Eierschaumspeise)
nomål	nb nochmals
nomōi, noamōi	1. nochmals, 2. erst recht: Dees mag i nomoi net!
nōōch	nach
nōōchi	hinterher, s. a. nachi
Nōōl	Nadel
Noppn f	Wollknoten (in die Strickjacke eingeflochten)
Nordliacht	Umschreibung für Preiß
notig, nōutig	arm (wirklich oder sich arm gebend): So a noutiger Hund!
Notnickl, Nōut-	armer Schlucker oder einer, der sich so gibt, Geizkragen
nottoa	nötig sein: Am Vatter taat a Spritzn not
Nōut	Not
Nōwe	Nabel, s. a. Nabe
nowe	nobel, s. a. nobe
nu	nb noch
nuckln	saugen: Schau, wia der Kloane nucklt!
Nudl	Nudel, Gebäck, in vielen Varianten üblich (Dampfnudl, Rohrnudl etc.)
Nudlwōiker, -a	Nudelwalker, Rundholz z. Auswalzen v. Teig
Nui	Null
Nuier, -a	Nuller

num	hinum, hinüber
Nummara	Nummer (mit Zahl danach): Sie wohnt auf Nummara 7
Nummer	Ausdruck für hohes Ansehen, das man bei einer Person genießt: Der hat bei mir a Nummer!
numōi	nochmals, s. a. nomoi
nunter, -a	hinunter, hinab
nunter-schwimma	abwirtschaften, Bankrott machen (v. Fluß vertragen)
Nuß	kl., aber schmerzhafter Schlag m. den Fingerknöcheln auf d. Kopf, auch Kopfreiben damit
Nussn	Nüsse
nutz	nütze: Zu was is denn dees nutz?
Nuul	nb Nudel

O

õ	an: I kimm o
ō	ab: I schneid an Ast o (Wörter mit ō-Vorsilbe, s. åb-)
õa	ein, einige i. Sinn v. welche: Da gibts oa, die moana …
Oa	Ei
oaaugert, -at	einäugig
Oacha, -n	Eiche
oachern, -an	aus Eichenholz, eichenhart
Oachkätzl	Eichkätzchen
Oachkätzl-schwoaf	Eichkätzchenschweif (bayer. Testwort)

Oachl	Eichel, Spielkartenfarbe
Oachlsau	Eichel-As
Oad	Eid
oafach	einfach: Da Bua mag oafach net! (partout nicht)
oahaxert, -at	einbeinig
Oakopf	»Eierkopf« (nur als Bezeichnung der Kopfform, nicht als Spitzname f. Intellektuelle)
oalat, oarat	eiförmig, eiernd: Dees Radl is oalat
oam, oan	einem, einen
oamāhdig	nur einmal im Jahr mähbar
oamōi	1. einmal, 2. endlich: Wenn a nur oamoi geh taat!
oamōi zvui	allzuviel
oan	einen
oana-	einund- in »oanazwanzg« etc.: oanazwanzg Stück
oane, oaner, -a	eine, einer
oanerlei, -nalei	einerlei
oans, Oanser	eins, Einser
Oaöd	Einöd
oapratzert, -at	einhändig
Oar	Eier
oarat	s. oalat
õas	eins
õasazwanzg	einundzwanzig
Oasch	Arsch, s. a. Oosch
Oaschbacka m	Backe des obigen

Oaschloch Schimpfwort f. jemand, d. einen enttäuscht, gefoppt od. sonstwie geärgert hat (nicht unbedingt beleidigend)

oaschicht, oaschichti, -ig allein, einsam, solo

oschmiern z. Narren halten, betrügen

õaseitert, -at einseitig

Oaser, -a wie Oanser

Oasiedl, -ler Einsiedler

oaspãnni 1. einspännig, 2. nicht verheiratet

Oaß Furunkel

oasteils einesteils

oatätzlert, -at wie oapratzert, s. d.

Oaweckl, -eckerl, -al s. Eiweckerl

Oawecklltoag Eierweckerlteig

oazln einzeln

õb ab, s. åb

õba, õbi herunter, hinunter, s. a. owa bzw. awa

õbäázter, -a »Angebatzter«, bayer. Käsespezialität, bei d. Camembert, Käse nach Limburger Art, Topfen, Butter, unter Zusatz v. Paprika u. Kümmel, zu einem »Baaz« vermengt werden.

obãndln (õ- gilt f. alle o) anbandeln: Liebeskontakte knüpfen bzw. probieren, ob Chancen dafür bestehen

Ober- Verstärkungswort bei Schmäh- und Schimpfnamen: a Oberhirsch, a Obergschaftlhuaber etc.

Oberliachtn 1. »Oberlichte«, Fensterklappe, 2. Lider, »Augendeckl«, s. d.: Mei, foin da scho d Oberliachtn awi!

obettln anbetteln

obleamen »anblümeln«, (einen) spöttisch anreden: Du, von dir laß i mi no lang net obleamen!

obsd ob du: Obsd weggehst?!

Obstler, -a Obstschnaps

Ochsnaugn Spiegeleier (erinnern an große runde Augen)

Ochsnfiesl m Schlagpeitsche f. Rind (früher aus Penis d. Ochsen präpariert)

odāmpfen Arbeitsgang beim Backen, »anhefeln« (von Altf. Dampfl = Sauerteig)

Odl, odln Odel, Jauche; mit Odel düngen

Odlfaß, -fäßl Jauchefaß, auch als Spottname: Du rinnaugats Odlfaß!

Odlgruam Jauchegrube

odrāhn andrehen: (einem etw.) verkaufen, das er eigentlich gar nicht od. zunächst nicht wollte

ōdrāht siehe ådraht (»åbdräht« unmöglich)

öha 1. Haltruf f. Zugtiere, aber auch f. Menschen, 2. Unmutsruf, wenn einer Unglaubliches od. Unzumutbares redet od. tut (i. S. v. Jetzt hörst aber auf!)

Öi, öin Öl, ölen

öif elf

Öitern, -an Eltern

oessen (sich) anessen, vollessen

Ofa Ofen

ofēchtn 1. (einen) stören, aus d. Ruhe bringen: Dees ficht mi net o! 2. anbetteln, s. fechtn

ofegn 1. (einen) schimpfend anfahren, 2. ein Weib

	bzw. einen Mann Kontakt suchend u. belästigend ansprechen
ofeiern, -an	(einen Jubilar u. a.) feiern
off	offen, geöffnet: Da Bäcker hat off
ofte	(das) oftmalige: Dees ofte Renga is schlecht
oft oaner, -e, oa	mancher, -e,
Ogeber, -a	Angeber, Prahler
ogebn, -geem	angeben i. Sinn v. 1. gib ma dei Adress o! 2. antworten, sich äußern: Sie gibt wieder o! (z. B. nach einer Ohnmacht), 3. prahlen, das große Wort führen, 4. die Angabe (Tischtennis) machen
ogeh	in Angriff nehmen: Jetzt woaß i net, wiar i die Sach ogeh soi!
ogeign, -ng	ein Weib od. einen Mann anschwärmen
ogfressn	vollgefressen
ogråsn	(sich) »angrasen«, vollessen (wie die Kuh auf der Weide)
ogschaugt	angeschaut; bei manchen Kartenspielen ist ein »Ogschaugts« mit einem Einblick des Teilnehmers, der »spielt«, in verdeckte Karten verbunden
ogspitzt, -gspitzlt	1. im ersten Schwipsstadium, 2. leicht angetupft (den Ball)
ogstocha	1. schon nicht mehr ganz frisch: Naa, dees Fleisch is ogstocha, 2. beschwipst im Anfangsstadium, 3. angezapft: s. Faßl is ogstocha
ōgstocha	abgestochen
ogstricha	auffällig geschminkt

ōha	1. hoppla: Hoppla, jetzt hätt i mi boid oghaut, 2. soviel wie: Jetzt hör aber auf: Oha, dees konn nimmer stimma! 3. eine Art Entschuldigung, z. B. beim unvermuteten Zusammenprall od. auf die Zehen treten: Oha! Hats wehto? 4. Ausruf d. Erstaunens über imponierende Leistung
ohåbn	1. anhaben (Kleid etc.), 2. anhaben i. S. v. Schaden zufügen: Der konn ma nix ohabn!
ohābri	»anhabrig«: nachlaufend, aufdringlich v. einem etw. begehrend, zudringlich (einem etw. anhaben wollend)
ohaun	1. (sich) anschlagen, 2. (einen) ohne Umschweife um etw. bitten: Er hat mi um 100 Mark oghaut, 3. plump anbandeln
ohne	zus. m. net soviel wie gut, nett, i. Ordnung: D Leni is net ohne (nicht ohne Schönheit, Tüchtigkeit etc., nicht zu unterschätzen)
Ohrnschmōiz	Ohrenschmalz
Ohrringerl, -al	Ohrringe (man sagt kaum je Ohrring)
Ohrwāschl n	Ohr, Ohren (v. Altf. Wäschel = äußerer, bei Tieren beweglicher Ohrteil)
ōi	nb hinab, hinunter (das o u. i einzeln gesprochen, da Zusammenziehung von awi bzw. owi)
ōi	alle, alle- (nie alleinstehend): öi Jahr, öi Tag, öisam s. d.
ōibot, ōi Bot	s. Bot
ōid	alt
ōidbacha	altbacken, auch bildlich: a oidbachans Mannsbuid
ōi dāāmalang	s. daamalang
ōidvätterisch	altväterlich

ōim	allem: vo oim a bißl was
Ōim	Alm
Ōimrausch	Almrausch, Alpenrose
Ōipn	Alpen
Ōipnnerz	Lodenmantel
ōis	als
ōis, ōiss	alles
ōisam	alle, alle zusammen
ōisdann	alsdann
ōiso	also: oiso nacha!
ōissamt	nb alles, alle zusammen
ōissi	nb alles
ōiszamm	alles zusammen: Dees macht siebzehn Mark fuchzg oiszamm
Ōiter, -a	Alter
ōiwei	immer (alleweil)
okentn	anzünden (v. Altf. kenden = Feuer, Licht machen)
okreidn, -krein	ankreiden, zur Last legen
olegn	Kleid od. Anzug anlegen: Leg dei scheens Gwand o!
ōllas	nb alles
ōllawāl	nb alleweil, immer s. a. allerwei u. oiwei
ōllawei	s. allerwei
ōlt	nb alt
omacha	1. befestigen: Da hab i a Bret ogmacht, 2. anmachen, mit Zutaten zubereiten: Mach an Salat o! 3. zum Genuß reizen: Der Kuacha macht mi o! 4. auf primitive u. eindeutige Art Kontakt suchen: Der Kerl macht mi o! 5. (sich) besudeln: Da Bubi hat si ogmacht!

omad	oben, droben
o mẽi!	Ausruf d. Verzagtheit od. Enttäuschtheit: O mei, Bua! s. a. mei!
omöidn, -möin	anmelden: 1. Besuch, 2. Forderung ankündigen, 3. seinen Tod auf okkulte Weise kundgeben (etwa durch Stehenbleiben d. Uhr): D Oma ist um hoibe drei gstorm und hat si ogmöidt
omōin	anmalen
onågln	(einen) auf etw. festlegen, konsequent beim Wort nehmen: Sakra, jetzt hat a mi ognaglt!
onāhn	annähen
one, -i	an-, hin-, s. oneloana
oneloana, oni-	anlehnen: Loan di hoit one
Onibus	Omnibus
oödn	anöden, unausstehlich langweilig sein
oom, oomat	oben
ōōmds	abends
Ōōsch	Arsch, s. a. Oasch
Ōōschloch	s. Oaschloch
opacka	1. tätlich angreifen: Obacht, der packt di glatt o! 2. in Angriff nehmen
opappa	ankleben
opatzn	etw. schön Bereitliegendes od. Zubereitetes z. Gebrauch od. Genuß antasten bzw. seine Zerstörung beginnen: Schad, wenn ma des schöne koite Büffä opatzt!
Opferl, -al	kl. Opfer, früher i. religiösen Sinn: Bringst a Opferl, Hansi (f. ein Anliegen od. f. die eigene Seligkeit)
opreißln	(sich) typisch preußisch gegen einen benehmen

opröin	anprellen; beim Schussern s. d. d. Schusser an die Wand werfen, daß er abprallt und an seinen Platz fällt
oprostn	einem ganz bestimmten Menschen – z. B. zur Gratulation od. als Sympathiekundgebung – Prost zutrinken (stärker als zuprosten)
oraunzn	(einen) unfreundlich anmurren, anbrummen, s. raunzn
oredn, -reen	anreden, Kontakt suchen
orempen	anrempeln (entw. absichtlich aus Streitabsicht od. beim Fußballfoul, od. versehentlich; dann sagt man oha!)
Oricht	Anrichte (Möbel)
Oroaner	Anrainer, Grundstücksnachbar
oroasn	1. anreisen, 2. einer nach dem andern daherkommen: Da schaug, jetzt roasns o, die ganz Blasn!
oruafa	anrufen, telefonieren
orucka	anrücken; auch bei Verlangen v. Sachen, v. allem Essen gebraucht: Jetz laß was orucka!
orumpen	versehentlich anrennen: An Laternapfahl bin i ogrumpet
osään	ansäen
osågn	1. ansagen (als Funk- od. Fernsehsprecher), 2. seinen Besuch anmelden: Da Schuirat hat si ogsagt, 3. beim Kartenspiel Farbe und Schlag ansagen
Ösch	s. Oosch
oschaffa	1. anordnen, befehlen: D Muatter hats ogschafft! 2. kaufen v. größeren Sachen: Mir ham uns a Auto ogschafft

oschaugn, -ng anschauen: in Verbindung mit lassen: Da laß i mit net oschaugn = da bin ich großzügig (lasse mich nicht schief anschauen)

oscheibn, -eim beim Kegelschieben den ersten Schub ins Volle machen

oschiabn, -iam 1. anschieben (einen Wagen), 2. sich stark ins Zeug legen: der schiabt o wiar a Ochs

oschirrn dem Reit- od. Zugtier das Geschirr anlegen

Oschiß Anschiß, harter Tadel

Ōschkriacher, -a devoter, liebedienerischer Typ

oschlågn 1. anschlagen (Plakat etc.), 2. (sich) anstoßen: I hab mi an da Latern ogschlagn, 3. sichtbar nahrhaft sein, d. Körpergewicht (positiv od. negativ gemeint) mehren: Dees Essn schlagt eam o! 4. beim Versteckspiel, unentdeckt vom Sucher, die Hand an die Zielwand schlagen: Oans, zwoa, drei für mi!

oschmeißn den Motor anwerfen (früher bei Auto u. Kleinflugzeug nötig)

oschmiern betrügen, falsche Tatsachen vortäuschen: Der Bazi hat mi ogschmiert (gleichsam einschmieren, einschmeicheln: Der schmiert mir um den Bart!)

oschneidn, -ein Brotlaib od. Wurst anschneiden

oschnōin anschnallen (Auto- od. Flugzeuggurt)

oschōitn anschalten

oschraubn, -aum anschrauben

oschreibn, -eim	kleine Schulden auf die Tafel od. ins Heft einschreiben: I laß bei da Kramerin oschreibn
oschubsn	1. anschwingen (z. B. bei d. Schaukel), 2. einen Impuls z. Handeln geben
oschutzn	wie oschubsn, aber schon stärker: Schutz mi o, Hansi!
osetzn	ansetzen: 1. Pflänzchen od. junge Tiere z. Aufzucht einpflanzen bzw. dazu bestimmen: Mir ham Biwerln ogsetzt, 2. dicker werden: Er hat schwaar Fett ogsetzt!
Osinna	Ansinnen: So a unvaschämts Osinna!
osoacha	anseichen; bei verachtendem Verzicht: Dees Gschäft soach i o!
ospanna	anspannen, einspannen
osparn	ansparen, eine Startsumme ansammeln f. einen größeren Kauf
ospeibn, -eim	1. anspucken: Den speib i ja o! 2. ein Angebot verächtlich ablehnen: Dees speib i o!
ospinna	1. sehr anschwärmen: Da Franzi spinnt d Heidi o, 2. einen durch Unsinn oder Übertreibung ärgern: Geh, spinn mi doch net o!
ospitzn	1. ganz leicht anstoßen, 2. ein Thema anstechen, andeuten: Er hat auf sei Stellung ogspitzt
ospringa	1. anspringen (Motor), 2. (einen) vor Wut anfallen: Mensch, sei staad, sonst spring i di o!
ospuin	anspielen: 1. andeuten, 2. Spiel beginnen: Bayern spuit o
ostecha	ein Faß anstechen, anzapfen

osteh	1. (sich) um etw. anstellen: Beim Kondita Eisenrieder stengas bis auf d Straß o, 2. nicht mehr weitergehen (an Hindernis stoßen): Auweh, da stehts o!
Osterlāmpe	Osterlämmchen
ostöin	anstellen
oto	angetan
otoa	1. antun: Tua ma nix o! 2. ankleiden: I tua mi o! 3. anschwingen b. Schaukel: Tua mi o! (s. oschutzn)
ōukat	schwerfällig, grobschlächtig (fraglich, ob es mit Eiche zu tun hat; engl. oak)
ōwa	herab, herunter, s. a. awa
owāndln	1. beim Kegelscheiben: Anstoßen d. Kugel an der Seitenwand, 2. (sich) aufdringlich Fühlung aufnehmen
oweicha	s. oweign u. oweika
oweign, -ng	locken, Appetit machen (v. Altf. Weig = Kampf; es ficht mich an): Dee Dampfnudln weign mi o
oweika	wie oweign: Dees Kraut weikt mi o
ōwi	hinab, hinunter
ozāpfa	1. anzapfen (Bier), 2. einem, »der's hat«, etw. abverlangen: Den zapf i scho o!
oziagn	1. anziehen a) Kleid, b) Wagen etc., 2. sich stärker ins Zeug legen: Jetzt derf a aber oziagn, da Bu!
ozoagn	anzeigen: 1. anmelden, -kündigen, 2. bei d. Polizei od. bei Gericht anzeigen
ozwidern, -an	arg zuwider sein: Du zwiderst mi o!

P

Pāārl	Pärchen
Pāck	große Menge (viel »Gepacktes«): Illustrierte liegn rum, ganze Pack!
Pāckerl, -al, -l	1. Päckchen, 2. Sorgenpack: Jeder hat sei Packl zum tragen
Pāckleit	Pack (-volk)
Pāda	Pater
pāppen	päppeln
Pālier	Polier (Vorarbeiter beim Bau, v. franz.: parler = reden), s. a. Balier
pampfn	m. vollgestopftem Mund essen
Panạdln	feingeschnittene Pfannkuchenstreifen f. Suppe
Pāne	Pferdefleisch (vermutl. v. russ. panje = Landpferd), zähes Fleisch überhaupt
Pantscher, -a	1. Verfälscher v. Milch, Wein (Panscher) 2. Teppichklopfer (v. pantschen = m. d. flachen Hand schlagen)
Papiera	Papiere, schriftl. Unterlagen
Papp	1. Klebstoff, 2. wertloses Gerede: Red koan Papp!
pappa	kleben
Pappadeckl	1. Karton, 2. Sache, die einen nichts angeht: Dees geht di an Pappadeckl o!
pappen	»pappeln«, sinnlos, überflüssig schwätzen (viell. v. Kinderlall-Laut pap pap)
Pārāblui	(frz. parapluie) Regenschirm
Paradeisl	kleines weihnachtliches Gebinde mit Zweigen, Äpfeln, Kerzen
Pārasoi	(frz. parasol) Sonnenschirm

Pārasoi-schwammerl, -al	Parasolpilz, Schirmpilz
pāriern	gehorchen
Pariser	Kondom
Parocka	Perücke (ital. parrucca)
Pāsboi, -bol	Schmuckbesatz an Krägen etc. (frz. passepoil = Litze, Vorstoß am Kragen etc.)
Paß	Lauer: I bin auf da Paß
pāssn	1. auflauern od. lauernd warten: Sie paßt auf eam, 2. (einem) taugen: Dees paßt ma grad!
patent	menschlich i. Ordnung: Du bist a patenter Kerl!
Paterr, paterr	1. Parterre, Erdgeschoß, 2. am Boden darniederliegend: I bin ganz paterr!
Påtscher, -a	Handklopfer f. Teppich (man patscht d. Teppich)
Påtscherl, -al	ungeschicktes Kind od. f. weibl., seltener männliches Wesen gebraucht (P. hat immer Patschhand, ist tolpatschig)
påtschert, -at	tolpatschig
Påtschn m	Hauspantoffel (die beim Gehen patschen)
Påtschnkino	Fernsehapparat
Patzer, -a	1. Klecks, 2. grober Fehler: Da hast an Patzer neibracht!
patzn	1. Kleckse bzw. grobe Fehler machen, 2. eine Ohrfeige versetzen: Dem hab i oane patzt!
pecka	picken, s. a. becka
Peitschn	vives, raffiniertes Weibsbild (selten abfällig gemeint)

Pemsl	Pinsel
Perschpektiv	Fernglas
Pēterle n	Kurzwort f. Petersilie
Pẹtersui, Peta- m	Petersilie
Pfaffnschnitzl	Bruststück v. Gans od. Ente, das früher vorzugsweise d. Herr Pfarrer als Gast bekam
Pfāndl	kl. Pfanne
Pfanna	Pfanne
Pfannakuacha	1. Omelette, 2. lappiger Hängebusen
Pfanna-kuachagsicht	großflächiges, unprofiliertes Gesicht
Pfarr	Pfarrei
Pfarrerlehrbua	Theologiestudent
pfārzn	pfurzen
pfausn	nb schwer atmen, schnauben
pfeigråd	»pfeilgerade«, schnurstracks, tatsächlich (obwohl kaum zu glauben)
Pfenning	Pfennig
Pfenning-fuchser	Knauserer, der um jeden Pfennig ringt
pfenningguat	gut erhalten wie ein neuer Pfennig, der noch glänzt
Pfenning-muckl n	ehemals bes. kl. u. billige Semmel
Pfēttn	Längsbalken, der die Dachsparren stützt
Pfief	1. Pfiff, 2. kl. Bierquantum zwischen 1 Quartl u. 1 Halben (nur f. Stammgäste)
Pfifferling	1. Eierschwamm, s. Reherl, 2. Ausdruck f. etw. Wertloses: Der Karrn is koan Pfifferling wert (Pfifferlinge waren früher nicht sehr geschätzt, außerdem immer klein)

Pfịffkāās i. d. Verbindung: an Pfiffkaas! = einen Dreck (sollst du haben)! (Pfiff war früher kleinstes Getränkemaß, ein Viertel od. gar Achtel Liter)

Pfingstochs 1. an Pfingsten besonders prächtig geschmückter Ochse, 2. herausgeputzter Kerl

Pfinsta Donnerstag (v. lat. quinta = fünf: der 5. Wochentag, v. Samstag ab gezählt)

Pflāāma Pflaume, -en

pflădern, -an 1. grob hinwerfen (viell. von Altf. Pflödern = Schneegestöber; od. aber v. »Pleudern«: mittelalterl. Wurfgeschossen), 2. geräuschvoll u. kuhfladenähnlich d. Darm entleeren

Pflānz Umstände, Zierereien: Jetzt mach koane Pflanz! (v. Altf. pflänzeln = sich zieren, putzen)

Pflānzerl, -al Pflänzchen

Pflānzl 1. wie oben, 2. flaches Hackfleischklößchen, meist Fleischpflanzl genannt, s. d.

pflānzn (einen) blenden, täuschen (viell. i. Sinn v. Obigem: durch schönen Schein trügen): Den hab i pflanzt!

Pflåtschn Fladen (Kuhfladen od. ähnliches Gebilde)

pflōutschert, -at unbeholfen, plump (vermutl. v. Altf. Pflätschen = breites Blatt, pflatschert = breitgesichtig)

Pflōutschn plumpe, stumpfe Weibsperson (vergl. pfloutschert)

Pfluag Pflug

pflugāzn in die Hand lachen (um es zu verbergen)

pfnurrn s. pfurrn

Pfoad Hemd (v. Altf. Pfaid)

pfüa Gott	Behüt Sie Gott (Verabschiedungsformel)
pfüat di/ enk (Gott)	Behüt dich/euch (Gott)
Pfünderl, -al	vermindernder Ausdruck f. Pfund: Und vom Suppnfleisch gebns ma aa no a Pfünderl! (ungefähr)
pfundi, -g	ergiebig, gewichtig, bedeutsam, sehr schön
Pfund-	d. Vorwort Pfund- bedeutet stets große Steigerung, so z. B.:
Pfundhāmme	ganz großer Hammel (als Schimpfwort)
Pfundsgaudi	Riesengaudi
Pfundskerl	prima Kerl
Pfundssau	großes Schwein (als Schimpfname)
Pfundssauerei	große Sauerei
Pfundweckerl	Pfundweckchen
pfurrn	nb brummen, schnurren
pfurzln	wiederholt kl. Pfürze v. sich geben
Pick	Groll, Neid- od. Rachegefühl gegen jemand: Auf den hab i an Pick! (verw. m. erpicht)
picka	1. klebrik haften (aufpicka = aufkleben), s. a. bicka, 2. nadelig stechen (v. Pikspitze)
pickad	klebrig
Pinsl	Scherzwort f. Penis
Pistoin	Pistole
Plåcha	Plane (z. B. über dem Lastwagen), s. a. Blåcha
Plärrer, -a	1. Schreier, 2. kurzer Schrei
Plärrmaul, Plärrmeier	wichtigtuerischer Schreier
plärrn	schreien, laut weinen (frz. pleurer, lat. plorare = weinen)

Plāfō	Plafond, s. a. Blafo
Plānizerl, -al	Wiener Würstchen (es gibt einen jugosl. Ort Planica, Herkunft?)
Plāttln, plāttln	1. Wurfspiel m. Metallplatten (auf Zielklotz), 2. flache Steinchen über das Wasser springen lassen, s. a. blatschgen
Plattn	Glatze
Plattnsimmerl, -al	Mann mit Glatze (Spottname)
plattert, -at	glatzköpfig
Plempe	1. schales Bier, 2. wertloser Kram
plemplem	schwindlig, durcheinander, dumm
Plēsche, -l m	Zunge (viell. v. Altf. bleschen = m. d. Zunge schmatzen)
Plētschn	Zunge (v. Altf. Blätschen = gr. u. breites Blatt)
Plombnziager, -a	Karamelbonbon, d. a. den Zähnen haftet, s. a. Muichkaramöin
Plümo n	(franz. plumeau) Federbettdecke, s. a. Blümo
Poar, poar	nb Paar, paar
Podex	Kosewort für Popo
Pöiz	1. Pelz, 2. dichtes, filziges Kopfhaar
Pöizbruader	Faulpelz, s. pöizn
pöizi, -g	»pelzig«: 1. Ausdruck f. d. samtige bis schwammige Empfindung nach örtlicher Betäubung, wie z. B. beim Zahnarzt nach d. Einspritzung, 2. Bezeichnung für einen innen zu mürben, porösen Rettich, 3. unangenehm gereizt, fad: Jetzt wer i pöizi!

pöizn	faulenzen (a. d. Pelz liegen)
Pösterl, -al	angenehmer beruflicher Posten
Pötẹterl	Feuerzeug, d. vielleicht funktioniert (v. frz. peut-être = vielleicht)
Pōimesl	derjenige, der am Palmsonntag als letzter aufsteht (Palmsonntag Tag des Einzugs Jesu i. Jerusalem auf d. Esel)
Pōimkätzl	Palmkätzchen, Weidenkätzchen
Pōimpöizerl, -al	s. Poimkatzl
Poister, -a	1. Polster, 2. polsteriger Fettansatz, 3. Vermögensvorrat, der beruhigt, meist Erspartes
poistert, -at	1. gepolstert, 2. gut unterwachsen (m. Fettpolster)
poitern, -an	poltern
Polier	Maurer-Vorarbeiter (hat nichts m. polieren zu tun) s. Balier
pomāde, -ig	schön langsam (v. böhm. pomale = sachte, nach u. nach)
Pomerą̄nzn	(Altf.) Orange
Pōōr, pōōr	Paar, paar
Popperl, -al	bevorzugter Liebling, zierliches Wesen, s. a. Bopperl
Porree	Lauch, 1. Silbe betont (in Bayern nur Porree genannt)
Posamẹnten n	Kleiderbesätze (Borten etc.)
Posamenterie	Geschäft für Posamenten
Postbot	Briefträger
Postler	Postbeamter od. -angestellter
Postn	i. d. Verbindung wie: Heit bin i net aufm Postn = heute bin ich nicht in Form

Potschāmberl, -al (frz. pot de chambre) Nachttopf

Potschāmberlhuat topfartiger Hut, oben gerundet

Potschạmberlschnitt Rundumhaarschnitt, wie m. d. Nachttopf abgezirkelt

Prāckl wuchtiges Mannsbild, muß nicht, aber kann ungeschlacht sein

Prangertåg Fronleichnamstag (der durch d. blumengeschmückten Mädchen prangt)

Pråter m s. Brater

Prātzl kleine Pratzn, s. d.

prātzln 1. (einen) foppen, geschickt zum Narren halten (viell. im Sinn v. mit dem Pratzl reizen), 2. übers Ohr hauen

Pratzn Pranke, große Hand

Preame Primel

Preiß Preuße

Preißnhōibe Entartung d. Halben Bier zu 4/10 Liter b. Preis f. 5/10.

Prēssåk Preßsack, Schwartenmagen

prēssant, prēssierad in Eile

Prinze Kurzwort, 1. f. Prinzregententorte, 2. f. Prinzregentenstadion i. München, 3. f. Prinzregententheater daselbst

pritschln 1. plätschern, 2. stark regnen, 3. Wasser danebenschütten, 4. m. Wasser spielen, 5. panschen (Wein u. a.)

pritschn verraten, ausplaudern: Hast du pritscht?

Pritschn	1. Liegegestell, 2. Schlagrute (s. Brätschn), 3. liederliches, raffiniertes Weibsbild, 4. verächtl.: Vagina
pröin	prellen
Profui	Profil
Prokråter, -a	Hochzeitslader u. -ausrichter (v. lat. procurare = besorgen, verwalten)
proom	proben
Prost	Rülpser, s. Kopperer (vermutl. wünschte man früher auch zu solchem »Prost!« = Prosit!)
prozn	protzen, sich brüsten
Proz	1. Kröte, 2. protziger Kerl
Prügler	Fuhrleute, die d. Baumstämme (Prügel) befördern
Prüglhitz	große Hitze (schwer wie Prügel)
Psöiter	Psalter, Rosenkranzgebet
Pudlhaubn, -m	Wollmütze (weil pudelhaarig)
Puiver, -a	1. Pulver, 2. Geld: I hab koa Puiver mehr!
pumperlgsund, pumpal-	völlig gesund
pumpern, -an	poltern, stark klopfen
putzn	(sich) wegmachen: Putz di! (hau ab!)
Putzteifi	Putzteufel
Putzwoi	1. »Putzwolle«, Bündel v. Reinigungsfasern f. Auto etc., 2. krause u. verfilzte Haare: Der mit seiner Putzwoi!

Q

Quādrātlātschn	breite Füße, d. sozus. im Quadrat auftreten

Quādrāt-rātschn	großes Ratschweib (vermutl. »im Quadrat« ratschend: rundum)
Quādrātschädl	wuchtiger, eckiger Kopf, meist m. Sturheit verbunden
Quäigeist	Quälgeist, Mensch, der m. Wünschen u. Quengeln sehr auf d. Nerven geht
quäin	quälen
Quārtl	Viertelliter Bier (früher durchaus an der Gassenschenke erhältlich); heute ein »kleines Bier«
quāsi	(ital.) gleichsam, als ob: Der hat mi quasi ois Depp behandlt
Quēcksuiber	Mensch, der unstet wie Quecksilber ist (s. Springingerl)
Quittn	Quitte: Baumfrucht, orangengroß, für Marmelade geeignet
Quöin, quöin	Quelle, quellen
Quōim, quōima	Qualm, qualmen
Quōin	Qualle

R

rå	herab, herunter: Kimm rå! s. a. ro
Rāāch, Rāch	1. Rauch, 2. etw. zu rauchen: Hast koan Rach für mi?
rāācha, rācha	rauchen
Rāāl	Rad, Fahrrad, s. a. Ral, Radl
rāāma	räumen
Rāāna	s. Rana
Rādi	Rettich (lat. radix = Wurzel, Rettich)

radibutz	ratzeputz
Rādiwāsserl	Rettichwasser (das nach dem Salzen aussickert)
Rādiweiberl	Frau am Rettichstandl (z. B. in Regensburg)
Rādl	1. Rad, 2. Fahrrad
Rādlermaß	Mischung aus ½ Liter Bier und ½ Liter Limonade
rādlfahrn	1. radfahren, 2. sich b. Vorgesetzten einschmeicheln (nach oben buckeln, nach unten treten!)
rādln	1. radfahren, 2. Form (Teig) od. Muster (Stoff) durch gezacktes Rädchen ausgrenzen od. markieren
Rādlrennats	Radrennen
Rādlrutsch n	Roller (Kinderfahrzeug, durch Tritt auf das Pflaster angetrieben)
rāffa	raufen
Rāffats	Rauferei
Raffe	»Raffel«, abfällig Mund: Hoit dei Raffe (v. Altf. raffeln = schnell bewegen u. dadurch Geräusch machen, verw. m. Graffe, s. d.)
Rahmabau	bildl. Figur: Die hat an schöna Rahmabau
Rahna	falsche Schreibweise v. Rana, s. d.
Rāl	s. Radl
rāma	räumen, s. a. rääma
Rāmādāma, Rāmāduri n	großes Aufräumen: A Ramadama ham ma heit (v. räumen tun wir; analog Ramaduri v. räumen tu ich, ramadans = … tun sie), s. a. Ramasuri
Rāmasuri	geräuschvolle Unruhe, Umtrieb (v. Ramaduri)

Rāme, Rāmen m Bratrückstand in der Pfanne oder das Angebräunte, z. B. an der Dampfnudel. Aber auch Nåsnrāme: durch Nasenbohren entfernbar

Rāme, Rāmme unhöflicher, ungehobelter Mensch (eigentlich im obigen Sinn: verkrustet, rußig. Wird fälschlicherweise auf Rammler = Bock bezogen): So a gscherter Ramme!

Rana rote Bete (ohne h)

Ranakopf hochrot angelaufener Kopf

Rand Mund (abfällig): Hoit dein Rand!

Randstoa Randstein, Bordstein des Bürgersteigs

Rānftl Anfangs- od. Endstück d. Brotlaibs, s. a. Scherzl

rāng regnete: Wenns nur amoi rang!

rāngln 1. ringen (bayer. Manier), 2. ein Geplänkel haben

Rankerl, -al, n nb wie Senterling, s. d.

rānkln spielerisch, scherzhaft raufen

Rankn m dickes Stück Brot

rānschiern rangieren

rānzig, -lig süßsäuerlich riechend (wie Butter, die nicht mehr frisch ist; lat. rancidus = stinkend)

rānzln ranzlig riechen

Ranzn 1. dicker Bauch, Wampe: Der hat aber an Ranzn! 2. Mund: Hoit dein Ranzn! 3. Schulranzen

Rapp Rappe

Rappe verrückter »Anfall«: Da hab i an Rappe kriagt

rappen	in Verbindung mit auf od. zamm: sich wieder aufraffen: Da hab i mi wieder zammgrappet (v. Altf. rappen = hastig greifen)
rār	nicht besonders (Ableitung v. selten): Die Würscht san net so rar; heit wars nix Rars!
rasad	rasend, rennwütig
Raschpe	Grobfeile
raschpen	nb rasseln
Rāsierplåtz, -plōz	vorderer Platz im Kino (Kopf hoch wie beim Rasieren)
rāss, rāß	1. scharf: a rasser Radi, 2. bissig, schwer zu nehmen: Dee is a ganz a Rasse
Rāss	Menschenschlag: Die Giasinger, dee san a Rass!
Rāsslbande	1. lärmende Kinder (-gruppe), 2. störende, unliebsame Gesellschaft
Rāsslpinscher	lästig keifender kl. Hund
Rātsch m	ausgedehntes Alltagsgespräch
Rātschkāthl	s. Rātschn
rātschn	lange miteinander über alles Mögliche – vor allem über die lieben Mitmenschen – reden
Rātschn f	1. Schnarrinstrument (s. Karfreitagsratschn), 2. gern ratschendes Weib, 3. Ausplauderer (auch männlich möglich)
Rātschwei	wie Ratschn 2.
Ratz m	1. Ratte, 2. Altf. Raupe
raucha	in Verbindung mit Fürwort soviel wie stinka (s. d.): Mir raucht a!
rauf	herauf
Raufang	nb Rauchfang

Raufn f Futtergitter i. Stall od. an Futterstellen f. Heu

raum rauben

raunzn mißmutige Worte oder Laute von sich geben; auch einen unfreundlich anfahren: Was raunzt mit denn so o?

Raupn Raupe

raus heraus

rausbacha 1. herausgebacken (z. B. in der Pfanne m. Schmalz), 2. entwickelt: S. Lieserl hat si guat rausbacha

rausblĕcka (die Zunge) herausstrecken

Rauschater, -a Betrunkener

rausfuattern, -fuadan 1. ein schwächl. Wesen (Tier od. Mensch) durch Nahrungsgaben wieder erstarken lassen, 2. bei übertriebener Speisung wirkt d. Sprößling »rausgfuattert«

rausgebn schlagfertig antworten: Dem hab i rausgebn!

rausgmacht gut entwickelt, wie man es eigentlich nicht erwartet hat: Da Heini hat si prima rausgmacht!

raushänga »heraushängen«, 1. dringend, aber vergeblich erwünscht sein: Dees taat da raushänga! = Das würde dir so passen! 2. raushänga lassn = prahlerisch sehen od. merken lassen

raushaun (einen) durch starken Einsatz (physisch od. geistig) aus d. hoffnungslosen Situation befreien

raushoin Gewinn herausschlagen: Der hat was rausghoit aus seim Gschäft

rauskemma herauskommen: aufkommen, offenbar werden

rauslassn 1. ins Freie lassen: Laß d Küa raus! 2. moralische od. gesellschaftl. Hemmungen abwerfen: Jetzt laßt a d Sau raus! 3. weglassen: den Satz hab i rauslassn

rausnehma (sich) zuviel erlauben: Der nimmt si fei was raus! (bildl.: nimmt sich unbescheidene Portionen aus d. Schüssel)

rausredn, -een (sich) durch Reden aus d. Verlegenheit retten

rausschaugn 1. z. Fenster herausschauen, 2. Profit od. Erfolg bringen: Mei, da schaugt ja nix raus dabei!

rausschiaßn a. d. Schießbude durch Treffer einen Preis gewinnen: Er hat mar a Rosn rausgschossn!

rausschindn aus einem Handel od. Unternehmen m. Zähigkeit u. Unnachgiebigkeit möglichst hohen Profit herausschlagen

Rausschmeißer kräftige Männer, die in Lokalen, bei Festlichkeiten od. sonstigen Veranstaltungen randalierende Gäste a. d. Luft befördern

rausspitzn 1. vorsichtig herauslugen, 2. gerade schon od. noch sichtbar sein: D Schneeglöckerl spitzn scho raus

rausspringa sich als Gewinn ergeben: Da werd net vui rausspringa!

raustoa 1. herausnehmen: tua d Brotzeit raus, 2. wie rausnehma, s. d.

rauszöin 1. (sich) rächen: Dem hab i rauszoit, s. a. hoamzoin, 2. (Erbe) ausbezahlen

Reama Riemen

Reböi, reböin	Rebell, rebellieren
Rēcha	Rechen
rēchln	nb zusammenrechen
rēcht	steht oft f. sehr (aber etw. einschränkend): Es hat uns recht guat gfoin
red!	sprich!
reen	reden
Regnsburger	kurze dicke Wurst, ziemlich fetthaltig, f. Wurstsalat bes. geeignet
Rēherl, -al	Pfifferling, Eierschwamm
Rēhgoaß	Rehgeiß
Rehrl	Röhrl: kl. Rohr
rehrn	weinen
rẽi	herein
reia	nb reuen
Reiber, -a	Räuber
Reiberdātschi	kl. Fladen aus geriebenen Kartoffeln, in Fett gebacken
Reiberl, -wal	Ballen aus Drahtgeflecht z. Topf auskratzen
reibern, -an	schnell fahren (als ob Räuber anstürmten)
Reibn, -m	Kurve, Wendung (von umreiben, umdrehen): I hab d Reibn net kriagt = ich habe es nicht mehr geschafft
Reibndeiter	nb »Reibndeuter«, Richtungsanzeiger (heute Blinker) bei Fahrzeugen
reichern, -an	räuchern
reidig	1. räudig (b. Hund), 2. schäbig, niederträchtig: so a Hund, so a reidiger!
Reigschmeckter, -a	s. Neigschmeckter (aber v. Standpunkt) der Einheimischen bzw. d. Altbelegschaft aus)

reihern, -an	kotzen (wie ein Reiher)
reim	reiben
Reim	Kurve, s. a. Reibn
Reimaṭiß	Rheumatismus
Rein, Reindl f, n	Back- od. Bratgefäß (rechteckig)
rein	reuen (reines ei)
Reischerl, -al	kl. Rausch
Reischperl, -al	1. längliche Semmelart, 2. feines Drahtgeflecht in längl. Form z. Ausschaben v. Topfrückständen
Reisender, -a	Vertreter (v. Ort zu Ort reisend)
Reiserbuach, -ats	nb Reisigbündel (-buach nicht v. Buche sondern v. Altf. Buech = Wald)
Reißmathias	Rheumatismus
Reißn	1. Rheumatismus: I hab s Reißn, 2. i. Sinn v. i. d. Arbeit (od. Behandlung) haben: I habs grad in da Reißn; bei unfreundlicher Behandlung: Heit hams mi in da Reißn ghabt!
reißn	(sich) reißen um etw.: Um dee Arbat reiß i mi net
Reißnågl	Heftzwecke
Rẹ̄lix	Schülerausdruck f. d. Fach Religion: Heit ham ma Relix
Remischs	»römisches Weckerl«, Semmeln aus feinem Roggenmehl (das früher »römischer Roggen« hieß)
renga, Reng	regnen, Regen
Renkn	Renke: Fisch (in oberbayerischen Seen)
Rennads	Rennen

Renngoaß Weibsperson, viel unterwegs

Rennsau 1. Mensch, der sehr schnell läuft oder fährt, 2. Kind od. Weib, die viel unterwegs sind

rēsch knusprig frisch: a rēsche Semme, aber auch: a rēsche Kellnerin

rewaschiern revanchieren, i. d. Regel f. eine Gefälligkeit; kann aber auch als Rache gemeint sein

Riacher, -a 1. Nase, insbes. 2. feines Gespür: Da hab i an Riacher ghabt

Riad, Ried 1. gerodetes Landstück (gereutet), in zahlreichen Ortsnamen enthalten, 2. Sumpf- u. Schilfland (eigentlich Riet)

Rịbisl Johannisbeere (lat. ribes)

richtn 1. reparieren, 2. Fehlgegangenes in Ordnung bringen, z. B. eine Beleidigung: Franzl, dees muaßt wieder richtn!

Ridikül Strickbeutel, früher Schmucktäschchen d. Damen (v. frz. ridicule = lächerlich, was jedoch Einstellung v. réticule = gestrickte Handtasche ist)

rieben, -wen »riebeln«, m. kl. Bewegungen reiben

Riegl abgeteiltes Stückchen Schokolade: Schenk mar an Riegl!

riemisch s. remisch

Riglhaubn, -aum gold- od. silberbesticktes Schmuckhäubchen d. Bürgermädchen, v. allem i. alten München (heute nur noch vereinsintern getragen

riglsam, riegl- regsam, rührig, tüchtig: a riglsams Weib (v. Altf. rigeln = in Bewegung setzen)

Rindskāmọppe Verstärkung d. Worts Kamoppe durch d. Dummheitssymbol Rindviech (ob berechtigt od. nicht), s. Kamoppe

Rindviech	Rindvieh; gebräuchlicher Schimpfname, wenn sich jemand töricht verhält od. zu verhalten scheint
Ringlo n	gelbe Pflaumenart: Reineclaude (nach d. frz. Königin Claudia = Reine Claude, † 1524, benannt)
ringsrum	ringsherum
Rinna	Rinne
rinnaugat	tiefäugig: Du rinnaugats Odlfaß!
Ripperl, -al	geräuchertes Kotelettstück (oft Kasseler Rippchen genannt)
rittern	»stechen«: um d. Sieg b. gleicher Punktzahl kämpfen
Rittersleit	Rittersleute
rō	herab, herunter, s. a. rå
Roa	Rain
Roaf	Reifen
Roas	Reise
roasad	herumrennend, herumreisend
roasn	1. reisen, 2. rasen
roat	rot
rockaroasn, Rogga- n	nb Treffen d. Flachsspinnerinnen (b. Spinnrocken), allg. d. Nachbarn, bald da, bald dort z. Plausch, Spaß, Tanz, s. Hoagart
Röhrlhosn	eng wie Röhren anliegende Hose, -en
rogl, -ert, -at	1. locker: Dee Tür is rogl, 2. munter: Heit bin i wieder ganz rogl (verw. m. riglsam, s. d.)
Rohrnudl	Hefeteignudel, im Rohr gebacken
Roibråtn, -ōōn	Rollbraten
Roigerstn, -gerschtn	Graupen (Gerste, die »rollt«)

Roigerstn-suppn, -gerschtn-	Graupensuppe
Roimops	Rollmops (gerollter saurer Hering)
roin, roin	1. rollen, Rolle (i. jeder Bedeutung, sowohl gerolltes Material als auch gespielte Rolle), 2. übertölpeln: Der hat mi sauber groit (überrollt od. eingewickelt?), 3. schlafen
Roischua	Rollschuhe
Roistui	Rollstuhl
Roiwāāgl, -wāgl	Rollwagen: Roiwaagl ham ma gestern gschobn, Roiwaagl schiam ma heit!
roizn	(sich) i. Liegen drehen, entw. hin u. her (i. Bett) od. in einer Richtung: an Hang awiroizn
Rokzipfe	»Rockzipfel« i. d. Verbindung: Da Bua hängt oiwei am Rokzipfe = ist noch immer v. d. Mutter abhängig
Rollọ	Rouleau (frz.), Rolljalousie
rōōn	raten
Rooz	Rotz
Roozbibbn	Rotznase bzw. -mund, Schimpfwort, auch für vorlaute kl. Mädchen gebraucht
Roozglockn, Roz-	aus d. Nase hängender Rotz mangels Taschentuch
Rooztüache, Roz-	Taschentuch (mit Betonung des Zwecks Schneuzen)
Roßboin	Pferdeapfel
Roßkäfer	Mistkäfer (weil er Roßboin mag)
Roßschwemm	kl. Teich od. Gumpfe (Wasserloch) z. Baden d. Pferde

Roßstōi	Pferdestall
Roßteischer, -a	Pferdehändler (der d. besten Zustand d. Pferds vortäuschen soll)
rote Ruabn, -uam	rote Bete, s. a. Ranen
Rotzbua, Roz-	Rotzjunge, Schimpfwort f. frechen Buben
Rotzdēgl, Roz-	nb wie Rotzbua (viell. v. Tegl. = Tiegel)
Rotzlöffe, -lef-fe, Roz-	Verstärkung v. Rotzbua (auf seine ziehbaren Löffel = Ohren anspielend)
Rotzmādl, Roz-	analog Rotzbua
rotzn	1. Rotz absondern bzw. d. Rotz aufziehen, 2. heftig weinen: Sie hat Roz u. Wasser gwoant
rout	rot
Roz	s. Rooz
Rozbua, -löffe, -madl	s. Rotz-
Rua	Ruhe
Ruach, ruachert, -at	geiziger, geldgieriger Mensch bzw. Eigenschaft desselben
Ruader, -a, ruadern, -an	Ruder, 1. rudern, 2. sich angestrengt bemühen, um etw. zu erreichen
ruafa, Ruaf	rufen, Ruf
Ruam	1. Rübe, 2. derbe Person: Du gscherte Ruam! 3. auch zünftige Person: Dees is a Ruam!
Ruaschn	übereilt, ungestüm u. daher oft tölpelig handelnde Person (v. Altf. rueschen = ungestüme Bewegungen machen)
ruaschert, -at	hastig, hudelig, mit unbedachten Bewegungen, vergl. Ruaschn

Ruaß	1. Ruß, 2. Rausch: Der hat an Ruaß! (viell. verw. m. ruaßln, s. d.)
ruaßln	1. schnarchen, 2. schlafen überhaupt: Jetzt hab i gruaßlt (i. d. Regel außerhalb d. normalen Schlafzeit)
Ruatn	Rute
rucka	rücken
Rüabbe, -ppe	grober, ungeschliffener Mensch (Mißbrauch d. Namens Rupert bzw. Ruprecht)
Rüassl	Rüssel, auch auf Menschen übertragen: Hoit dein Rüassl!
Rührkübe, -we	Butterfaß
Rüscherl, -al	1. Rüschchen, 2. Spezialgetränk: Cola m. Cognac (vermutl. »verziertes« Cola)
Rufa	Schorf
Rufaschmarrn	Schorfausschlag um den Mund
Ruin	Rille
rum	herum (auch i. Sinn v. umanand, s. d.), herüber: Kimm rum!
rumarbatn, -wan	1. s. heftig bewegen: Was arbat a denn so rum? 2. an einer Sache langwierig arbeiten: An dem Karrn arbat i scho so lang rum!
rumbohrn	1. in einer Sache od. an einem Problem wühlen, um etw. z. entdecken, 2. in jemanden mit lästigen Fragen dringen, a. d. gleichen Sache penetrant beharren: Was bohrst denn so in eam rum?
rumbringa	1. eine schwere od. lästige Zeit überwinden: Die paar Tag wern ma scho no rumbringa! 2. (einen) z. endlichen Nachgeben bewegen
rumdeitln	s. deitln
rumdrähn	1. (sich) umdrehen, 2. etwas umdrehen: Drah d Münzn rum!

rumdreckln 1. bald dies, bald das, nur nichts Ordentliches tun, 2. vor Weggang od. Abfahrt noch zeitraubend Kleinigkeiten erledigen: Was drecкltst no lang rum? 3. kleinweise Dreck verbreiten

rumdrucka 1. zögernd u. umschweifig reden, aus Furcht, das Eigentliche zu sagen: geh weiter! Druck net so rum! 2. d. Entscheidung lustlos od. ängstlich verzögern

rumdrucksn wie rumdrucka, doch noch etwas stammelnder

rumfētzn 1. wild, ausgelassen sich amüsieren (daß sozus. die Fetzen fliegen, 2. wild kreuz u. quer durch d. Gegend fahren)

rumflacka, -flagga 1. verteilt herumliegen: Seine ganzn Sacha flacka im Zimmer rum, 2. faul herumliegen: Dee flackt die meiste Zeit rum

rumfōin hin- und herschwanken, fallend gehen: Grad rumgfoin is a, so bsuffa war a!

rumgeh 2. umhergehen, 2. vorübergehen (zeitlich): Tröst di, aa dees werd rumgeh!

rumhaun 1. (einen) so schlagen, daß er sozus. ständig d. Ort wechseln muß (z. B. im Ring), 2. arg zusetzen: Bei dera Prüfung hauts mi rum!

rumhocka untätig herumsitzen

rumhurn alle möglichen Weiber bzw. Männer haben

rumhussn s. hussn

rumkemma 1. herüberkommen (u. -gekommen), 2. weitgereist: Der is vui rumkemma, 3. bewältigen i. Sinn: I wer mit da Arbat scho rumkemma

rumkriagn (einen od. eine) zu etwas überreden, was er zuerst gar nicht will: Endlich hab i n rumkriagt

rumläffa	1. umherlaufen, 2. in einem bestimmten Aufzug gehen: Du konnst doch mit dem damischn Gwand net rumlaffa!
rumlassn	hin- und herhetzen (u. gehetzt): Da Föidwebe hat die Rekrutn rumlassn
rummacha	Umstände machen: Mach net solang rum!
rummĕckern, -an	1. verschiedenorts kleinliche Beschwerden äußern, 2. (an etw.) dauernde Kritik üben
rummurksen	herumpfuschen
rumpatzn	unbekümmert darauf losmalen, herumklecksen
Rumpe-kammer	Abstellkammer f. Gerümpel
rumpen	rumpeln, poltern
rumprügeln	1. (sich) miteinander schlagen, 2. da und dort raufen u. sich schlagen
rumrāāma	etwas grob durchsuchen: Am Zoi hams in mein Koffer rumgraamt
rumrātschn	in der ganzen Gegend Klatsch verbreiten
rumredn, -een	1. reden, ohne zur Sache zu kommen, 2. sich von Mund zu Mund verbreiten: Es hat si scho lang rumgredt …
rumreitn	auf einer Sache lästig beharren: Reit doch net dauernd auf der leidign Gschicht rum!
rumsaufa	in allen möglichen Wirtshäusern etc. saufen
rumsaun	an einem Ort Schmutz u. Schlamperei verbreiten
rumschaugn, -ng	1. umherschauen, 2. einen kurzen nachbarlichen Besuch machen: I möcht nur schnöi rumschaugn zu dir (od. rüber-)
rumscheißn	eine Schererei machen, a. Gschieß (s. d.) macha, sich nicht entschließen können

rumschlågn (sich) durch eine Gegend od. eine Zeit od. durchs Leben überhaupt recht und schlecht schlagen: I hab mi boid da boid dort rumgschlagn

rumschmiern ein Blatt od. ein Buch od. eine Wand etc. verkritzeln od. verklecksen od. wüst bemalen

rumschrein (etw.) indiskret und laut überall verkünden

rumschwānzln einen, dem man nahe kommen will oder von d. man eine Gunst erhofft, zudringlich hofieren: Dauernd is der Kerl um mi rumgschwanzlt!

rumsitzn untätig dasitzen

rumspinna sich absonderlich, z. B. durch abwegige Ideen, verhalten, so daß es die anderen verunsichern kann: Was spinnst denn oiwei rum?

rumsprenga (einen) bald da, bald dort hinschicken

rumsteign, -ng 1. umherstolzieren: Der steigt rum wia da Gockl aufm Mist, 2. amateurhaft bergwandern, bald da bald dort

rumsuacha alles absuchen: Was suachst denn oiwei rum?

rumtappa betätscheln, betapsen: Der is a richtiger Rumtapper!

rumteifen umhertollen: Geh, Kinder, teifets doch net so rum!

rumtoa »herumtun«, Umstände machen: Tua net lang rum!

rumwurschtln planlos vor sich hin- bzw. an etw. werkeln: Der wurschtlt was rum!

rumzārrn hin- u. herzerren, durch die Gegend ziehen: Überōi zarrts ihrn Kerl mit rum!

rumziagn, -ng	1. wie rumzarrn, 2. umherziehen, 3. lange zögern: Ziag net solang rum!
rundumadum	rundherum
Rundklruabn, -uam	Runkelrübe, weiße Futterrübe, s. a. Dotschn
runter, -a	herunter
runtergrissn	wie aus dem Gesicht geschnitten: Der siecht seim Vatter runtergrissn gleich
runtermacha	beschimpfen, abwerten, demütigen: Der hat mi runtergmacht!
runterputzn	zusammenstauchen, m. Worten fertigmachen, s. a. zammputzn
runterschaugn	verächtlich auf jemand herabsehen
runtersetzn	1. wie runterziagn, 2. fremde od. eigene Fähigkeiten und Leistungen herabsetzen, 3. Preis einer Ware senken
runterziagn	1. schlecht machen, verleumden, 2. eine Ohrfeige verabreichen: Dem hab i oane runterzogn!
rupfa	(einen) finanziell schädigen (daß er wie ein gerupftes Huhn dasteht): Der hat mi vielleicht grupft!
Russ m	Mischgetränk aus Weißbier und Limonade
Russl	Schnauzer (viell. Assoziation mit schnauzbärtigen Russen)
Russn	Insektenart, kl. schwarzen Käfern ähnlich, früher v. allem in Küchen lästig (Küchenschaben)
Rutschn	1. Rutschbahn, 2. älteres bis altes, aber unternehmungsfreudiges Weib

S

s	1. das: s haus, 2. es (nachgestellt): Er hats gsagt, 3. sie (nachgestellt): Was hats gsagt? Was hams gmacht? 4. Sonderform: s God = grüaß God!
sā	sie, es (nur nach Verbum und vor si = sich): Da hat sa si denkt; hat sa si glohnt?
sā!	verächtliches so! (kann bedrohlich werden): Sa! I kenn mi scho aus!
sāā	nb sein
Sāāche	s. Sāche
Sāāg	Säge, s. a. Sag
sāāgln	sägen (bei kleineren Dingen)
Sāāgloam m	Sägemehl
sāāgn	sägen (auch Bäume)
sāān	säen
sāāß	säße, s. a. sāß
Sāāwe, sāāwen	Säbel, säbeln: Er hat si a Trumm Brot awigsaawet! (i. groben, unebnen Scheiben)
Sābe	s. o.
Sach	1. Hausstand, Besitz: Der hat a schöns Sach, 2. ansehnlicher Busen: Die hat a schöns Sach; bzw. ansehnliche »Männlichkeit«
Sāche	kleineres »Sach«
Säcke, Säckl	kleiner Sack
Säcklzement!	Ersatzfluch f. »Sakrament«
Sacktuach, -tüache	Taschentuch, s. a. Soktüache
sä!	soviel wie: Da schau! Da hast du es!
sāffa	saufen

Såg	Säge, s. Saag
Sågloam	Sägemehl
sāh	sähe: Dees sah i gar net gern!
Sākra	Fluch, rechtzeitig unterbrochen
Såkradị	verharmlosende Variation d. Fluchs »Sakrament«
Sākramenter	halb Schimpf-, halb Bewunderungswort f. einen raffinierten od. sonstwie einem zusetzenden Menschen
Sākrawōit	wie Sakradi etc.
sākrisch	furchtbar, sehr sehr: säkrisch teier!
Sålåt	»Salat« im Sinn v. Durcheinander, »schöne Bescherung«: Jetzt ham ma den Salat!
Sāllettl, Sālettl n	Veranda (kl. Saal, v. frz. salle)
salfern	s. soifern
Salvator, Salvatta	das bekannte Frühjahrsstarkbier (der Name stammt v. d. Braumeister der Paulaner Barnabas Still (1750–1795), der d. »Heilig Vater Bier«, auch »Sankt Vater Bier« genannt, braute. Aus »Sankt Vater« wurde wahrscheinlich »Salvator«. Es könnte sich aber auch um die Zusammenziehung v. »Salve Pater« [Patriae] handeln, mit dem Bruder Barnabas dem Landesfürsten den edlen Trunk überreichte).
sām	sind (statt san) in Verbindung mit ma: jetzt sām ma da = jetzt sind wir da
sāmma, sam ma; sammas?	sind wir; sind wir es i. Sinn v.: Sind wir soweit? Können wir gehen?
sammen	sammeln
Samsta	Samstag

samtdem	trotz alledem: Samtdem hats nix ghoifa
sān, sānd	sind: D Leit san kemma, s. a han
sāns	sind sie
Sāns, -sn	Sense
Sāppra, Sappradi, Sappralot, Sapprament, Sapprawōit	ebenfalls Ersatzform für »Sakrament«
Sargnågl	Ausdruck für etwas oder jemand, der einen dem Grab näherbringt (insbes. Zigaretten)
sāß	s. sāāß
Sau	1. As: d Oachlsau usw., 2. Glück: Da hast a Sau ghabt!
Sauarbat	sehr schwierige, anstrengende Arbeit
Saubär	Eber; Schimpfwort für einen schmutzigen oder schmutzige Reden sprechenden Menschen
Saubānde	übles Pack (Buchbinder Wanningers – alias Karl Valentins – telef. Schlußwort)
sauber, -a	neben d. üblichen Bedeutung »nicht schmutzig« folgende: 1. appetitlich hübsch: so a saubers Madl, 2. gut, frisch, wie gewünscht: Jetz mag i a saubers Bier! 3. negativ: ganz und gar, z. B. da hast die sauber brennt! 4. i. Sinn v. schlimm: Sauber, sag i!
Saubua	frecher Bub
Saubleame	Löwenzahn
Sauerampfer	sehr saurer Wein: Den Sauerampfer sauf i net!
Suafaus	einer, der kein Glas stehen läßt
Saufraß	sehr schlechtes Essen

Saufratz	freches Kind
Sauglück	unerhörtes Glück
Saukäitn	grimmige Kälte
Saukerl	unverschämter Kerl
Saukopf	analog wie Saukerl, z. T. auch physiognomisch gemeint
saumäßig	ganz schlecht (v. Arbeit od. Zustand gesagt: Der Schrank is saumäßig garbat; Mir iss saumäßig ganga)
Saumågn	Magen, der alles zu vertragen scheint: Der hat an Saumagn!
saun	1. unsauber arbeiten, 2. sudeln (z. B. b. Essen)
Saupreiß	abfälliger Name für Norddeutsche, doch nicht so hart gemeint, wie es klingt
sauteier	sehr teuer
Sauviech	Schimpfname f. ein Tier, über das man sich ärgert: Der Hund is a Sauviech
Sauweda	sehr schlechtes Wetter
Sāwe, sāwen	s. Saawe, saawen
Sāxndi	s. Sākradi
schã	nb schon
schāāma, schāma	schämen
Schāāme	Schemel (lat. scamnum = Bank, Schemel, Thron)
Schāār	Schere
Schåber	kurzer Umbindschurz (z. B. für Schenkkellner)
Schåbn	1. Motte, Motten, 2. Küchenschaben
Schācherer, -a	einer, der besonders gern schachert, s. d.

schăchern, -an feilschen, intensiv handeln, auch um Geringfügigkeiten (v. hebr. sachar = kleinhandelnd umherziehen)

Schăchterl-eis 1. Kunsteis (schachtelförmig), 2. kl. Kunsteisbahn

Schăchterlteifi Teufel, der aus der Schachtel springt: Er geht auf wiar a Schachterlteifi

Schachtl ältliches Weib: So a oide Schachtl

schä nb schön

Schääl, Schäl Schädel: I hab mar an Schääl oghaut

Schädlwēh Kopfweh

schäin schälen

Schäsn 1. Wagen, früher f. Kutsche, heute abfällig gemeint (v. frz. chaise = Stuhl), 2. ältliches Frauenzimmer, das sich unliebsam macht: Was wui denn die oide Schäsn?

Schåfboidl Schafböllchen

schaffa anordnen, befehlen: Da Vatter hats uns gschafft! s. a. oschaffa

Schăffe Schaff

Schăffler, -a Schäffler

Schåfkopf, Schaff- richtiger Schaffkopf (weil Kartenköpfe »ausgeschafft« werden), bayerisches Kartenspiel

Schåfkopf-rennats Wett-Schaffkopfen

Schåfskäitn Kälteeinbruch i. Juni (wenn die frisch geschorenen Schafe frieren)

Schåfskopf dämlicher Mensch, auch scherzhaft gemeint: Geh, du Schafskopf du!

Schåfszipfe langweiliger, antriebsloser, od. tölpelhafter Mensch: Du bist so a Schafszipfe (kann im Spaß gesagt sein, i. Sinn v. mildernden Umständen)

Schākutjẹe frühere Bezeichnung für Fleischer (frz. Charcutier)

Schālusien 1. Jalousien, 2. Augenlider: Mei, bin i müad, mir foin scho d Schalusien awi!

schāma schämen, s. a. schaama

Schamạ̄serl, al Feuerzeug, das nie funktioniert (v. frz. jamais = nie)

Schāme, Schāmerl, -al Schemel, s. a. Schaame

Schāndi Gendarm (v. d. frz. Aussprache Schādarm)

Schānzerl, -a- 1. angenehmer Posten (v. Altf. Schanz = Würfelwurf, Glücksfall, frz. chance), 2. aufgedrängte Aufgabe od. ehrenamtliche Tätigkeit: Da hams mar a scheens Schanzerl zuagwiesn (ironisch als »angenehmer Posten« bezeichnet

Schapfer, -a gr. Schöpflöffel od. Schöpfkelle

Schār Schere, s. a. Schaar

Schāriwāri s. Charivari

Scharm Charme

Schārnitzl n Tüte (v. ital. scarmuzzo, vermutl. nicht m. Stranitzn verwandt, s. d.)

Scharrer, -a Scharreisen z. Entfernen v. Back- u. Bratrückständen aus Pfannen u. Töpfen

Scharrinn Dachrinne

Schārtekn 1. Scharteke = altes Buch (d. früher als wenig wert angesehen wurde), 2. altes od. älteres, etw. skurriles Weib

Schãsn	Chance
schãssn	aus d. Stellung »rausschmeißen« (v. frz. chasser = jagen)
Schātuin	1. Schatulle, 2. alte Schachtel i. etw. gehobenem Sinn (sozus. m. höherem Inhalt)
schātzn	schätzen
schaua	nb wie schaugn
Schaub	nb Büschel: a Schaub Strou
schauern, -an	hageln
schaufen, Schaufe	1. schaufeln, Schaufel, 2. gierig große Eßportionen »einschaufeln«
schaugn, -ng	1. schauen, 2. (sich) umsehen nach: Sepp, jetzt werds Zeit, daß d da um a Frau schaugst
schea	nb schön
Scheaß	Mehrzahl v. Schoaß, s. d.
scheaßln	s. schoaßln
schēbs	schief (v. Altf. schibs = nach d. Quere bzw. v. jidd. schibes gehn = verlorengehen
Schēbs m	schwaches Bier (z. Ernte getrunken)
schēbsn	1. schnell gehen od. laufen, s. a. schiabn, 2. Bäume entrinden (v. schaben)
Schĕck f, m	geflecktes Rind od. Pferd
sched	nb nur, bloß: Ois hab i, sched koa Göid!
schẽe	1. schön, 2. soviel wie gründlich, sehr, in Verbindungen wie: Da hab i mi schee blamiert; der hat mi schee dalogn; da bn i schee in Drek neigfoin, s. a. sauber
Schēf	Chef
scheffen	scheffeln: Der scheffet s Goid
Schẽi	Schein

schei	scheu
Scheibn, -eim	1. Scheibe, 2. breiter Hintern: Dee hat a Scheibn!
scheibn, -eim	schieben (nur v. Kegeln): Heit hab i wieder guat gschiebn
Scheich	Jargonwort für Liebhaber, männlichen Begleiter
scheicha	1. scheuern, 2. scheuchen
Scheicha	Scheuche (meist Vogelscheuche)
Scheiferl, -al	kl. Schaufel, beim Reh das Schulterstück
schẽiheili	scheinheilig
Scheim, scheim	s. Scheibn u. scheibn
schẽima	schäumen
schein	scheuen
scheiß	i. d. Verbindung: Scheiß da nix! = kümmere dich nicht!
Scheißdrek	1. derselbige, 2. Ersatzwort f. »gar nichts«: Dees geht di an Sch. o!
Scheißer	meist mit kl. verbunden: O mei, du kloaner Scheißer! (freundlich gemeint); seltener als Feigling gemeint: Schisser, s. d.
Scheißerl, -al	kleines Wesen: Du kloans Scheißerl!
scheißfreindli	auf heuchlerische Art freundlich z. jemand, den man eigentlich nicht mag
Scheißglump	kaum funktionierendes Gerät od. Apparat, schlechtes Arbeitsmaterial
Scheißheisl	im Freien stehendes Holzhäuschen m. Plumpsklo; Abort überhaupt
Scheißkerl	Feigling, Hundsfott
scheißli	scheußlich

Scheißn	d Scheißn: Durchfall
Scheiterzeiln, -zein	nb gehacktes Holz in Reihen (Zeilen) geschichtet
Scheitl	Scheit
scheitlknian	frühere Strafe f. Kinder: auf Holzscheit knien
scheniern	genieren, stören: I schenier mi direkt; die Musi scheniert mi net
Schenierstmi	Schamgefühl, Scheu vor unangenehmem Auffallen
Schenk	Schenke
schenka	ersparen, gern darauf verzichten: Den Fuim konnst da schenka!
Schēps	s. Schebs
Scher m	Maulwurf
Scherbn, -rm	1. Scherbe, Scherben, 2. irdener Topf, 3. schlampiges oder leicht verwüstetes Weib
scherfen	nb d. Fuß nachschleifen
Scherhaufa	Maulwurfshaufen
Schermaus	Maulwurf
Scherzl	Anschnittstück des Brotlaibs bzw. Reststück
Schēwal	Kinderschepper
schēwan	scheppern
Schēwan f	unliebsames Weib, wortreich: a oide Schewan
Schēwaskistn	»scheppernde Kiste«: altes, wackliges Auto
Schiaber, -a	1. Schieber: einer, der Schiebungen macht, 2. einfacher Paartanz (bloß »geschoben«)

schiabn, -iam 1. schieben, 2. schnell gehen bis laufen: Was schiabst denn so? 3. illegale Geschäfte machen, 4. eine längere Liebesverbindung haben: Da Hans schiabt mit da Resi

schiach häßlich (v. Altf. schieh = scheu: der Häßliche ist scheu und scheucht zugleich)

schiagln schielen

schiali häßlich (Ableitung v. schielen)

schiam s. schiabn

Schiaßats Schießerei, aber auch Preisschießen

Schiaßgummi die kl. Haltegummiringe, die Kinder als kl. Schleuder f. Papiergeschoß verwendeten od. noch verwenden

schiaßn schießen; du bist zum Schiaßn: Du bringst einen so z. Lachen, daß man »schiaßn« (vermutl. hinten hinaus) muß

Schiaßprügl Schießprügel, Gewehr

schicka schicken, beeilen: schick di!

Schickerịa neuartiger Ausdruck für »schicke Gesellschaft«, Hautevolee

Schicks, Schicksn lockeres Mädchen; d. Wort wird aber auch ohne diesen Beiklang, wenn auch etw. abfällig gebraucht: Sei Schicks hat a dabeighabt (die Juden nannten das Christenmädchen Schicksl, die Christen das Judenmädchen; v. Hebräisch schekez = verabscheuungswürdig)

Schiefer Holzsplitter (vermutl. hat das Gestein Schiefer den Namen davon, daß es schiefert, splittert); an Schiefer eiziagn: einen Faux pas begehen

Schienboa Schienbein

Schieß, Schiß Angst (hat m. i. d. Hose scheißen zu tun): Du hast ja Schieß!

schiffa 1. soviel wie bisln, s. d., 2. stark regnen

schifferlfahrn eine Kahnfahrt machen

schiiln schütteln

schiin schütten

Schilä n Weste (v. frz. Gilet)

schimmen schimmeln

Schimme Schimmel (sowohl das Pferd als der Schimmelpilz)

schịnägln schuften (Schinagl od. Schinaglin war ein Knecht oder eine Magd, die zu allen Arbeiten verwendet bzw. ausgenützt wurden. Viell. verwandt m. Schienagel, den man mit dem Schinhammer in die Radschienen einschlug)

Schinderskarrn früher Henkerskarren, heute Schimpfname für ein schlechtes oder störrisches Auto

Schindln f kl. Holzplatten z. Dachabdecken (lat. scindulae), bildl.: Ḋ Schindln san am Dach = die Kinder (od. andere Lauscher) hören mit

Schindluader Schindluader mit einem treiben: einen wie ein dem Henker übergebenes schlechtes Weib behandeln: mit ihm machen, was man will

schiniern genieren, s. a. scheniern

Schinierstmi m Schamgefühl: Hast denn gar koan Schinierstmi?

Schinkn 1. sehr großes Ölgemälde von weniger großem Wert, 2. dickes, schweres Buch

Schiß Angst, s. a. Schieß

Schisser Angsthase, s. Schiß

Schlachtfest	festlicher Genuß d. frischen Schlachtfleisches u. d. Blut- und Leberwürste
Schlacht-schüssl	Mischspeise, schlachtfrisch: Leberwurst, Blutwurst, Stück gekochtes Schweinefleisch, Sauerkraut
Schlåf, schlaffa	Schlaf, schlafen
Schlafzimmer-augn	halbgeschlossene Augen eines weibl. Wesens, die auf Beischlafbereitschaft hinzudeuten scheinen
Schlåfzipfe	schläfriger Mensch, der nicht aus dem Bett kommt (weil ihn d. Bettzipfel nicht ausläßt)
Schlåg	1. i. S. v. genau: Schlag zwöife is a kemma, 2. Trumpfkarte beim Tarocken etc., 3. Gehirnschlag, auch Herzinfarkt (früher kaum unterschieden)
Schlāgerl	kleiner Schlaganfall
Schlågrāhm	Sahne (geschlagener Rahm)
Schlāmāssl	Unglück, Misere, aussichtslos scheinende Lage (jiddisch schlimasl od. schlemasl, v. hebr. schelo-masal = Unglück, s. a. Maßl)
Schlampn, Schlambampn	1. vernachlässigtes, 2. liederliches Weib
schlāngln	schlängeln
Schlānkl	Spitzbub, durchtriebener Kerl (muß kein böser sein; v. schlenkern)
Schlāpfn	s. Schlarpfn
Schlāppschua	Pantoffel
Schlapp-schwanz	müder, antriebsloser, unkouragierter Mensch
schlārfn	schlürfend gehen
Schlārpfn m	abgetretene Schuhe, weite Pantoffel

Schlatterohrn	große abstehende Ohren, die sozus. schlottern
Schlauberger	schlauer, pfiffiger Kerl
Schlauch, schlaucha	Strapazen: Dees war a Schlauch bzw. hat uns gschlaucht
Schlaucherl, -al	kl. Schlauberger bzw. -meier
Schlauderaff	nichtsnutziger, alberner Mensch (v. Schlaraff)
Schlaumeier	1. pfiffiger, listiger Mensch; auch ironisch von einfältigem Menschen gesagt: Du bist ma so a Schlaumeier! 2. Besserwisser
schlauna	nb s. schleina
Schlāwāck	Bezeichnung f. einen durchtriebenen Menschen (v. Slowake, aus früherer nationalistischer Geringschätzung d. Balkanvölker erklärbar)
Schlāwiner, -a	wie Schlawack, aber auch scherzhaft gebraucht, z. T. m. leichter Bewunderung: Du Schlawiner du!
Schlāwuzi	fast schon positive Variation v. Schlawiner. Schlawuzi kann man nur lächelnd sagen
Schleg	Schläge: Da Bua hat Schleg kriagt
Schleich	1. Schläuche, 2. alte Schuhe, 3. Fußballschuhe
schleicha	verschwinden: Schleich di!
schleidern, -an	schleudern
Schleidern	Schleuder (s. auch Drekschleidern)
Schleiferl, -al	in Doppelschleife bindbare Krawatte (Schmetterlingsform)
Schleimscheißer	devoter Schönredner, schmieriger Liebkindmacher

schleina	(sich) »schleunen«, beeilen: schlein di!
schleinigst	schleunigst
Schlenkerer	kl. Umweg b. Spaziergang
schlenkln	1. schlenkern, 2. d. Dienst wechseln (am Bauernhof)
Schlenkltåg	Maria Lichtmeß, Tag des Dienstbotenwechsels (v. schlenkern i. S. von hin- und herbewegen)
schlensn	s. schlenzn
Schlenz	Faulenzer
Schlenzer	von d. Bahn oder v. Weg abweichender plötzlicher kl. Schwung: Da hab i an Schlenzer gmacht
schlenzn	schwenken, lässig schleudern, aber auch schlendern: leicht wiegend gehen
schliafa	1. schlüpfen, schliefen, 2. kriecherisch, liebedienerisch sein
Schliafer, -a	Kriecher, Speichellecker
schliaßn	schließen
Schliaßn	Gürtelspange
schlicka	nb schlucken
Schliffe	junger Spund, von älteren als etwas unnütz u. unhöflich betrachtet
Schliin	Schlitten
Schlips	1. Schal, 2. in Verbindung mit »junger« ein unreifer Mensch: Was wui denn der junge Schlips?
schlittnfahrn	mit einem willkürlich umgehen, ihn herumrutschen lassen: Moanst, du konnst mit mir schlittnfahrn?
schlitzaugad, schliz-	schlitzäugig

Schliz	Schlitz
schloacha	nb schleichen
schloafa, Schloafa	schleifen, Schleife
Schloafstoa	Schleifstein
Schloapfa	wie Schleife
schlodern, -an	schlottern
Schlößl	kl. Schloß
schlõffa	nb schlafen
schloifa	nb schleifen
Schloßhund	Kettenhund (am Schloß festgehalten): Er hat gheilt (geheult) wiar a Schloßhund
Schlossn	Hagelkörner
schluadern, -an	schlampig arbeiten
schluckln	in kl. Schlückchen trinken
schlupfa	schlüpfen, auch i. Sinn v. die Biwerl schlupfa (die Küken schlüpfen aus)
Schlupferl, -al	kl. Schlupfloch
schmäier	schmäler
Schmai	Schnupftabak, s. Schmaizler
Schmäizler, -a	Schnupftabak (d. pulverisierte Tabak wird m. etw. Schmalz vermengt)
Schmãnkerl, -al	Leckerbissen
Schmarrn m	1. Mehlspeise aus Pfannkuchen-, Semmel- oder Kartoffelteig, der während des Bakkens zerhackt wird, 2. Durcheinandergerede, Unsinn: So ein Schmarrn!
Schmarrer	Unsinnverzapfer
Schmarrnkü-we, -kiwe	einer, der viel »Schmarrn«, Unsinn redet

Schmätz Kuß (mit Geräusch)

schmätzn Eßgeräusche von sich geben

schmecka riechen: Den konn i net schmecka (den kann ich nicht leiden)

schmecks! »riech's doch!« Bring es doch selber raus!

Schmei s. Schmai

schmeißn 1. werfen, 2. etw. allein souverän bewältigen: Da Meier hat dees prima gschmissn! 3. Ein Unternehmen, insb. eine Theatervorstellung ruinieren: Da Klabuske hat d Vorstellung gschmissn)

Schmerbauch angefressener Bauch (v. Altf. Fett, verw. mit schmieren)

Schmerzn m der Schmerzn: kl. od. gr. auf der Seele liegendes Anliegen, d. man dem anderen mitteilt i. d. Hoffnung, Abhilfe zu finden: Woaßt, i hätt da an Schmerzn!

Schmierąsch 1. schmieriges Zeug, 2. sehr schlechte Handschrift (»Geschmier«)

schmiern 1. mit Geld od. sonstigem nachhelfen, daß mir jemand hilft bzw. nicht schadet (mit »Schmiere« läuft der Wagen besser), 2. (einem) eine Ohrfeige versetzen: I hab eam oane gschmiert!

Schmieserl, -al Schleifchen (»Rest« v. frz. chemise = Hemd)

schmirgln 1. mit Schmirgelpapier glätten, 2. fettig glänzen: Dei Hosn schmirglt ja scho! 3. ranzig riechen (verdorbenes Fett)

Schmiß m 1. Verve, Schwung: Die Musi hat an Schmiß, 2. verheilte, aber immer sichtbare Fechtwunde (früher Stolz v. Studenten u. Exstudenten)

schmöizn schmelzen

schmōi schmal

schmoin schmollen

Schmōirēh Schmalreh, junges weibl. Reh (noch ohne Hirschbesuch)

Schmōiz 1. Schmalz, 2. Kraft i. d. Muskeln: Der hat a Schmoiz!

Schmōizler Schnulze (Film, Theater, Roman)

schmōizn mit Schmalz versehen

Schmōizrüassl verächtlich f. Mund (d. zuviel Fett zu sich nimmt bzw. wie »geschmiert« läuft): Hoit dein Schmoizrüassl! od.: Schmoizrüassl, blaubachaner!

schmotzn nb lächeln

Schmugöid od. Schmu: Geld, das man sich bei einem kl. Handel od. durch Vermittlung verdient (v. hebr. schmuoth = Nachrichten, Gerede); heute allg. kl. »Nebengeld«, d. z. B. die Hausfrau sich zusteckt

Schmus m falsches Schmeichel- od. Lock- od. Beruhigungsgerede

Schmuser Handelsvermittler f. Provision bei Kauf, Heirat etc.

schmusn einander liebkosen (urspr. sprechen, erzählen, unterhalten)

Schnåbe Schnabel, s. a. Schnawe

schnābuliern essen, es sich schmecken lassen (d. Fremdwörtern mit -ieren angeglichen, eigentl. i. d. Schnabel stecken)

Schnack m Schnecke, s. a. Schneck

schnāckerlfidöi schnackal- wohlauf u. lebenslustig (nach Krankheit u. Schwächezustand): I bin wieder schnakkerlfidöi!

Schnāckler, -a	Schluckauf; aber Kniaschnackler, s. d.
schnāckln, -ggln	1. leise knallen, knacken, 2. einschnappen (m. d. typischen »Klickgeräusch«), 3. klappen, z. B. in einer Liebesbeziehung: Bei dene hats gschnacklt! 4. i. Sinn v. endlich kapieren: Jetzt hats gschnacklt!
Schnackn, Schnakn	1. kl. Stechmücke, 2. größere, langbeinige Insekten (die oft an Wänden auf- u. abschweben)
schnācksln	Verkl.-Form v. schnackln
Schnācksn	Possen, ärgerliche Scherze: Mach koane Schnacksn!
Schnåderhüpfe	Neckvers, als Vierzeiler gesungen (kommt kaum v. schnattern, sondern von Schnitterhüpfln, früher nach d. Ernte üblichen Tänzen, mit Stegreifversen u. Liedern)
Schnådern, -an	geschwätziger Mund (wie Gänse schnatternd): Hoit dei Schnadern!
Schnapper, -a	1. schnappender Biß: Da Frosch hat an Schnapper to und d Fliagn ghabt, 2. einer, der sich nicht getraut
Schnapperer, -ara	schnappendes Luftholen (meist das letzte vor Ohnmacht od. Tod): Da hat a no an Schnapperer to und dann wars aus
Schnapsbruader, -a	einer, der dem Schnaps stark u. dauernd huldigt
Schnapser, -a	1. Gefreiter (milit.), 2. Stümper, Nichtskönner, (letztere Bedeutung dürfte auf Beeinträchtigung durch Schnaps zurückzuführen sein)
Schnapsidēē	ausgefallene, aber wertlose Idee (die einem nach zuviel Schnapsgenuß einfallen könnte): So eine Schnapsidee!

schnāpsln	gern Schnaps trinken
Schnapsnåsn	farbschillernde, dickliche Nase (die reichlichen Schnapsgenuß zu verraten scheint)
Schnarre	Ziehharmonika jeder Art (weil d. Ton leicht schnarrend klingt)
Schnauferer, -ara	tiefer Atemzug: Mei, da hab i an Schnauferer to (in diesem Fall der Erleichterung); Er hat no an Schnauferer to …
Schnauferl, -al	1. Leichtmotorrad (das früher beim Absterben des Motors wie schnaufend verzischte), 2. kl. Auto
Schnauzl	langhaariger kl. Hund mit schnauzbartartigen Haaren ums Maul
Schnåwe	Schnabel, s. a. Schnabe
schnåwen	1. schnabeln (mit dem Schnabel klappern), 2. schnäbeln (zärtlich d. Schnabel wetzen), 3. unbekümmert, unkontrolliert daherreden
Schnāxn, Schnācksn	Späße, Unsinnigkeiten (verw. mit Schnickschnack)
Schnĕck m	Schneck: Schnecke, s. a. Schneckn
Schnĕckerl, -al	1. gekräuselte bzw. eingerollte Haare (Natur od. künstlich eingedreht), 2. Kosename: Du, mei liabs Schneckerl!
Schnĕckn f	(die) Schnecke
schnēēbeißln	herwehn v. feinen Hagelkörnchen, die i. Gesicht beißendes Gefühl verursachen
Schnēēbōi, -bōin	1. Schneeball, 2. in Fett herausgebackenes leichtes Teiggebäck, zu einer Art Ballen verschlungen
Schnēēmo	Schneemann
Schnēērāāma	Schneeräumen

Schnēēwerl, -al	leichter Schnee: Draußn im Woid hats a kloans Schneewerl gschniebn
schneibn, schneim	schneien
Schneid, schneidi	die Schneid: Mut, etwas zu riskieren, zuweilen mit Angriffslust gleichgesetzt: Habts a Schneid? (der Schneid ist falsch, weil das Wort v. d. Schneide des Schwerts od. Messers herrührt); schneidi 1. mutig, 2. scharf: Heit waht da Wind schneidi
Schneider	einer, der beim Kartenspiel keinen Stich bekommt, od. eine Fußballmannschaft, die 0:10 od. höher verliert etc.
Schneider-gang	vergeblicher Gang (vermutl. weil man oft umsonst z. Schneider geht u. er noch nicht fertig ist)
Schneider-leih-ma-dei-Scher	beliebtes Kinderspiel (ein Frage- und Laufspiel um Baumplätze)
schneim	schneien, s. a. schneibn
schnein	1. schneiden, 2. (sich) irren: Da werst di aber schnein!
Schneizer, -a	Feigling (vermutl. weil er sich, statt zu handeln od. vorher schneuzt, um Zeit zu gewinnen)
Schneizerl, -al	Schnäuzchen
schneizn	schneuzen
Schneizpfanna	Schneuztuch (das man wie eine Pfanne hinhält)
Schneiztüache	Schneuztuch
Schnēpf m	Schnepfe
Schnēpfa f	1. wie oben, 2. leicht zu habendes Mädchen

Schnepfe n	Schnupftabaksprise: Magst a Schnepfe?
Schniila	nb Schnittlauch
Schniit	Schnitt
schnöi, schnöin	schnell, schnellen
schnōin, Schnōin	1. schnallen (anschnallen), Schnalle (z. B. am Schuh), 2. knallen: Des hat gschnoit!
Schnōin	liederliches Weib
Schnōin-treiber	Zuhälter
Schnōizn	Brotsuppe m. angebräunten Zwiebeln (die beim Anbräunen schnalzen, s. d.)
schnōizn	schnalzen, eine Art knallen, wenn auch nicht so laut (z. B. m. Finger od. Peitsche)
schnorrn	sich durchbetteln, schmarotzen
Schnuatn f	1. Schnute, Maul: Hoit dei Schnuatn (verächtlicher als: Hoit dei Mei!), 2. beleidigte Miene
Schnuckerl, -al, Schnucki	Kosename
Schnürl	feine Schnur
Schnürlregn	Strichregen (der wie v. Himmel fallende Schnüre aussieht) Dauerregen
schnufen, -ffen	schnüffeln, Luft hörbar durch die Nase einziehen
schnufizn	nb wie schnufen
Schnufler, -a	Schnüffler
Schnuier	Schnuller
schnuin	schnullen, lutschen
schnurgln	schnarchähnliches Geräusch, wenn man bei geschlossenem Mund Belag aus d. Bronchien zieht

schnurrn	s. schnorrn
schõ	schon
Schoase	Knirps
Schoaß	1. sich befreiende Darmblähung, 2. Knirps: du kloaner Schoaß!
Schoaßhirn	vorgewölbte Stirn, wie v. innen nach außen gebläht
schoaßln	kleinweises Abgeben von »Scheaß« s. d.
Schoaß-tromme	1. Dauerpfurzer, 2. mehr od. weniger plump wirkendes Weib
Schoat	Scheit
Schoatn	s. Hobeschoatn
Schober, -a	Stadel, z. B. Heuschober
schöich	schief, verbogen
schöichaugad	scheeläugig, s. a. vaschöicht
Schöin	1. Ohrfeige, Maulschelle (die ein der Schelle ähnliches Geräusch macht), 2. Farbe d. Kartenspiels
Schöinkini	Karte Schellenkönig; er hatn übern Schöinkini globt = über alle Maßen gelobt
schöitn	schelten
Schößerl, -al	kl. Rockschöße
schofe, schoflig	schäbig i. Sinn v. geizig, unfair (v. hebr. schafal = niedrig, gering; war aber auch auf schäbige Kleidungsstücke bezogen)
Schõi	Schall
Schõik	1. Schalk (pfiffiger Mensch), 2. Schalk, Ärmelleibchen d. Bäuerinnentracht
Schõin	Schale
schõin	schallen

Schoin	Scholle
schōißn	nb schießen
Schōiter, -a	Schalter
schōitn	schalten, auch bildl.: Er hat net gschōit = er konnte nicht umdenken bzw. der neuen Situation gemäß handeln
Schoklād m	Schokolade
Schōōm	s. Schåbn
schōōm	schaben
schopfa	am Schopf ziehen, zausen
schoppn	stauen, einen Wulst bilden: Meine Strümpf ham si gschoppt. Aber auch: a gschoppte Gans (Stopfgans)
Schorrippn	hinteres Stück der Rippen eines Rinds mit d. anhängenden Fleisch i. Gegensatz z. Zwerchrippn, s. d.
Schōz	Schatz: Du bist mei Schōz
schp	siehe sp
Schrāāgn, -āgn m	1. Holzgestell, aus großen Balken mit vier schräg angebrachten Beinen (z. B. als Sägeauflage), 2. großer Balken überhaupt, 3. lange Beine: Meine Schraagn tean ma weh
Schrāāz, Schrāz	Schratz: im Wachstum zurückgebliebener Mensch, aber auch verächtlicher Ausdruck für Kinder: Am Nachbarn seine Schraazn (wenn sie einen ärgern)
Schrāmmen	Schrammelmusik
Schranna	(Altf.) Getreidemarkt (s. Schrannenplatz in München und anderswo)
Schraufn m	wie Schraum, aber m

schraum **Schraum f**	1. schrauben, Schraube, 2. unhübsches, aber angeberisches Weib (wie hochgedreht)
Schraubndampfer	wuchtiges, gewichtsstarkes Weib
Schreckschraubn	häßliches Weib
schrefen	nb nagen u. dabei rascheln: D Meis schrefen
Schrefern, -an	Späne (abgeschabt, abgesplittert)
Schreiberling	1. (verächtlich) Schreiber, 2. Bleistift od. Federhalter od. Kugelschreiber
Schreiberts, -ats	Schreiben, Schriftstück, Brief
schreibn	»sich schreiben«, heißen (mit Familiennamen): Wie schreibst di du denn?
Schreiferl, -al	kl. Schraube
schreim, Schreim	schreiben, Schreiben, s. a. schreibn
Schriit	Schritt: Koan Schriit geh i zruck!
Schroa	Schrei
Schroamaul	Maulaufreißer, Lautredner
Schrobber, -pper, -a	kurzborstiger Besen zum Bodenscheuern (z. Schrubben), s. a. Schrubber
schröpfa	1. zur Ader lassen, 2. (einem) viel Geld od. Gut abnehmen: Der hat mi gschröpft!
Schrubber	s. Schrobber
Schruin	1. Schrullen, absonderliche Einfälle u. Launen, 2. schrulliges Weib
scht-	siehe st-
Schua	Schule: Bua, muaßt heit a d Schua? (a = in)
Schua	Schuhe

Schuabändl Schuhband, -litze, Schnürsenkel

Schuach wie Schua: Ziag d Schuach o, Hiasl!

Schuaplättler 1. bayer. Männertanz, durch rhythmisches Klatschen auf Schuhsohlen und lederbehoste Schenkel bekannt, 2. einer, der schuaplattlt

schuaplättln den Schuaplattler tanzen

schuarigln schurigeln, schikanieren (vermutl. v. Altf. schurgeln = schieben, stoßen, wie man z. B. Mist zusammenschiebt)

Schuasoin Schuhsohle

Schuaster, -a 1. Schuster (Handwerker), 2. Stümper: So a Schuaster! 3. unsteter, rastlos den Ort wechselnder Mensch (urspr. der Ewige Jude, der nirgends Heimat hat): Der hat an gehadn (immer gehenden) Schuaster! 4. Menstruation (hängt m. d. alten Ausdruck zusammen: in d Schua kemma. Die Mädchen sollten in diesen Tagen nicht barfuß gehn, sie brauchten daher den Schuster): Sie hat an Schuaster

Schuasterbua Schusterjunge (Heit regnts Schuasterbuam = heute regnet es sehr stark, große Tropfen, vermutl. Schusternägel gemeint)

Schuasterlapp abfälliges Wort f. Schusterjunge (der lammbrav alles tun mußte, was d. Meister befahl)

schuastern, -an herumpfuschen: Was schuasterst denn oiwei rum?

Schuasternagerl kl. Enzianart, auch bayer. Enzian genannt (ähnelt kl. Nelke) s. Nagerl

Schuazeig Schuhe, i. d. Regel f. einen bestimmten Zweck: zum Bergsteigen hab i koa gscheits Schuazeig!

Schuber, -a	kl. Schublade, einschiebbarer Behälter (z. B. Aschenschuber v. Öfen)
schubsn, Schubs	einen plötzlichen Schub versetzen, den Schubs
Schucksn	1. längliche Schmalznudel aus Roggenmehl, 2. etwas fahrige, ungestüme Weibsperson
Schüppe	1. Büschel: Wia da Schimme tot is gwen, hams eam an Schüppe Hei vorgebn, 2. Haarschopf: I habn beim Schüppe packt
Schürhākl	Schürhaken
Schüsserl, -al	Schuß (verharmlost) od. nur kl. Schuß
Schütt f	angeschwemmtes od. sonst aufgeschüttetes Erdreich
schuftn	schwer arbeiten
Schui	Schule
Schuibua, -mādl	Schuljunge, -mädchen
Schuid, Schuidl	Schild, Schildchen
Schuid, schuidi, -ig	Schuld, schuldig, s. a. zschuid
Schuidiblei-ber, -a	»Schuldigbleiber«, einer, der seine Schulden nicht begleicht
Schuidn	Schulden
Schuifreilein	Lehrerin: Unser Schuifreilein is a nette!
Schuimoaster, -a, schuimoa-stern, -an	Schulmeister, schulmeistern: I laß mi doch von dir net schuimoastern!
Schuisach	Schulbücher, -hefte u. Schreibzeug zusammen
schuischwānzn	die Schule schwänzen

Schuisōi	Schulsaal
schuißn	nb (Bayer. Wald) schießen
schuit	(er) schilt
Schuiter, -a	Schulter
Schuizeig	s. Schuisach
schundi, -ig	1. zu Schund geworden: abgenützt, v. schlechter Qualität, 2. minderwertig, 3. infam unfair, schändlich
Schundnickl	einer, der um jedes bißchen Geld schindet; gibt für Ware Schundpreise
schupfa	schubsen, einen Stoß geben (nicht zu fest)
Schupf f, Schupfa m	Schuppen: D Schneeschaufe is in da Hoizschupf drin
Schur	1. Schafschur, 2. Ertrag einer Wiesenmahd od. auch eines Waldschlags, 3. Gänseherde, z. Verkauf getrieben
schu̯rigln	s. schuarigln
Schusser, schussern, -an	Murmel, Murmel spielen
Schusseraugn	kl. kugelige Augen
Schuß	kl. Menge einer flüssigen Zutat: Tua no an Schuß Essig nei!
Schutzfrau	Schutzpatronin: Maria, Schutzfrau Bayerns
Schutzmo	Schutzmann, Polizist im Alltagsdienst (kein Kriminaler)
schutzn	leicht hin- u. her- bzw. hin- oder her-, oder auch auf- u. abwerfen: Geh, schutz ma an Ziagl her! D Muatter schutzt s Kinderl
schwāār	1. schwer, 2. sehr stark: Da hast di schwaar teischt!
Schwåb	Schwabe
Schwåbn	s. Schabn

schwābben	1. schwappen bzw. Verkleinerungsform schwappeln, 2. saufen (weil Bier od. Wein sowohl im Glas als im Bauch schwappen)
schwäben, -wen	schwäbeln: schwäbisch sprechen bzw. auch beim Hd-Sprechen den schwäbischen Mundartton erkennen lassen (wie z. B. Theodor Heuss)
schwärzn, Schwärzer, -a	schmuggeln, Schmuggler (etw. schwarz über die Grenze bringen, kommt wahrscheinl. von den geschwärzten Gesichtern der Schmuggler … heute nicht mehr der Brauch)
schwafen	schwafeln, nichtssagendes Zeug sprechen
Schwammerl, -al	1. Pilz, -ze: I geh in d Schwammerl, 2. weiche Knie: I hab Schwammerl in de Knia, s. a. Kniaschwammerl, 3. kl. etwas pummeliger Mensch
Schwāmmerling	einzelner, beachtlich großer Pilz
Schwammerlsuppn	suppiges Pilzgericht
Schwammerlwōid	pilzreicher Wald
schwānzln	schwänzeln, s. gschwanzi
schwānzn	schwänzen, d. Schule od. Arbeit ohne triftigen Grund fernbleiben
schwāppen	s. schwabben
Schwārtling	1 schweres Brett, noch berindet vom ersten Baumschnitt, 2. Skier (die früher noch schwerer waren)
Schwartn	Schwarte, dicke Fetthaut: Mei Liaber, du hast so a Speckschwartn!

Schwartn-mågn	schwarzer Preßsack, s. d.
schwarz	1. illegal ge- od. verkauft: Dees hab i schwarz kriagt! 2. s. Schwarzer
Schwarzer, -a	1. Neger, 2. leicht abschätziges Wort f. Anhänger einer klerikal verbundenen od. im weiteren Sinn christlich zu nennenden Partei (v. schwarzem Priesterkleid)
Schwātz	Plausch, vergnügliches Alltagsgespräch
schwātzn	1. wenig sinnvolles Zeug reden, 2. ausplaudern: Hast gschwatzt, du Schuft?
Schwed	i. Form v. oider Schwed, alter Schwed: soviel wie alter Kumpel, ehrlicher alter Kerl (womit aber nicht die Schweden des 30jährigen Krieges gemeint sind, sondern im 18. Jh. ein alter Mann gemeint war, der noch zu der Schwedenzeit gelebt hat)
schweem	schweben
Schwefe	1. Schwefel, 2. verworrenes, nebuloses Gerede: Red doch koan Schwefe!
schwefegöib	schwefelgelb
Schweiberl, -wal	Schwalbe: Du schaugst wiar a Schweiberl (unschuldig, naiv überrascht)
Schweiners, -as, -ans	Schweinefleisch: Zwoa Pfund Schweiners, bittschön!
Schweinigl	1. sich unbekümmert schmutzig machender bub od. Mann, 2. zotig redender Mensch (v. Schwein-Nickl; Nickl = kl. Kerl, Kerl überhaupt, s. d.)
Schweinsblåsn	Schweineblase
Schweins-bråtn, -brōōn	Schweinebraten (im Bayer. nur mit s)

Schweinseigerl -al	»Schweineäuglein«: sehr kleine Augen
Schweinshäxn	Haxe v. Schwein
Schweinskerl	wie Saukerl
Schweinskopf	1. gedunsener Kopf m. etw. kl. Augen, 2. Schimpfname wie Schweinskerl
Schweinswürschtl	Bratwürstel aus Schweinebrat
Schweinswürschtlfinger, -a	längliche, etwas knorpelige Finger, die an Schweinswürschtl (s. d.) erinnern, s. a. Bratwürschtlfinger
Schweiwal	s. Schweiberl
Schweizer	Melker, m. d. Milchwirtschaft Betrauter (wie viele i. d. Schweiz)
Schwemm	1. Wasserstelle i. Bach od. Teich, wo d. Pferde »baden«, 2. gr. einfacher Gastraum einer Bierwirtschaft, wo die Trinkfreudigen sitzen, im Gegensatz z. d. vornehmen Räumen d. Hauses (s. Hofbräuhaus München)
Schwengl	1. Glockenklöppel, 2. langer, ungeschickter od. wenig nützer Kerl
Schwiegamuada	Schwiegermutter
Schwiiz, Schwiz	Schweiß
schwinga	(sich) davonmachen: Schwing di!
Schwingerl	nb »eine Schwinge voll«, viel, eine Menge: a Schwingerl voi Glück
schwirzn	s. schwärzn
Schwitzkastn	Rauf- bzw. Ringgriff: Kopf u. Hals des Gegners stecken fest im Klammerarm des anderen

schwitzln	schweißig sein, nach Schweiß riechen, s. a. schwoaßln
Schwoaf	Schweif
Schwoager, -a, -in	Senn, Sennerin
schwoam	1. schwemmen: Schwoam mas awi! (die leidige Angelegenheit), 2. si net schwoam lassn: großzügig sein, sich nicht durch Knausern eine Blöße geben: Da laß ma uns net schwoam!
schwoarz	nb schwarz
Schwoaß	1. Schweiß, 2. Blut v. Jagdtieren
schwoaßln	s. schwitzln
schwoaßn	1. schweißen, 2. Blut verlieren (bei Jagdtieren)
Schwoaßsand	Schweißsand
schwöign, -ng	schwelgen
schwöin	schwellen
Schwöin	Schwelle
Schwōibn, -ōim	Schwalbe: Auf da Oim sitzt a Schwoim
Schwoleschẹe	Soldat, -en d. leichten Kavallerie (frz. cheveaux legers = leichte Pferde)
schwui	schwül
schwuit	schwillt (v. schwöin, s. d.)
Schwulitätn	Schwierigkeiten, die einen i. Verlegenheit bringen (vermutl. v. Schwüle, die drückt, schwer atmen läßt; nicht v. schwul = homosexuell. Od. besteht Zusammenhang m. jidd. schwuje = Schwur, der einen in Verlegenheit bringt?)

Schwumm	kl. Schwimmunternehmung: Jetzt hab i an Schwumm gmacht
schwummli	schwummelig, benommen (vermutl. weil es einem vor den Augen schwimmt)
seachen	nach Soach = Urin riechen, s. a. soachln
sechaner, -a, sechane, sechans	solcher, solche, solches: a sechaner Hanswurscht!
sēchat	sähe: Den wenn i sechat!
secher	(der, die) solche, derjenige, diejenige: Da secher hat gsagt
secherne, -ana	solche: Secherne Deppn!
sechterne, -ana	wie solche
Sēchter	Melkbottich
sechzea	sechzehn
sēckiern	quälend belästigen (lat. secare = zerschneiden, verwunden)
Seckl	einfältiger, langweiliger Mensch (v. Sack)
seelfromm	sehr gutwillig, sanft v. Gemüt (auch v. Tieren): unser Stier is seelfromm
Seelnamt	große Seelenmesse
Sēftl	alberner od. sonst nicht ernstzunehmender Mensch (v. »Saftler«?)
Segns Gott!	Gott segne es! Erwiderung auf Gelts Gott!
sēhg	nb sehe: I sehgs scho …
sehgn, segn	sehen, s. sehg, siehg, siech
sehgat	sähe: I sehgats ja gern, aber …, s. a. sechat
sehgns!	Sehen Sie!
Sei	Säue

sẽi!	1. sein (v. ist), 2. sein (Fürwort): Am Hans sei Haus werd net vui wert sei; auch: da Kathi sei Gwand is schee!
seibriger, -a	sauberer (»säubriger«)
Seich m	seichtes, albernes Geschwätz (v. seichen): Red doch koan so an Seich! (nicht Soach)
Seicher, -a	Seiher
Seidl	Bierkrug f. ½ Liter
Seigling	Säugling
sẽim, sẽin	seinem: Er pfeift seim Hund; er mag sein Bruader; aber auch (Bequemform): Er hat sein Vogl a Wasser gebn
Seitn-schwumm	Schwimmen in seitlicher Lage
Seitnstecha	seitlicher Schmerz nach Anstrengung, z. B. beim Laufen
Sēkthāscherl, -al	Ballflirt (weibl.)
sēll	dasselbige: Sell is wahr, daß …
seller, -a	derjenige, diejenige (selbiger): seller, der den greana Huat aufghabt hat
sēlm	nb selber: Er hat selm gsagt …, s. a. söim
Semme	Semmel (lat. simila = Weizenmehl)
Senft	Senf
sēng	sehen, s. sehgn
Sengst	nb Sense
Senn, Sennerin	Almbewirtschafter, -in
Senterling, -aling	großes Stück Geräuchertes, wie es aus dem Rauchkamin kommt, s. a. Rankert
Sentling	wie Senterling
Servas!	Servus! (lat. servus = Diener)

si	sich
Siach	dämlicher Mensch bzw. Schimpfwort f. einen f. dämlich Gehaltenen (v. siech)
siadhoaß	siedheiß
siadn, sian	sieden
siag, siahg	sehe
siaß	süß, s. a. süaß
siaße Fliagn	s. süaße Fliagn
Siaßer, -a	Süßer, s. a. Süaßer
Sidåt	Soldat, s. Soidat
siebazg, -wazg	siebzig
siebngscheit, siem-	neunmalklug, wichtigtuerisch
siebzea	siebzehn
siech, siechst	sehe, siehst
siehg, siehgst	sehe, siehst
siem, Siemer, -a	sieben, Siebener
sieri, siri	1. nässelnd wund, 2. gereizt, empfindlich, 3. begierig: I bin ganz sieri danach (es reibt mich sozusagen auf; v. sehr = wund)
siewazg	s. siebazg
siezn	zu jemand Sie sagen
Siiz	Sitz
Sịmāndl	ungeschickter, tölpelhafter Mensch (Verballhornung d. Namen Simon)
Simmerl, -al	naiver, leicht beschränkter Mensch (v. Simon) aber: Plattnsimmerl, s. d.
Sind	Sünde
sindteier, -a	s. sündteier
Singats	Singtreffen, Meeting v. Liedermachern

Singerl, -al	Küken (v. ihrem »Piepssingen«)
Sinnierer, -a	Grübler
sinnierad	zum Sinnieren geneigt, nachdenklich
sinscht, sinst	sonst
siri	wie sieri
sischt	sonst, s. a. sinscht
Sitzabort	Abortkabine
Sitzader, -a	1. Mensch, der nicht v. Sitz aufsteht, Hockenbleiber, 2. d. Hintern, der a. d. Stuhl bleibt: Der hat koan Sitzadn (er ist immer unterwegs bzw. kann aus Nervosität nicht ruhig sitzen)
sitzn habn	einen »sitzen haben«: einen Rausch haben
sitzn	setzen: Mir sitzn uns zamm; sitzts eich hi!
Sitzwei, -weil	gesell. Zusammensein
so	sowieso: I hab mas so scho denkt
Soach	Urin
soacha	seichen, pissen
soachln	s. seachen
soachnåß	durchnäßt (wie an- bzw. vollgeseicht)
Soachrinna	Pißrinne im Pissoir
soachwarm	lauwarm wie frisch gelassener Urin
Soachwetter, -weda	anhaltendes Regenwetter
Soad	1. Absud, 2. fades, leeres Gerede (wie ein schlechter Absud)
Soafa	1. Seife, 2. dubiose od. auch nur eingeschworene Gesellschaft (wie ein Seifengemisch bzw. eine Lauge). Mir san so a Soafa gwen!

soafa	seifen, s. a. eisoafa
Soafasiader, -a	Seifensieder
Soatn	Saite
Socka	1. Socke, -en, 2. langweiliger Kerl (viell. v. schlapp hängenden Socken; od. aber v. hebr. soqen = alter Mann)
sodālā	so, das wär's
Sōg	s. Sāāg
Söi	Seele
söiber, -wa	selber
söibergmacht	selbst hergestellt, hausgemacht: a söiber-gmachter Leberkaas
söibiger, -a	derselbe, derjenige: Söibiger hat gsagt
söibigsmōi	damals, bei jener Gelegenheit
söicha	selchen, räuchern
söim	selbst, selber i. Sinn v.: I bin söim kemma!
söimoi	damals (selbiges Mal)
Söinamt	s. Seelnamt
söitn	selten
söller	nb s. seller
sötterner, -a, -ne	nb solcher, -e: a sötterne Gsöischaft!
soi	soll
soiat	sollte, s. a. soit
Sōibader, -a	1. Salbader, Quacksalber, 2. langweiliger Schwätzer
soiche, soichane	solche
Soierer	Altane um d. obere Stockwerk d. Bauernhauses (v. Soler, Söller)

Soid	Sold
Soidåt, -ōt	Soldat
sōifern, -an	1. beim Sprechen Speichel sprühen, 2. schnell und unverständlich bzw. sinnleer sprechen
Sōim, sōim	Salbe, salben
soin	sollen
Soin, soin	Sohle, sohlen
soine	wie solche: soine Hirschn!
sois	soll es: In Huglfing sois brennt ham
soit	sollte, s. a. soiat
Sōiz, sōizn	Salz, salzen
Sōizbüchsl	Salzstreuer, auch für große runde Augen gebraucht, an frühere Doppelschälchen erinnernd: Der hat Augn wia Soizbüchsl
Sōizlēttn	Salzstäbchen aus Brezenteig (Knabberzeug)
Sōiznēger, -a	Scherzschimpfwort, mit d. man einem bedeuten will, daß er »hintendran« ist: Was wuistn du, du Soizneger! (wieso Soiz- ist unausmachbar)
Sōizstängerl, -al	Salzstange (wie Salzsemmel, nur lang)
Sōk	1. Sack, 2. Hosentasche: I hab no a paar Zehnerl im Sok
Sōktüache	Taschentuch, s. a. Sacktüache
solala, sosolala	nicht gut nicht schlecht: Mir gehts sosolala
Sōlōt	Salat
Sommermirln	Sommersprossen (viell. m. Mohr verwandt)
sōng	sagen
Sonntågsgurgl	s. Feiertagsgurgl

Sōōg	Säge, s. a. Sag
Soß	1. Soße, 2. i. d. Verbindung fade Soß = griesgrämiges od. schwungloses Weib: So a fade Soß!
sovui	1. soviel, 2. so sehr: Dees Buidl is sovui schee!
Sozi	Sozialdemokrat (d. Wort wurde v. allem früher gebraucht)
Spã	Späne, v. allem z. Feuermachen
spāāt	spät
spachtln	schnell viel Essen vertilgen (als ob man es mit der Spachtel nachschieben würde): Mei, jetzt hab i gspachtlt!
Spågåt m	Schnur, vom Knäuel abzuwickeln (ital. spago = Bindfaden, verwandt: Spaghetti)
Spālier n	1. Ehrengasse, Ehrenfront, 2. Gitterwerk am Haus: Spalierobst
Spāngler, -a	Spengler, Klempner
spanna	merken, etwas durch Daraufgespanntsein bemerken, es plötzlich einsehen: Hast as gspannt, daß a di ausschmiert?
Spanner	heimlicher Beobachter, Lurer
Spārifānkerl	verharmlosender Name für Teufel (v. ital. spada = Schwert, Degen bzw. Haudegen. Ursprünglich spadifankerl = Pique Bube im Kartenspiel. Wird zu böser Bube bzw. zu Teufel)
Spāß	Stimmung, Laune: Heit hab i koan Spaß dazua.
Spāssēttln	Spaßereien, nicht immer harmlos: Mach koane Spassettln!
spāssi, -ig	komisch, nicht ganz geheuer: Dees kimmt ma spassi vor

Spåz	1. Spatz, 2. kl. Kerl, 3. Kosename
Spåzerl, -al, Spåzl	kl. Spatz, als Kosename gebräuchlich
Spåznwādl	sehr dünne Beine bzw. Waden
speanzln	liebäugeln (v. lat. sponsus = verlobt: einen oder eine betrachten, als ob er bzw. sie zur Verlobung in Frage käme. S. auch Gspusi)
spēchtn	spähen
speckert, -at	speckig
Spedākl	Spektakel
Speibats	Ausgespucktes, Erbrochenes
Speibe m	Spucke
Speiberling m	Spucke
speibn, speim	1. speien, spucken, 2. erbrechen
Speis	Speisekammer
Speisgitter	(früher) Kommunionbank, die den Hochaltar gitterartig vom Raum der Gläubigen trennte
Speiskartn	Speisenkarte
Speißl m	Span, Splitter (v. Altf. Spiß = Spitze)
Spekschwartn	1. mit Fett unterlegte Schweinehaut, 2. hervorquellende Fettstellen, z. B. Fettringe am Körper: Schaug dem sei Spekschwartn o!
Spektịvi	Fernrohr (v. lat. spectare = schauen)
Spekuliereisn	Brille (früher blechgefaßt)
Spencer, Spenzer	kurzes Trachtenjäckchen, eng anliegend (nach seinem Erfinder, Lord Spencer – 1782/1845 – benannt)
Spendierhosn	Ausdruck f. Spenderlaune: Heit hast aber d Spendierhosn o!
Spenl	s. Sperl

sper	1. trocken: a spers Holz, 2. dürr, auch v. Gestalt
Sperenzln	Späße, Narreteien, Extravaganzen (v. Altf. Speranzl = Liebling, ital. speranza = Hoffnung. Der hoffnungsvolle Liebling wird so z. Kapriolenmacher)
Sperl n	Stecknadel
Spēzereiwarenhandlung	Lebensmittelhandlung (insbes. m. Gewürzen)
Spēzi	1. Freund, guter Kamerad (eigentl. »spezieller Freund«; aber die Freundschaft muß nicht immer in die Tiefe gehen), 2. Mischgetränk v. Coca u. Limonade (entw. weil es ein Spezialgetränk ist od. weil es, angenehm u. harmlos, Speziqualitäten hat?)
Spiagl	1. Spiegel, 2. abgewetzte, glänzende Stelle an Hose, Jackett, Rock, Mantel
Spiaß	1. Spieß, 2. Hauptfeldwebel bzw. -wachtmeister
spicka	abschreiben (bei Prüfungsarbeiten)
Spiiz, Spiz m	1. Spitze, 2. kl. Rausch s. ogspitzt, 3. Fußballstoß mit Stiefelspitze, auch sonstiger kl. Fußtritt, 4. Eichelsiebener beim Watten, s. d.
Spinåt	Muskelkater (viell. wegen d. damit verbundenen weichen Knie)
Spinåterer, -ara	früherer Ausdruck f. Homosexueller (Herkunft unausmachbar, viell. Zusammenhang m. Spinat, s. o.)
Spinåtwachtl	etw. exzentrisches od. lächerlich wirkendes Weib (Umformung v. spinnate Wachtl, s. Wachtl)
spindi, -ig	dünn, schwächlich: a spindigs Manderl

spinna — 1. verrückt sein, abwegige Ideen haben, 2. spinna = auf eine Person »verrückt« sein, sie begehren: Da Hans spinnt schwaar auf d Liesl

spinnat — 1. verrückt i. Sinn v. spinnen, 2. exzentrisch, ausgefallen: a spinnater Loder, a spinnate Idee

Spirigąnkerl, -al — s. Sparifankerl

spirn — sperren

Spitaler — 1. Insasse eines Spitals (heute Alten- od. Seniorenheim, da komfortabler), 2. seniler Mensch (d. besser im Spital aufgehoben wäre)

Spitz — s. Spiiz

Spitzbua — Spitzbube

Spitzbuamgsicht — Gesicht, dem der Spitzbub sozusagen aus den Augen sieht

spitzkriagn — etw. bemerken, herausbekommen (weil man darauf gespitzt hat, s. spitzn)

Spitzl — Spion

spitzln — 1. Verkleinerungsform v. spitzn = herauslugen, 2. d. Fußball leicht m. d. Stiefelspitze antippen, 3. verstohlen i. d. Karten gucken, 4. nachspionieren (ein »Spitzl« sein)

spitzn — 1. lauern, luren, 2. auf etw. erpicht sein, es heftig anstreben: Auf den Posten taat i spitzn! 3. staunen, Augen machen: Da werst spitzn!

Spiz — s. Spiiz

Spõ — 1. Span, 2. Fingerspanne beim Schussern: Da Heinzi hat d Spo (kann die zwei Schusser m. Daumen u. kleinem Finger umspannen)

Spoacha	Speiche, -en
spoazn	spucken
Spöi, spöin	nb Spiel, spielen
Spõfãcke	Spanferkel (v. Altf. Span = Milch; also »Milchferkel«)
Spõscheitl	Holzspäne bzw. sehr dünne Scheite z. Anheizen, s. a. Spa
Spõz	Spatz
Spõznhirn	»kleines Hirn«, in das wenig hineingeht: Geht dees net nei in dei Spoznhirn?
Spõznwãdl	sehr dünne Waden
sprãng	spänge: Wenn i jetz da awisprang
Sprei, sprein	Spreu, spreuen, s. Strah
spreitn	verstreut verteilen: a bißl Mehl drüberspreitn
Spreißl n	1. Span, z. B. z. Feueranmachen, 2. Schiefer, s. d.
spreizn	sich sträuben (in gespreizte Abwehrstellung gehen): Geh, spreiz di net gar aso!
Spreizn	1. Stützbalken od. -latte zum Dazwischenspreizen, 2. Zigarette (vermutl. weil man sie v. d. Hand spreizt)
sprenga	1. Wasser in feiner Verteilung verspritzen (z. B. Weihwasser), 2. (jemand) rücksichtslos hin- und herschicken
sprian	sprühen, s. a. sprüan
Spriech	Sprüche, i. Sinn v. Aufschneidereien
springa lassn	stiften, spendieren: Da Vatter hat scho was springa lassn
Springerl, -al	Limonade (weil die Kohlensäure aus ihr »springt«)

Springingerl, -al, -ginkerl, -kal	sprunghafter Mensch, Luftikus
Spritzbrunna	Springbrunnen
Spritzdiezl	Kinderspaß: kleine Gummiblase, die mit Wasser gefüllt und mit den Fingern zugepreßt bzw. zum Spritzen geöffnet wird
Spritzer	junger, auf sich eingebildeter Kerl: Was wui denn der junge Spritzer?
spritzn	schnell laufen (wie gespritzt)
Spruchbeitl	Aufschneider, Großsprecher
sprüan	sprühen
Sprüchmacher	wie Spruchbeitl
Spruz m	Stolziergehabe, mit Einbildung verbunden (v. Altf. sprutzen = Sprossen treiben, die sich abspreizen): Der hat an Spruz!
spürn	spüren, fühlen, s. a. gspürn
Spuihådern, -an	Spüllappen
spuin, Spui	1. spielen, Spiel, 2. spülen
Spuin	Spule
Spuiratz	»Spielratte«, Kind od. junger Mensch, d. gern und oft spielt
Spuisach	Spielsachen: Wo hast denn dei Spuisach?
Spuizeig	Spielzeug
Spund	junger, unreifer Bursche: Was wui denn der junge Spund? (viell. mit d. Faßzapfen verwandt)
spurn	»in der Spur bleiben«, Anordnung strikt befolgen, sich an Vereinbartes halten: Der Kerl spurt einfach net!
Stääb	Staub

stääd	still (v. lat. status = stillstehend)
stäädlusti	stillvergnügt, frohgemut ohne Aufhebens
Stååł	s. Stadl
Stådl	Scheune, Schober
Stådt	Stadt, s. a. Stōōd
Stådterer	Stadtfrack, Stadtmensch, s. a. Stōodara
Städtl	Städtchen
Stäi	Ställe
Stäffe	Treppenstufe
Stafflei	1. Leiter, 2. Bildhaltegestell d. Malers
stammen	stammeln
Stammtisch-bruader	Stammtischgenosse
Stämperl, -al	Glas Schnaps: Trinkst no a Stamperl?
stämpern, -an	s. aussistampern
Stampf	1. zerstampfte Speise, z. B. Kartoffelstampf, 2. eingedicktes Essen (als ob es zerstampft wäre)
Stampfer	1. Küchengerät zum Zerstampfen von Speisen, 2. plumpe Beine und Füße
stȧnd	stände: I stand scho da! Der Huat stand da guat
Ständerl, -al	wie Standl 2.
Ständerling	abgestandnes Bier
Standl n	1. kl. Verkaufsstand, 2. kl. »Serenade«: Mir ham ihr a Standl gsunga
Ständlfrau	Kiosk- od. Karrenverkäuferin
Stanga	1. Stange, 2. langer, hagerer Mensch
Stangaeis	d. etwa 1 m langen, über 10 cm dicken Eisstangen, m. denen früher Bier etc. kühl gehalten wurde

Stangerl, -al	kl. Stange, Steckerl, s. d.; vom Stangerl åwighaut = plötzlich gestorben (wie d. Vogel i. Käfig)
Stangerleis, -al	Eis am Stiel, s. a. Steckerleis
Stãngerlmo, -al	Trambahnschienenputzer (d. m. d. Putzstange ging)
Stãngerl-trambahn	frühere Straßenbahn, die durch eine Stange mit der elektr. Oberleitung verbunden war (die oft aussprang)
Stãnioi, Stã-nioipapierl	Stanniol, Stanniolpapier
Stãnitzn, -itzl	Tüte, s. a. Stranitzn
Stãnzn	Mücke, -en
Stãrl	Star
staubi	staubig; bildl. ungut: a staubigs Weda (Wetter); staubiger Bruader: unzuverlässiger Mensch
staubn, -m	eine Zigarette rauchen: Staum ma oane! (vermutlich v. Ähnlichkeit des Rauchs m. Staub)
staucha	bedrücken, zusetzen: Dees staucht mi; s. vastaucha, zammstaucha (verwandt mit stauen)
Staudn, Staun	1. Busch, Gebüsch; 2. Salatkopf
Stauern, -an f	nb Staude
staum	stauben
Staunzn	nb wie Stanzn, s. d.
Steana	Steine, s. a. Stoana
stecka	1. heimlich wissen lassen: Er hat mas gsteckt! 2. Ohrfeige versetzen: I hab eam oane gsteckt!
Stĕckerl, -al	kl. Stecken, Hölzchen: Zündhoizsteckerl

Stĕckerleis	Eis am Stiel
Stĕckerlfisch	Fisch am Spieß gebraten
Stĕckerlfüaß	zu dünne, gerade Beine
stĕckerlgråd	ganz gerade: steckerlgrade Haxn
Stĕckerlziagn	kl. Glücksspiel: Wer das kürzere Steckerl zieht, hat verloren
Stecklschua	s. Stöcklschua
Steffe	unhöflicher Mensch (v. Stephan; gemäß der bayer. Art, brave Namen in Schimpfnamen umzuwandeln), s. a. Stoffe
Steftn	1. Stift, 2. ungeschickter, auch ungehobelter Bursche (von Stift = Lehrbub)
steh	(sich) stellen i. Sinn v. besser oder schlechter dran sein: I steh mi besser!
steh auf	auf eine bestimmte Person od. Sache begierig sein, sie besonders gern haben: Deandl, i steh auf di!
Stēhaufmāndl	1. Spielzeug: kl. Männchen mit Blei i. Unterteil, d. sich immer wieder aufrichtet, 2. Mensch, der sich nicht unterkriegen läßt, immer wieder hochkommt
Steiberl, -wal	Stäubchen
Steier, -a	Steuer
Steigerl, -al	kleiner Bergaufweg
Steign, Steing	1. primitive Treppe, 2. Lattenkäfig für Kleinvieh, 3. Lattenkiste f. Obst: a Steign Äpfe
steign lassen	1. ein Bein stellen, 2. einen Pfurz entweichen lassen, 3. (einen) übertrieben hochloben
Steiwal	Stäubchen, s. a. Steiberl
Stellāsch	Stellage, Regal
stemma	1. »Maßen stemmen«: Er hat drei Maß Bier gstemmt (gsuffa)

Stempe, stempen	Stempel, stempeln
Stempn	1. Pfosten, 2. kurzer, stämmiger Mensch
stenga	stehen: D Leit stenga vor da Kirch
Stenz	Geck, Bel Ami
sterm	sterben
Sternderl, -al	Sternchen
Sternsemme	kreuzweise eingeschnittene Semmel
sternvoi, sternhaglvoi	total betrunken
sternvoidrek	über u. über dreckig (wie m. »Sternen« übersät)
Sterz	1. Strunk von Salat od. Kohl, 2. kurzer Tierschwanz
Stēßl	Stößel (kl. Stoßwerkzeug, z. B. zum Mörser: Sōizsteßl)
stēßn	stoßen
Stiafkind	Stiefkind: Du bist aa koa Stiafkind = du sollst auch nicht schlechter behandelt werden
Stiafmuatter	Stiefmutter
Stiagn, Stiang	Treppe
Stiagnfrau, Stiang-	Treppenreinigerin
Stiagngländer, -a	Treppengeländer
Stiagngländerrāss	Hundebastard (sozus. auf der Treppe entstanden
stiarad	stierend, stur wie ein Stier
stibitzn	stehlen (v. Kleinigkeiten: v. tschech, śtipati = abzwicken)

Stiefe	Stiefel, bildl. Kauderwelsch, Unsinn: Red doch koan Stiefe!
stiem	stieben
Stierbeitl, -beil	1. Stierhoden, 2. unverschämter Kerl
Stiergnäck	dickes, kurzes Genick
Stierkeiwe	Stierkalb
Stierl	kl. Stier bzw. freundl. Name f. Stier
stiern	1. stoßen, hauen: Dem hab i oane gstiert! 2. stochern, wühlen, 3. empfindlich stören: Dees stiert mi = das läßt mir keine Ruhe, 4. starr auf einen Punkt schauen
Stift	Lehrbub (könnte vom früher bei Buben üblichen Stiftenkopf herkommen, s. d.)
Stiftnkopf	kurzer Haarschnitt, bei dem die Haare wie Stifte abstehen
stiftn	1. abhauen: Der is stiftn ganga (viell. paradox gemeint: Er ist unauffällig verschwunden, um woanders etwas zu stiften), 2. ironischer Ausdruck für lautlose Entlassung einer Blähung: Der hat oan gstift!
stinga	1. stinken, 2. (einen) ärgern: Da stinkt a ma; da taat a mar aa stinga
Stingl	fauler Bursch (v. Stengel: Er steht lang u. unnütz herum)
stirb	sterbe: Wann i amoi stirb
Stoa, Stoana	Stein, Steine
Stoabok	Steinbock
stoamüad	steinmüde, erschöpft
stoanern, -an	steinern
Stoanitzn	nb Tüte, s. a. Stanitzn, Stranitzn
stoaõid	steinalt

Stoapuiz	Steinpilz
Stoaschleider	Steinschleuder (früher gr. Vorrichtung z. Verteidigung v. Befestigungen, heute nur noch als Gummischleuder f. Jungen bekannt, die damit leider auch auf Vögel etc. schießen)
Stockfisch	steifer, ungeselliger Mensch, s. a. Stokfisch (steif wie der am Gerüst getrocknete Stockfisch)
Stock-	andere Verbindungen mit Stock-, s. bei Stok
Stōdara	s. Stadterer
Stöckerl, -al	kl. Blumenstock
Stöcklschua	Schuhe m. hohen, dünnen Absätzen
Stöi	Stelle
stöin	1. stellen, 2. stehlen (etw. länger ausgesprochen)
stöit	nb stiehlt: Er stöit Äpfe
Stöiwågn	»Stellwagen«, größeres Fuhrwerk mit Sitzen zur Personenbeförderung (heute noch z. B. bei Leonhardifahrten verwendet)
Stöizn, stöizn	Stelzen, gestelzt gehen
Stör	Hausaufenthalt des Handwerkers: Störnäherin
Stoffe	Stoffel, unhöflicher Mensch (v. Christoph)
Stōi	1. Stall, 2. bildl. f. d. Zuhause bzw. d. Unterbringung v. Bediensteten: Die hat an guatn Stoi!
Stōibua	Stallbub, Stallbursch
Stoin	1. Stollen (z. B. im Bergwerk), 2. Fladengebäck (z. B. Christstoin)

Stōiratz	Stallratte: Schmähwort
Stoiz, stoiz	Stolz, stolz
Stok	1. Stock, Stockwerk, 2. Gefängnis (v. Stock bzw. Block, an den die Gefangenen angekettet wurden)
stok-	Verschärfung einer Eigenschaft, wie i. folgenden Beispielen
stokfinster, -a	völlig finster (wie im Stock = Gefängnis)
Stokfisch	s. Stockfisch
stokkatholisch	strengstens katholisch
stoknāārisch	wütend
stoksauer	stocksauer, sehr verärgert
Stokschlågn	derbes Ratespiel: Er hat mich auf d. Hintern geschlagen? (Schinken klopfen)
Stokzahn, -zo	Stockzahn (der Zahn, der fest wie ein Baumstock sitzt)
Stōōd, Stōōdt	Stadt
Stoodārā	Stadtmensch, s. a. Stadterer
stopfa	(Strümpfe etc.) flicken
Stoppen	Stoppeln auf dem Feld od. im Gesicht
stoppn	s. stopfa
Stopse, -ä	kl. Kerl, kurz wie ein Stöpsel
Stopsl	1. Stöpsel, Korken, 2. wie Stopse
stopsln	pfuschn, ohne Erfolg etwas probieren
strafmāßi	strafbar
Strāh n	Bodenstreu im Stall
strāhn	streuen
strampen	strampeln
Strampehoserl, -al	Strampelhöschen

strampfen	strampfeln (etwas stärker als strampen): I hab mi abgstrampfet = ich habe mich stark angestrengt
Strānịtzn	Spitztüte (für Obst etc.: vermutl. v. russ. straniza = Buchseite, mit der man etwas einwickeln kann)
Straps	Strumpfhalter
Straubn, -aum	Mehlspeise in krauser Form (wobei d. Teig durch einen Trichter i. d. heiße Fett gelassen wird), s. Schneeboin
strāwą̄nzn	herumstrolchen, ziellos spazierengehen od. wandern (vermutl. verstümmelnde Vereinfachung v. Extravaganzen machen = ausschweifen, vom normalen Weg abkommen; ital. stravagante = absonderlich, verwunderlich)
streem	streben
Streem	Schrägstütze (z. B. im Dachstuhl)
streim	sträuben
strein	streiten
strein	streuen
strẽina	streunen
Streisand	Streusand (früher: über das Siegel gestreut, heute nur für Wege)
Streithāmme	sehr streitsüchtiger Mensch
Streithānsl	streitsüchtiger Mensch
Striezi, -izi	Filou, durchtriebener Kerl, ähnlich wie Baazi, s. d. (v. ital. strizzo = Zuhälter)
Striik, Strik	1. Strick, 2. (fauler) Strik: Faulpelz
Strinsn	ungepflegte Haarsträhnen
stroacha	stark strapazieren, erschöpfen, s. gstroacht
stroafa	streifen

Strōi	Strahl
Stroich, stroicha	Strolch, strolchen
Strou	Stroh
Strudl	bayer. Mehlspeise (z. B. Apfelstrudl, Topfenstrudl), wobei die Füllung in fein ausgewalzten Teig eingehüllt wird)
strullern, -an	herumstrolchen (verw. m. Strolch)
Strūūl	s. Strudl
Stuafn	Stufe, -en
Stuan	nb Stute
Stuatn	Stute
Stubnmusi	alpenländische Volksmusikgruppe (meist Zither, Hackbrett, Gitarre, auch Harfe, in verschiedener Besetzung)
Stuck	Stück: a scheens Stuck! ferner: zwanzg Stuck Vieh
Stuckara	ungefähr soviel Stück: a Stuckara dreißg Oar
Stückl	1. kl. Stück, 2. Musikstück: Spuits hoit a Stückl!
stui	still (selten)
stuin	stillen
stuipn, Stuipn	stülpen, Stulpe
stuit	(er) stiehlt
Stummerl, -al	Taubstummer
Stumpn	1. kl. Mensch, der nicht weit üb. d. Boden ragt, 2. Kurzzigarre, 3. Zigarren- bzw. Zigarettenrest
stupfa	1. leicht anstoßen: Was stupfst mit denn oiwei? 2. (einen) sacht a. etw. aufmerksam machen (stupsen)

Stuß	Unsinn, Unfug (v. hebr. schtûth = Narrheit)
Stutzerl, -al	s. Stutzl
Stutzl, Stuzl	kl. Wesen (v. Stutzen)
stutzln, stuzln	sich in kleinen Schritten bewegen (gestutzt = verkürzt)
Stutzn	1. Jagdgewehr, 2. Wadlstrümpf s. d.
Stuum	Stube
suacha	suchen
suachad	herumsuchend
Sucht	1. für viele Arten und Krankheiten gebraucht: die Kuh, das Kind hat die »Sucht« (die für jedes spezifisch ist), 2. im Zusammenhang mit Benennung: Kloasucht (Maul- und Klauenseuche), Schwindsucht (TBC), 3. lasterhafte od. lasterähnliche Angewohnheit
Suckl	Ferkel (lat. succula = Schweinchen)
suckln, sucken	1. am Euter, an d. Brust, der Flasche saugen, 2. Flüssigkeit od. Brei danebenrinnen lassen (nur 2. mit Suckl verwandt)
Sudler, -a	1. Mensch mit unleserlicher Schrift, 2. Mensch, der Sudl = trübes Zeug (wie schlechten Sud) redet
sudln	1. unleserlich schreiben u. dabei verschmieren, 2. obszönes Zeug reden
süaß	süß
süaße Fliagn	»süße Fliegen«: »Weinbeeren im Kuchen
Süaßer, -a	1. einer, der gern Süßigkeiten ißt: Du bist aber a Süaßer! 2. ein Süßer i. Sinn v. Süßholzraspler, penetranter Schmeichler, 3. z. T. auf Homosexuelle bezogen

süaßln	1. süßlich riechen, 2. süßlich reden
Sündn fürchtn	sich ein Gewissen machen, etwas zu tun
sündteier	so teuer, daß es eine Sünde ist, es zu kaufen
Suh	nb Sohn
Suiber, -a	Silber
suibern, -an	silbern
Suibn, Suim	Silbe, -n
Suiz	Sulz, Sülze
Suizguatl	Geleebonbon
Suizknia	»Sulzknie«, weiche Knie, bes. nach Anstrengung (leicht einknickende Gangart), s. a. Kniaschwammerl
Summer, -a	Sommer
Summermirln	Sommersprossen
Sums m	vages Gerede, nichtssagendes Geschwätz (so inhaltslos wie ein Gesumme)
Sunn, -an	Sonne
Sunnta, Sunda	nb Sonntag
sunst	sonst
Suppn	1. Suppe, 2. zweifelhaftes Gemisch, 3. zweifelhafte Gesellschaft: Da is so a Suppn beinand, 4. dichter Nebel
Sur	Salzbrühe mit Kraut, in der das Surfleisch bereitet wird
Surhāxn	Schweinshaxn, die in der Sur gelegen hat
Suri, Surri	1. kl. Rausch, Benommenheit (es surrt im Kopf): I moan, i hab an Surri, 2. wirres Geschwätz
suzln, Suzl	saugen (am Sauger od. am Strohhalm od. am Krug, um die letzten Tropfen herauszubringen); Sauger, s. a. Diezl

T

tã	nb getan
tāān	täten: Mir taan scho kemma, wenn … s. a. taatn
Tāāg, Tāg	Tage, s. a. Täg
tāāt, tāātn	täte, täten: I taat sagn …
Täg, Tåg	Tage: A paar Täg werds scho dauern
Tāferl, -al	1. kl. Informationsschild, 2. Gedenktafel
Tạfernwirtschaft	ländl. Wirtshaus (lat. taberna = Bude, Wirtsstube; d. Wort hat heute nur mehr histor. Bedeutung: früher hatten die Landes- u. Regionalherren allein das »Tafern-Recht« des Ausschanks)
tāffa, Tāff	taufen, Taufe
Tågblätl	»Tagblatt«, die täglichen Neuigkeiten ausratschendes Weib
Tågdiab	einer, der dem Herrgott den Tag abstiehlt, Nichtstuer
Tāgerl, -al	preisender od. erleichternder Ausdruck f. Tag u. Tage: aso a schöns Tagerl! Nur no a paar Tagerl! (nicht mehr schwer ertragbare Wartetage)
Tågwerk	Flächeneinheit: Was d. Bauer früher an einem Tag bearbeiten konnte, s. a. Tåwa
Taler	wird auch heute noch zu einem Fünfmarkstück gesagt
tām	wie tan, nur vor ma = wir: Was tam ma denn heit? (oft zusammengeschrieben: tamma od. tama; analog samma, s. d.)
tān	tun: mir tan spuin, s. a. tean

Tāndler Gebrauchtwarenhändler (d. früher auf Versteigerungen das »tanto« = das »Wieviel« bestimmte. Könnte aber auch v. tändeln bzw. tandln kommen: mit Kleinigkeiten herumspielen u. -kramen)

tāndln tändeln, herumspielen, mit d. Arbeit nicht ernst machen: Was tandlst denn rum?

Tannabāām Tanne; nachlässig auch f. Fichte gesagt

Tānz »Tänze«: Umstände, mit denen man eine Sache verzögert (um sie herumtanzt): Jetz mach koane Tanz! s. a. Danz

Tapperer, -ara 1. Tappfleck, 2. Tappbewegung, 3. einer, der gern weibl. Wesen betappt

Tarockn bayer. Kartenspiel

Tātschler, -a Mann, der gern Mädchen u. Frauen tätschelt, s. a. Tapperer

tātschln tätscheln, leicht tappen: D Mama hat am Buam tatschlt, weil a gwoant hat

Tatterer, -ara Zittergreis, s. a. Datterer

Tatterich altersbedingtes od. krankhaftes Zittern

tattern, -an zittern

Tāttl seniler Alter, s. a. Dattl

Tātzl kl. Tatze

Tātzlwurm sagenhafter Lindwurm i. bayer. Oberland

Tatzn ehemals übliche Schulstrafe: Streich auf d. Hand mit dem Rohrstock (auf d. »Tatze«)

Tatznstēcka, -erl Rohrstock z. Tatzngeben

Taubeern Blaubeeren, s. Heidlbeern

Taubnkobe, Taum- Taubenschlag

Taubnschlåg, Taum-	1. Taubenkogel, 2. Hosntürl, s. d.
Tauch	Tunke z. Eintunken v. Leckerbissen, s. z. B. Hoawerltauch
Taug	Nutzen, Zweck, Tauglichkeit: Laß bleibn, dees hat koan Taug!
taugn	zupasse kommen, gut tun: Mensch, dees Bad hat ma taugt!
Taum	Taube
Taumkowe	s. Taubnkobe
tausad	tausend
Tåwa, -werk	nb Tagwerk s. d.
tea	wie tean, nur vor ma = wir: Was tea ma denn jetzt?
tean	tun: Mir tean heit nix; was tean die andern?
Tēgl	Tiegel
Teiberl, -wal	Täubchen
Teichl n	Wasserleitungsröhre (früher aus Holz; verw. mit frz. tuyau = Rohr)
teier, -a	teuer
teierner, -ana	teurer
Teifi, -e	Teufel
Teifi nei!	Zum Teufel! i. S. v.: Gibts denn dees aa?
teiriger, -a	teuerer
teischln, -en	kl. Tauschgeschäfte machen, z. B. m. Sammelbildern: Tean ma teischln?
teischn	täuschen
Teiwal	s. Teiberl
Tenna m	Tenne
Terzeroi	Terzerol, früherer Name f. Taschenpistole

Tēz	1. Kopf (frz. tête): Jetz hab i ma an Tez oghaut! 2. verschrobener Hut
tiaf, Tiafn	tief, Tiefe
tõ	getan
toa	tun
Toag	Teig
Toagaff	Schimpfwort f. einen, der albern wirkt od. f. einen tölpelhaften Menschen
toagert, -at	1. teigig, 2. schlapp, müde: So a toagerter Kerl
toan	tun: Mir toan kartln; d Kinder toan spuin, s. a. tean, tan
todfroh	unendlich froh
todmüad	todmüde (eigentl. auf den Tod müde; d. tod- dient zu vielerlei Verstärkungen)
Todsünd	schwere Sünde (f. die man sich den ewigen Tod holen kann); Verharmlosung: Dees Weib waar a Todsünd wert!
Tōi	Tal
Toife	nb Teufel
toom	toben
Topfastrudl, Topfn-	Strudel m. Quarkfüllung
Topferl, -ạl	1. kl. Topf überhaupt, 2. Nachttopf: Hansi, geh no aufs Topferl!
Topfn	Quark
Tortn	Torte
Tōuchter, -a	nb Tochter
Tōud, tōut	Tod, tot
Tōuter, -a	Toter

trāāf	träfe: Wenn i (er) an Kare traaf
Trāāgl	s. Tragl
Trāām, traama	Traum, träumen
trāāmhāppert, -at	schlaftrunken, v. Schwindel befallen, geistig abwesend (v. traumhäuptig: wird »traumhauptert« bzw. traamhappert)
trāāt	träte: I (er) traat leicht danebn
Trāchtler, -a	1. Mann mit Trachtengewand (m. echtem), 2. Mitglied eines Trachtenerhaltungsvereins
Trachtnzug	Zug d. Trachtträger anläßl. v. Gau- und sonstigen Festen
trāf	s. traaf
trāgad	trächtig: D Kua is tragad
Trāgl	Bier- od. Limonaden- bzw. Sprudelkasten (voll od. leer)
Trågn	Trage
trāktiern	(v. lat. tractare = herumziehen, behandeln), (einen) hart behandeln, ihm mit seinen Ansprüchen zur Last fallen: Mei Bua traktiert mi dauernd zweng seim Radl
Tram m	s. Dramm
Trambahn	Straßenbahn (engl. tram)
Trampe m	plumpes, unsensibles Weib (nicht immer wörtlich gemeint)
trampen	trampeln
Tranfunzl	trübes Licht, bildl. trübsinniger, apathischer Mensch, mit dem man nicht in Schwung kommt
Trank	vornehmlich als Sautrank verstanden (Trogfutter für die Schweine)

trānk	tränke, s. trinkat
Trānkl	Heiltrank: Dees Trankl huift!
trānschiern	tranchieren (z. B. eine Gans)
trāpft	durcheinander, beklopft (völlig betropft), s. a. drapft
Trārā n	Lärm um nichts, lautes Getue um etwas: Mach koa Trārā!
Trātsch m	1. Geratsche, in dem über andere losgezogen oder ausgeplaudert wird, 2. Matsch, s. d.
Trātzerl, -al	s. Magntratzer
trātzn	foppen
Traum	Traube, -en
Trauminet	(trau mich nicht) schüchterner, zaghafter Mensch
traun	(sich) getrauen: I trau ma (od. trau mi) net!
trauri, -ig	i. Sinn v. schlecht, ohne positive Züge: a traurige Arbat (so schlecht, daß sie traurig macht); a trauriger Kumpan (mit dem man nicht zurechtkommt)
Treantschn	1. Mund, verächtlich benannt, 2. mißmutige Miene, durch herabgezogene Mundwinkel betont
Trebern	Rückstand beim Keltern und Brauen
treen	treten
Treibauf	umtriebiger Mensch (meist Kind), der die anderen von der Ruhe auftreibt (bzw. sie aufreibt)
treim	treiben
trensn, trenzn	1. weinen, 2. beim Essen etwas aus dem Mund heraustropfen od. -fallen lassen: Hast scho wieder trenst?

Trensn f	Pferdezaum
Trepfal	Tröpfchen, s. a. Tröpferl
Trepfe, trepfen	s. Tröpfe
trēstn	trösten
triab	trüb, s. a. trüab
triafa	triefen
triafad	triefend
triefaugert, -gat	triefäugig
triam	trüben, s. a. trüabn
Trichter	im Ausdruck: Jetzt kumm i aufn Trichter = jetzt fange ich an, es zu kapieren (vermutl. v. Nürnberger Trichter)
tricken	trocknen
Tricks	Trick: Da is a Tricks dabei
tricksn	tricken
triem	getrieben
Triit	Tritt
Triitling	großer oder ausgetretener Schuh, auch großer Fuß
Trinkerts, -ats	Umtrunk, feuchtfröhliches Zusammensein
trippen	trippeln
Tripstrụi	Tripstrill, ehemaliger Marktflecken in Württemberg, nach seinem Gründer, dem röm. Hauptmann Trepho u. seiner Gattin Truilla benannt; i. Mittelalter zerstört u. v. Erdboden verschwunden. Deshalb Name für »Irgendwo, Nirgendwo«.
tritschln	1. ausplaudern: hast as tritschlt? 2. langsam und umständlich machen, trödeln: Mei, was tritschlst denn umanand?!

Trittling	wie Triitling
Troad	Getreide
Tröpfe, tröpfen	Tröpflein, tröpfeln, s. a. Trepfe
Tröpferl, -al	Tröpfchen: a guats Tröpferl
trōgad	wie tragad
troin	(sich) trollen, davonmachen: Troi di fei!
Tromme, trommen	Trommel, trommeln
trōng	tragen
Tropf	Schelm; aber armer Tropf: bedauernswerter Kerl
Trottoar	Bürgersteig (frz. Trottoir)
Truacha, Trucha	Truhe
Truachtl	ungeschickte Weibsperson
Truathahn, -henna	Truthahn, -henne
Trube	Trubel, s. a. Truwe
trucka	trocken
trüab, trüabn	trüb, trüben, s. a. triab
Trug	Betrug: Dees is a Lug (Lüge) und a Trug
Truha	s. Truacha
Trumm	großes Stück (im Hd nur i. d. Mehrzahl: Trümmer): a Trumm Fleisch
Trumme, -i	nb Trommel
trunga, trunka	getrunken
Trupf	Dachtraufe
Trupfa	nb Tropfen
Trutschn	s. Drutschn
Trutscherl	s. Drutscherl

trutschert, -at	s. drutschat
Truwe	s. Trube
Tschạmsterer, -ara	Liebhaber, anhänglicher Begleiter (Verstümmelung von »gehorsamster Diener«)
Tschaperl, -al	liebenswertes, naives Persönchen (a. d. Österr.)
Tschinöin	Tschinellen, Becken im Orchester: die zwei großen Metallscheiben z. Zusammenschlagen
tschuigns!	Abkürzung f. entschuldigen Sie!
tua	(ich) tue
Tuach	Tuch
tuar	tue (nur in Verbindung mit nachfolgendem i = ich: Was tuar i denn glei?)
tuats	dees tuats: »das tut es« = das reicht, so geht's schon
Tubn	Tube, s. a. Tuum
Tüache, -chl	Tüchlein
Tüpferl, -al	s. Dipferl
Türkl	ungeschliffener Bursche (v. Türken, die schon Max Emanuel als gefangene »Gastarbeiter« ins Land brachte)
Türl	1. kl. Türe, 2. Tor beim Fußball: Koa oanzigs Türl ham ma gschossn!
Tuifi	nb Teufel
Tuipn	Tulpe, -n
tummen	tummeln
Tunnẹl n	Tunnel
Tupä	Toupet
tupfa	s. dupfa

Tuscher, Tuscherer Regenschauer

tuschn, duschn schauerartig regnen

Tuschụrl Feuerzeug, d. immer funktioniert (v. frz. toujours = immer)

Tuum s. Tubn

U

Übe, -we Übel

über, üwa 1. überlegen: Da Franzä is ma über, 2. zuviel, nicht mehr zu genießen bzw. zu ertragen: Die ewign Krimis bin i über!

überanand, üwaranand, -anander, -a 1. übereinander, 2. alle zusammen: Da Willi, d Marie, da Hans, d Vroni, da Kare, und die ganz Blasn überanand …

überander-kemma i. Streit geraten

überdüber, üwadüwa über u. über (z. B. voll Schmutz)

übergebn, -eem das Anwesen dem Hoferben übergeben

Ụberglegte Schläge auf d. Hintern des übers Knie Gelegten

überhaupts überhaupt: Und überhaupts – i mag nimmer!

überhebn 1. (sich) durch schweres Heben schaden, 2. s. zuviel zumuten

überkändidlt sich übertrieben aufgeputzt bzw. affektiert gebärdend (vermutl. v. Kandidat = Amtsbewerber, d. sich oft, um Eindruck z. machen, übertrieben in Szene setzte; lat. candidulus = glänzend weiß)

überkreiz	über Kreuz sich quer kreuzend; dagegen übers Kreuz = zerstritten: mit dem bin i übers Kreiz!
ụ̈berlegn	übers Knie legen, s. a. Überglegte
überōi, üwarōi	überall
überstāndi, -ig	z. Heiraten nicht drangekommen bzw. überfällig
übertoa	(sich) zuviel zumuten, überanstrengen
überzwerch	1. querüber; überzwerch schaugn = schielen, 2. zerstritten: Mir zwoa san überzwerch
übri	übrig
üwa	über, s. über
Üwe	Übel, s. a. Übe
Ufurm	Bengel, Tunichtgut (»Unform«)
Uijēggerl	Ausruf d. Mißgeschicks: Uijeggerl, d Suppn is obrennt (Ui! + Jeggerl = Verniedlichungsform v. Jesus)
uma	herüber: Kimm uma!
umadum	rundherum
umalassn	1. (einen) herumjagen, mit ihm »Schlitten fahren«: Den hab i umalassn, 2. vorbeilassen
umanand, umanander, -a	umeinander, herum: Mi hauts umanand (od. rum)
umara	ungefähr um …: so umara fünfe!
umarbatn, -wan	1. umarbeiten (z. B. ein Kleid), 2. sich heftig bewegen, unruhig sein mit Händen und Füßen: Was arbat a denn so um?
umasunst, -sinst, -sischt	umsonst
umbrunga	umgebracht

umfoin umfallen, bildl.: nicht beim Entschluß od. beim Wort bleiben

Umgang 1. Prozession od. zeremonielles Umgehen z. B. der Felder od. d. Kirche, 2. bei einem ausgeleierten Schraubengewinde: Dees hat den ewigen Umgang, 3. Freundeskreis: Der hat an schlechtn Umgang

umgeh 1. geistern, als Gespenst umgehen, 2. schlecht u. recht weitergehen: Es muaß ja umgeh!

umgrōōm umgraben

umhaun 1. umwerfen, 2. total bestürzen: Da hauts mi um!

umi hinüber: I kimm glei umi!

umigeh 1. hinübergehen, 2. i. Sinn v. vorübergehen: Dees werd aa umigeh!

umikemma 1. hinüberkommen, 2. ausreichen, f. eine bestimmte Spanne Vorrat haben: Mit dem Göid wern ma scho umikemma!

umilāffa hinüberlaufen

umiroasn 1. hinüberreisen: Heier roas i auf Amerika umi, 2. hinübersausen

umischaugn, -ng einen kurzen nachbarlichen Besuch machen: I schaug scho amoi umi!

umisteh wegrücken: Steh umi! sagt die Bäuerin zur Kuh, damit sie sie besser melken kann

umiziagn ins eigene Lager ziehen: Jetzt hat a mi umizogn

umkemma, -kumma umkommen

umkrempen umkrempeln: das Unterste zuoberst kehren, etw. total ändern, s. Krempe

umlegn im Bayer. nicht soviel wie töten, sondern: eine Frau aufs Bett legen

ummacha 1. umständlich arbeiten, nicht aufs Ziel losgehen, verzögern: Mach net so lang um! s. rummacha, 2. einen Baum umhauen

umrāāma 1. umräumen, insbes. Gegenstände mit Lärm umeinandertragen od. durcheinanderbringen, 2. Wohnung od. Schublade etc. anders einräumen

umreißn (einen) seelisch überwältigen: Dees reißt mi aa net um!

umschaugn 1. (sich) umsehen: Jetzt muaß i mi nach ara Frau umschaugn, 2. sorgend nach jemand sehen: I muaß mi nach da Nachbarin umschaugn

umschmeißn 1. (etw.) umwerfen, 2. m. d. Fahrzeug umkippen: Er is z gach in d Kurvn gfahrn und hat umgschmissn, 3. musikalisch: völlig aus dem Takt kommen, 4. einen fertigen Plan total ändern

umschreibn, -eim 1. neu u. anders schreiben, 2. seinen Namen ändern: Da Sepp laßt si umschreibn, sonst kriagt er an Hof net!

Umständ 1. Umstände; Schwierigkeiten: Mach koane Umständ! 2. Ausdruck f. Schwangerschaft: Sie is in andere Umständ

Umstandsgwand Kleid, d. Schwangerschaft angemessen

Umstandskramer, -a Mensch, der »Umstände macht«, nur auf Umwegen u. mit Vorbehalten z. Ziel kommt

umstecka sich anders besinnen, Meinung bzw. Verhalten ändern (ein anderes Zeichen aufstecken)

umsteh	1. seinen Entschluß ändern, einer Sache untreu werden (sich auf die andere Seite stellen), 2. sauer werden d. Milch: D Milli is umgstandn!
umtoa	sich bemühen, sich um etwas tummeln, kümmern: Tua di um!
unbāndi	1. unbändig, 2. sehr (verstärkt): Dees freit mi unbandi!
unebn, -eem	1. uneben, 2. unschön oder unangenehm i. d. Verbindung: Die is net unebn = die ist hübsch bzw. angenehm
unguat	1. mißgelaunt, unfreundlich: Warum bist denn heit so unguat? 2. schlecht, gefährlich, drohend: Da is was Unguats zwischen dene!
unkeisch	unkeusch
unleidi	mißmutig, schwer zu ertragen: Heit bin i unleidi!
unmāßi	unmäßig
unogschaugter, -a	ohne es vorher anzusehen, so wie es ist, garantiert i. Ordnung: Dem sein Karrn konnst unogschaugter kaffa!
unseroans	unsereiner (betontes wir!)
untaranand, -a	untereinander
Unterlag	solides Essen, das einem auch d. Trinken gestattet: Jetzt hab i a guate Unterlag
Untersātzl	Untersetzer für Glas m. Getränk od. f. anderes Geschirr z. Schonung d. Tischdecke
untersteh	1. (sich) erkühnen: Untersteh di ja net! 2. unter ein Dach od. einen Baum stellen: Jetzt müaß ma untersteh
unterwachsn	mit Fett durchwachsen: A Pfund Schweiners – unterwachsn hätt i s gern!

unwoi	unwohl, auch f. d. Monatsblutung d. Frau gebraucht: Sie is unwoi
Urschl	unbestimmtes Schimpfwort f. ein etwas ungeschicktes oder nachlässiges Frauenzimmer, oft nur scherzhaft gemeint: Mei, du bist a so a Urschl!
Urviech	kraftvoll humoriger Mensch, der besonders »urig« ist

V

vā-	Vorsilbe ver-
vaarschn	arg zum Narren halten
vabaut	verschroben, verklemmt: Mei, is der arme Kerl vabaut!
vabiatn	verbieten
vableamen	zum Narren halten, vortäuschen (sich m. Blumen verstellen): Den hab i schee vableamet!
vaboon, -botn	1. verboten, 2. unzumutbar: Der Kerl schaugt vabotn aus! (daß man ihm verbieten sollte, so herumzulaufen)
vabrian, -brüan	verbrühen
vabrōōn	verbraten
vabrunzlt	verpißt: Wer hat denn an Abortdeckl so vabrunzlt?
vadächtiger	Verstärkung v. Schimpf- (od. Scherzschimpf-) Wörtern: Du Bazi, du vadächtiger!
vadeana	verdienen
Vadeanst	Verdienst
vadroißn	nb verdrießen

vadrucka 1. (sich) davonmachen (s. drücken), 2. viel (hinunter-)essen: Er hat alles vadruckt! 3. Ärgerliches, Unangenehmes in sich unterdrücken

vadruckt unehrlich, listig (v. unterdrücken d. Wahrheit bzw. seiner wahren Gesinnung)

vaerm vererben

vafōin verfallen

vafranst »in Fransen aufgelöst«: vom Konzept abgekommen, den Faden verloren habend: Mei, jetzt hab i mi vafranst!

vafressn freßsüchtig: a vafressner Kerl

vafriat, -früat verfrüht

vafrorn leicht frierend, kältescheu

vagäit vergellt

vagāß vergäße

vagebn, -eem 1. vergeben, verzeihen, 2. (sich) zu weit einlassen, bloßstellen: Brauchst da nix denka, i hab ma nix vagebn! 3. vergiften (d. Falsche geben)

Vagierer Herumstreuner, Vagant (lat. vagor = herumstreifen)

Vagöits God! Dankeswort: Gott vergelte es! s. a. Göits God

vagunna vergönnen: Hast ma dees net vagunnt?

Vahau Verhau, Durcheinander: Du hast vielleicht an Vahau in deim Zimmer!

vahaun 1. durchprügeln, 2. alles ausgeben: Er hat s ganze Göid vahaut!

vahaut 1. verwüstet aussehend: Dee schaugt vielleicht vahaut aus! 2. völlig falsch gemacht: Die Schuiaufgab hab i schwaar vahaut

vahebn, -eem	1. anhalten, unterdrücken: s Lacha vahebn, 2. (sich) durch Heben verletzen: Auweh, jetz hab i mi vahobn!
vaheirat	1. verheiratet, 2. plump intim: Geh, lang mi net so vaheirat o!
vahoazn	1. verheizen, 2. (einen) f. eine an sich unwürdige Sache völlig ausnützen bzw. opfern: Der Kerl hat uns vahoazt!
vahohne-bibben	verspotten, »scherzhaft« verhöhnen
vahōitn	1. (sich) zu lange aufhalten: I hab mi bei da Kramerin vahoitn, 2. Unmut, Lachen od. Blähung etc. an sich halten
vahonackln, -hohn-	verpatzen, entstellen (ebenfalls v. höhnen abkünftig), s. a. vahunzn
vahunzn	verpatzen, unbrauchbar machen (v. hundsn = schlecht behandeln, s. d.)
vahutzlt	eingeschrumpft wie eine Hutzl, s. d.: a vahutzlts Manderl
vakāffa	1. verkaufen, 2. verraten (wie Judas gegen Lohn), 3. endlich einschlafen (bei Kindern): Jetzt hat a vakafft, da Bubi!
vakāfft	verloren (wie verkauft): Jetzt bin i vakafft!
Vakānz	Ferien (lat. vacare = leer stehen)
vakeit	1. zusammengeschlagen: Den hams vakeit! 2. ineinander verklemmt: Die Kaben (Kabel) san ganz vakeit
Vaklåghāferl, -al	Einer, der »vaklagt« (wie ein Topf, der d. Inhalt nicht hält)
vaklågn	1. bei Gericht gegen jemand klagen, 2. verraten, anschuldigen
Vaklågprit-scherl, -al	wie Vaklaghaferl, einer, der andere »vapritscht«, s. d.

vaknäcksn, -knäxn verstauchen, verrenken durch Umschnappen: Jetzt hab i ma an Fuaß vaknackst

vakoin 1. verkohlen, 2. z. Narren halten

vakostn »verkosten«: probieren

vakrauln kränken, i. d. Schmollwinkel setzen (vermutl. falsch kraulen, kratzen)

vakrein verkratzen

vakrüppen 1. zerknittern, deformieren, 2. beleidigen, für längere Zeit, wenn nicht fürs Leben kränken: Da Hias, der hat mi schwaar vakrüppet!

vakrumpet verschrumpft, in sich gekrümmt: a vakrumpets Weiberl

valääbn nb erlauben

valaffa 1. verirren: Hansl und Gretl ham si im Woid valaffa, 2. (sich) auflösen, verziehen, verteilen: Die ganzn Leit ham si valaffa; s Gwitter hat si valaffa!

valaungna verleugnen, s. a. laungna

valebt v. genießerischem bzw. ausschweifendem Leben gezeichnet: Der Mo schaugt valebt aus

valeem verleben

valiabn, -iam verlieben

valuadert, -at verludert, heruntergekommen

valustiern (sich) verlustieren, amüsieren

vamänscht 1. gepanscht, betrügerisch od. ungeschickt vermischt: Er hat ois mitanand vamanscht, 2. i. Sinn v. unschön beeinträchtigt: a vamanschte Figur

vamässln etw. durch »Massln« od. Dazwischenhandeln verderben od. verhindern: Er hat ma an Urlaub vermasslt! s. massln

vamöidn	vermelden: I hab nix zum vamöidn (auch i. Sinn v. nicht mitreden können)
vamurkst	verpfuscht
vanåglt	vernagelt, stur, für Argumente unzugänglich
vanaschn	ein reizvolles Wesen, weiblich od. männlich, »lieben«, wobei der vorübergehende Genuß, das erotische »Naschen« überwiegt
vapatzn	verfehlen, verpfuschen, auch i. geistigen Sinn: Der Bua is fürs Lebn vapatzt worn! s. patzn
vapritschn	verraten, ausplaudern: Hast mi vapritscht? s. a. pritschn
vapröin	(einen) durch Kränkung abstoßen, so daß er sich zurückzieht: O mei, jetzt hab i n vapröit!
vapuivern, -an	alles, unbedacht ausgeben (wie sinnlos Pulver verschießen)
vaputzn	1. ganz aufessen: I hab ois vaputzt, 2. alles ausgeben: Er hat s ganze Göid vaputzt, 3. negativ: net vaputzn könna = nicht ertragen, nicht genießen können: Den Kerl konn i net vaputzn
varatzt	»verratzt«: verloren (wie die Ratten; kann aber auch v. Ratzen = Raupen kommen, d. man v. d. Bäumen kratzte)
vareck!	Ausruf des Verdutztseins: Ja vareck!
Vareckerl, -al	schwächliches Tier od. Pflanze
vareckt	1. »verreckt«, verendet, lieblos od. bitter gesagt: Da Hund is vareckt: die ganze Kompanie is vareckt, 2. sehr schwierig u. diffizil: Dees is a vareckte Arbat, 3. besonders raffiniert: Dees hast vareckt gmacht; a vareckter Hund: ein raffinierter Kerl

varedn, -reen 1. (sich) versprechen, 2. Geheimes versehentlich ausplaudern: Jetzt hab i mi varedt!

varoin (sich) »verrollen«, davonmachen: Varoi di!

varōōn verraten

varuafa 1. verrufen (in üblem Ruf), 2. abergläubisch: Dees derf ma net varuafa = das darf man nicht m. Worten beschwören bzw. wegbeschwören

varuckt verrückt

vasāāma versäumen

vasaut völlig falsch gemacht, gründlich verdorben

vaschāāmt verschämt

vaschāchern, -an 1. etwas Kostbares schnöd verkaufen, 2. (einen) f. Vorteil preisgeben: Der Schuft hat uns vaschachert!

vaschāndln unschön, unbrauchbar machen: Die ganze Wohnung is vaschandlt

vaschaugn fälschlich sehen: I hab mi vaschaugt

vascheanglt schiefgetreten (verw. m. schielen): deine Schua san vascheanglt

vascheicha verscheuchen

vascheicht furchtsam, scheu (durch schlimme Erfahrungen): Dees Kind is ja ganz vascheicht!

vaschēwan etw. auf billige od. leichtsinnige Weise zu Geld machen (zu scheppernder Münze): I hab mein Schrank vaschewat

vaschiabn, -iam 1. verschieben (zeitlich), 2. Güter durch Korruption manipulieren: Der hat die ganzn Heiser vaschobn

vaschiagln nb verklagen (m. scheelem, falschem Blick)

vaschissn völlig in Ungunst, nicht mehr in Frage kommend: Der hat bei mir vaschissn!

vaschlågn 1. viel geschlagen worden, 2. listig, tückisch (weil durch Schläge so geworden), 3. im Bauch rumorend, da keinen Ausgang findend: Heit drucka mi die vaschlangna Wind wieder!

vaschliafa verschlüpfen, verkriechen

vaschloffa verkrochen, versteckt: D Maus hat si vaschloffa

vaschmôcht gekränkt, zum Schmollen gebracht (v. schmähen, Schmach)

vaschöicht verbeult, verbogen (v. Altf. schelch = schief): Dei Kappe is sauber vaschöicht

vaschoin verschollen

vaschoom verschoben, s. vaschiabn

vaschrian verschrien, in schlechtem Ruf

vaschriebn, -iem 1. verschrieben (Rezept), 2. überantwortet durch Gelübde od. Vertrag: Er hat si am Teifi vaschriebn; d Mutter Teresa hat si die Armen verschriebn

vaschwänd verschwände

vasēhgn, sēng 1. mit d. Sterbesakramenten versehen, 2. abergläubisch: durch erschreckenden Anblick ein mißgestaltetes Kind bekommen: D Walli hat si vasehgn, da Bua hat a Hasnschartn

Vasitzgruabn, -uam Versitzgrube, Jauchegrube (i. d. die Fäkalien sich setzen, versickern)

vasoin versohlen, durchprügeln

vasöizn 1. versalzen (die Suppe), 2. (einem) den Geschmack an einer Sache verderben: Dees Gschäft hab i eam vasoizn!

Vasōzhaus Leihhaus, Versatzhaus

vasprecha	1. (sich) verloben (d. Heiratsversprechen geben), 2. ein Gelübde machen: Sie hat si auf Birkastoa vasprocha
Vaspruch	Gelöbnis (durch Heirat od. Gelübde)
vaspuin	1. verspielen, verlieren (auch bei ernstesten Angelegenheiten): Den Kriag ham ma sauber vaspuit! 2. jedes Vertrauen u. Wohlwollen verlieren: Der Kerl hat bei mir vaspuit!
Vasteckerl, -al	Kinder-Versteckspiel, s. a. Guggebergn
Vastēhstmi m	Verstand, Verständnis: Der hat ja koan Vastehstmi
vastenga	verstehen (wir, sie, Sie): Vastengas?
vastoins	verstohlen, heimlich
vasträht	verstreut
vastruwet	mit wirren Haaren (v. struppig)
vasuckln	beim Essen d. Kleidung od. Tischdecke verkleckern, s. Suckl
vasuffa	dem Suff ergeben: a vasuffans Mannsbuid
vateifet	verteufelt, verzwickt
vatoa	1. (sich) irren, etw. falsch machen: Da hast di vato! 2. verspielen od. verschwenden: Er hat ois vato!
vatreim, -triem	vertreiben, -trieben
Vatråg	Vertrag
vatrågn	1. Speisen od. Getränke vertragen: I konn koan Pfeffer vatragn, 2. dulden, akzeptieren: Dees dauernde Gschroa vatrag i net! 3. (sich) versöhnen: Kumm, vatragn mar uns wieder! 4. forttragen ins Unauffindbare: Da Hund hat ma d Schua vatragn
vatroin	s. troin

Vatter, -ta Vattern, -an Vater: Da Vattern hat gsagt …

Vatterunser, -a Vaterunser

vawāssern, -an verwässern, verdünnen, schal machen: Jetzt hast ma die ganz Freid vawassert!

vawerfa tot gebären, bei Tieren (falsch werfen): D Kua hat vaworfa

vawidat verwittert

vawoant verweint

Vawōiter, -a, vawōitn Verwalter, verwalten

vawuidert, -at verwildert

vawurschtln 1. etw. z. Wurst machen: Dees Fleisch ham ma vawurschtlt, 2. etw. z. Mitmengen verwenden (z. B. einen fremden Text im eigenen mitverwenden, so daß man ihn kaum mehr kennt), 3. etwas Wertvolles kleinweise aufgeben lassen: Der hat sei ganze Erbschaft vawurschtlt! 4. verschlampen: O mei, die paar Briaf hab i jetzt vawurschtlt, 5. alles durcheinanderbringen (z. B. bei einer Prüfung), 6. verknüllen: Mei Bettuach is ganz vawurschtlt!

vazäin erzählen: Vazäi ma was! aber auch abweisend: Vazäi ma nix!

vazāpfa leeres Gerede od. Unsinn v. sich geben: Der hat lauter Mist vazapft!

vazārrn 1. verzerren, 2. entführen (fortzerren), auch als Ausrede gebraucht: Da hams mi no in d Bar vazarrt!

vazett fallen gelassen, verloren sein (v. Altf. zetten = zerstreut fallen lassen): Jetz geh i ins Bett, da wer i net vazett!

vazettln 1. (sich) in alles Mögliche zerstreuen, die Übersicht verlieren, 2. an unwichtigen Einzelheiten hängenbleiben

vaziagn, -ng 1. ein Kind zum Verwöhntsein erziehen: So a vazongna Fratz! 2. wie vazarrn s. d., 3. wie abschleppen, s. d.

vazinkt kompliziert, schwer zu durchschauen (wie mit Zinken verschränkt, od. aber verschlüsselt wie mit »Zinken« = Zeichen d. Gaunersprache)

vazupfa Renommierausdruck f. »erobern«: Die hab i vazupft (sozus. entblättert)

Vegal s. Vögerl

Vegl Vögel

Veigerl, -al Veilchen

Veitstanz Nervenleiden m. Zuckungen des Gesichts u. der Gliedmaßen. Bildl.: Hast du an Veitstanz? = was benimmst du dich so verdreht?

Vẹrtiko m kl. Schrank m. Aufsatz (n. d. ersten Verfertiger Vertikow benannt)

veschpern eine Zwischenmahlzeit zu sich nehmen

Viech 1. Vieh, Tier, 2. urhumoriger Kerl, s. a. Urviech

Viecherei 1. große Gaudi, 2. unverschämtes Treiben: Dees is ja a Viecherei, was ihr mit mir treibts!

Viechkerl 1. sehr lustiger Kerl, 2. unverschämter Kerl (1. od. 2. je nach Betonung)

Viechschoad Almabtrieb (Scheiden v. d. Alm)

vielleicht paradoxe Bekräftigung = arg, sehr: Dees hat vielleicht wehto! Du gfreist mi vielleicht!

viere! 2. Steigerungsangebot beim Watten »Geh!« »Viere!«

Viertl	1 Viertel Pfund (früher wurden kaum 100 od. 125 Gramm verlangt): a Viertl Leberkaas, bittschön!
vierzea	vierzehn
Visäsch f	Gesicht (frz. visage), abfällig: Dem sei Visasch wenn i scho siech!
vis-à-vis	gegenüber (frz.), s. a. wisawi
Visimatentn	Kapriolen, »Ausflippereien« (v. d. »Einladung« d. napoleonischen Offiziere: Visitez ma tente: Besuchen Sie mein Zelt!)
Vitrioiöi	Vitriolöl (beliebtes Testwort f. bayer. Aussprache)
Vize	Stellvertreter: Der is nur da Vize
võ	von
vo-	Variation d. Vorsilbe va: I habs vogessn
Vōda	Vater: Da Voda hats so woin!
vöi	nb viel, s. a. vui
Vogl	lustiger Kerl: Dees is a lustiger Vogl!
voglwuid	1. plötzlich sehr wütend (wie ein heftig zeternder Vogel): Da wer i voglwuid! 2. toll i. Sinn v. äußerst vergnüglich
voi	voll
Voidepp	großer Depp (starkes Schimpfwort)
voigråsn	(sich) vollessen
Voiidiot	großer Idiot (vor allem Schimpfwort gegen einen rücksichtslosen Autofahrer)
Voirausch	Vollrausch
voisaun	stark verkleckern od. verschmieren
vonanand, -er, -a	voneinander
vonaranand, -er, -a	voneinander, auseinander: I kenn dee zwoa nia vonaranand!

vor	bevor, ehe: Vor i geh, sag i da no …
voraus	zuerst, vor allem: Voraus sag i dir …
voraus wann	besonders wenn: I kimm net, voraus wann der Bazi da is!
Voressn	Kuttelflecksuppe (früher vor d. Hauptessen, heute oft volle Mahlzeit od. auch Schlemmerdelikatesse)
Vorfōi	Vorfall
vorgebn, -geem	Futter i. d. Krippe füllen: de Küa vorgebn, s. a. eigebn
voring	vorher i. Sinn v. grad eben: Voring hab i an Michl gsehgn
vorknöpfa	zur Rechenschaft ziehen (a. d. Knöpfen herziehen)
vormōis	vormals, ehedem
vorndrõ	vornedran
vorõ	voran: I kimm net voro
Vorschlåghammer	großer Hammer z. Einrammen, auch bildl.: Der braucht an Vorschlaghammer, daß a s kapiert!
vorzoagn	vorzeigen
vül	nb viel
vür	vor, für
vui	viel, s. a. vöi
vuizvui	vielzuviel

W

Wååg	Waage
Wäägl	kl. Wagen, s. a. Wagerl

Wåågscheitl	Waagscheit, Querstange a. d. Deichsel, a. d. die Zugseile angebracht sind u. die mit d. Bewegung d. Pferde mitschwankt: Daher d. Ausdruck f. einen Betrunkenen: so a bsuffas Waagscheitl!
wāār	wäre (auch f. bin, ist, sind gebraucht: Jetzt waar i da! Da Karrn waar ferti! D Semmen waarn frisch! (Bayer. Höflichkeitsform)
Wāātschn	Ohrfeige, s. a. Watschn
Wābn, Wāām	(v. Barbara) alte Frau aus d. Verwandtschaft od. Nachbarschaft
wāchen	1. lind, warm wehen: da Wind wachet, 2. fächeln, 3. leicht hin- und herwackeln
Wāchler, -a	Gamsbart (d. wachet s. d.)
wāchs	s. wax
wāchsln	die Skier wachsen od. alten Schrank etc.
Wachsstok, -ck	in Schichten gelegte Kerzenschnur (relig. Brauch)
Wachsweda	dem Wachstum günstiges Wetter
Wachter, -a	Wächter
Wachtl	1. Wachtel, 2. unbestimmter Schimpfname f. ein Weib, das etw. aus dem Rahmen fällt, s. a. Spinatwachtl, 3. Ohrfeige (v. wachtln = Streiche versetzen)
Wādl	Wade
Wādlstrümpf	Stutzstrümpfe um die Waden b. bayer. Männertracht
Wāchtn	Schneewehe
wāgn	wiegen, s. a. wiagn
wāi	nb wie
Wāider, -a	Wälder

wäin	wählen
wäizn	wälzen
Waffe	1. Waffel, 2. Mund, abfällig: Hoit dei Waffe! s. a. Gwaff
Wāgerl, -al, Wāgl	kl. Wagen, verkleinernd auch z. großen Wagen gesagt, bzw. anerkennend: A scheens Wagerl hast!
Wāggerl, -ggi	Hundename, aber auch kl. Hund (v. allem Dackel)
wāhn	wehen
Wahret	Wahrheit
wạhrscheins	wahrscheinlich
Waibl	Gerichtsdiener (damit verw. Feldwebel)
Waidler, -a	Bewohner des Bayer. od. Böhmerwalds
wāl	nb weil
Waller	Wels (gr. Flußfisch)
Wāmmerl, -al	1. Bauchstück v. Schwein, 2. leicht molliges jüngeres weibl. Wesen
Wampn	Dickbauch (v. Wamme = Bauch)
Wāmperl, -al	kl. Dickbauch, s. a. Beicherl
Wāndl	kl. Wanne
wann	wenn: Wann i mag!
Wanna	Wanne
wāntschn	schleppend, plump, auch schlürfend gehen (m. watscheln verw.)
Wanzn	Wanze
wāppen	(sich) geg. etw. wappnen, darauf gut vorbereitet sein
Wāppen	Ballspiel (d. gegner. Mannschaft mit d. kl. Ball »abschießen«)

Wāpperl, -al	Aufklebeschildchen, auch Briefmarke
wāpperln, -aln	Marken kleben, insbes. Versicherungsmarken: Jetzt hab i die ganzn Jahr gwapperlt
wārf	würfe: Besser, er warf ois hi!
wārma	wärmen
Warmer, -a	Homophiler
Warschauer	(früher) Art Stollen aus zusammengebackenen Gebäckresten
Wārtl	Wörtchen, auch i. Sinn v.: Mit dir muaß i no a Wartl redn! (eine Sache ausreden)
Wārzn	Warze
Wasch	Wäsche
Wāschl m	1. Malerbürste, auch Rasierpinsel, 2. mehr od. weniger nichtsnutziger Kerl, ursprünglich verächtlich f. Friseurlehrling
Waschlappn	schlapper, widerstandsloser Mensch
Wasn	mit Gras u. a. bewachsene Erddecke
Wasserburger	Tränen (Assoziation m. d. Stadt Wasserburg; vornehmlich als Krokodilstränen gemeint)
Wasserfoi, Wassa-	Wasserfall
Wāsserl, -al	1. kleines Gewässer, 2. Heiltrank: Dees Wasserl huift! 3. Schnaps od. Likör: A feins Wasserl! s. a. Radiwasserl
wassern, -an	Pferde trinken lassen
wāssern, -an	Wasser ziehen lassen: Der Radi muaß wässern
wātschln	wie Schwimmvögel gehen, auf Menschen angewandt: hin- und herwackelnd u. schleppend gehen
Wātschn, Waatschn	Ohrfeige (vermutl. v. Klatschlaut »watsch«)

Wātschnbaam	»Ohrfeigenbaum«, sozus. Watschnladung, die gleich explodiert, i. Ausdruck: Glei foit da Watschnbaam um!
Wātschngsicht	verschlagenes od. frech anmutendes Gesicht, das einen z. einer Ohrfeige reizt
Wāttn, -en	bayer. Kartenspiel m. den drei »Kritischen«: Maxe, Belli, Spitz (Bettsoacher), s. d.
wāx	rauh, stichlig: Dees Hemad is wāx; der Bodn is wāx, s. a. wachs
Weada	Werktag
Wean	Gerstenkorn am Auge (v. Altf. Wern = Blutgeschwür am Auge)
Weberknecht	langbeiniges Insekt, an Wänden hängend und auf- und abgaukelnd (Spinnenart)
webern, wewan	mit den Knien od. dem ganzen Körper nervös hin- und herbewegen (ähnl. wie das Webschiffchen)
Wēbs	Wespe, s. a. Weps
wēbsat, wēbsi	s. wepsert
Wechsl	Wasserhahn: da Wechsl tropft
Weckerl, -al	kl. Brotlaib, auch Semmelart, s. remischs Weckerl
Weckn	Brotlaib (länglich)
Weda	1. Wetter, 2. Gewitter, 3. Aufhebens: Machts koa so a Weda her!
Wedahex	zähes, wia v. Wetter gegerbtes, faltenreiches Weib
Wedaleichtn	Wetterleuchten
Wedl	zum Wedeln geeignetes Ding: Staubwedel, Palmwedel etc.
weem	weben

wega	wegen, s. a. weng
wegga	weg: Geh wegga!
Wēhdam	Schmerz, schmerzhaftes Leiden
Wēhmuatter	Hebamme
Wehs n	wunde Stelle, oft nicht definierbar: Was hast denn da Wehs?
Wēhwēh n	1. schmerzende Stelle (kindl. Ausdruck), 2. allgemein: kl. Beschwerden
wei	weil
Wei	Weib
Wēi	Wein
weiazn	nb geheimnisvolle Geräusche machen, gespenstern
Weiberleit	Weibsleute
Weiberts, -ats	weibl. Person: a netts Weiberts
Weibsbuid	Weibsbild, Frauenzimmer
Weich	Weihe
weicha	weihen: geh ma zum Osterkörbe weicha! s. Gweichts
Weichbrunn	s. Weihbrunn
Weichsln	Sauerkirschen
weida	weiter
Weidling m	kl. Milchgefäß, oben weiter (Weitling)
Weihbrunn	Weihwasser
Weiher, -a	kl. Teich (lat. vivarium = Fischteich)
Weihnachter	die Sau, die z. Weihnachten dran glauben muß
Weiler	dörfliche Häusergruppe m. zwei, drei Häusern
wein	weiden

Weinbeerl	»Weinbeere«, Rosine
weisn	1. führen, geleiten: I weis di scho hoam, 2. ein »Weisads« bringen, s. d.
Weisads	Mitbringsel b. Hochzeiten, Geburten, Taufen
Weißdeckn	geweißte Zimmerdecke
Weiße	1. eine Halbe Weißbier (Weizenbier), 2. Wurstart m. Kalbsbrat, als Wurstring angeboten
weißln	anstreichen, tünchen
Weißwurscht-äquator	Grenze Altbayerns
weiter	weiterhin, wie im Hd, aber oft als Einschiebsel: Da wer i mi weiter net plagn = da werde ich mich sicher nicht plagen; »geh weiter!« = höre auf! (bleib nicht beim Jetzigen): Geh weiter, setz di her!
weitschichti, -ig	entfernt (bei Verwandten): Der is nur weitschichti mit uns vawandt
weizn	als Gespenst umgehen: Es weizt!
weng	wegen, s. a. zweng, zwegs
weng, a weng	wenig, ein wenig (bißchen)
wengerl, -al a wengerl	ein wenig
weni	s. weng u. wengerl
Wēps	Wespe
wēpsert, -at, wēpsi	auf nervöse Art unruhig, unstet, aufgescheucht
wer	werde (nur bei ich werde)
werat	würde werden: I werat naarisch! s. a. wur
Werch n	Flachs- od. Hanfabfall

Werda	Werktag
Werdagwand	Werktagsgewand
werkln	arbeiten, schuften, sich angelegentlich beschäftigen
wern	werden i. S. v. etw. Gutes werden, gut werden, gesund werden u. ähnliches: D Muatter werd scho wieder! (nachdem sie krank war)
Wern	s. Wean
Wētschina	Virginia-Zigarre (lang, dünn, mit Strohhalmmundstück)
Wettspui	Wettspiel
wewan	s. webern
wia	wie
wia!	hü! s. a. hüa! (schon a. d. Lateinischen?: d. Italiener sagt via! = auf d. Weg!)
wiagn, Wiagn	wiegen, Wiege
wiah	soviel wie hüa! wia! s. d.
wiascht	s. wüascht
wiaso	wieso
Wiastbāām	nb s. Wiesbaam
wiavui	wieviel
Wichs, Wix	1. allgem. d. feine Tracht, i. bes. d. Lederhose: Heit kimmt a in da Wichs, 2. Schläge auf d. Hintern: Da Bua hat Wichs kriagt
wichsn	verhauen: Den hab i gwichst
wickln	gehörig verdreschen
Wied	nb Reisigbündel, durch gedrehte Zweige zusammengehalten
Wiesbāām	Längsbalken auf d. Heu- od. Getreidewagen zum Festklemmen der Ladung

Wiesl	1. Wiesel, 2. kl. Wiese; a gmahts Wiesl = günstige Gelegenheit, die einem mühelos beschert wurde
Wiesn	1. Wiese, 2. Münchner Oktoberfest
wimmen	wimmeln
Wimmerkastn	mißtönendes Musikinstrument (Klavier od. Ziehharmonika od. Orgel)
Wimmerl, -al	1. Hauptpickel, 2. unbedeutender Mensch; So a Wimmerl! 3. kl. Gepäckhülle, s. Binkerl
Wimmerl-gsicht, -al	Gesicht voller Mitesser od. sonstiger Pickel
Windbeitl	1. flatterhafter, liederlicher Mensch, 2. Sahnegebäck
windig	1. schlecht gemacht, 2. charakterlos, unzuverlässig, lumpenhaft, 3. unseriös: a windigs Gschäft
windschiaf	windschief, wie vom Wind verbogen
winga	winken
Winterstubn	Unterschlupf d. Holzfäller i. Winter
Winzling	kl. Kerl, auch verächtlich: Du Winzling!
Wipfe	Wipfel
Wirm	1. Würmer, s. a. Würm, 2. Wärme
Wirsching	Wirsingkohl
wisawi	s. vis-à-vis
Wisch m	verächtlich betrachtetes Schriftstück: Was wuist denn mit dem Wisch da?
Wischiwāschi	vages, unverständliches Gerede (verwischtes G.)
wischn	(einem) eine Ohrfeige versetzen: I hab eam oane gwischt

wischpern, -an wispern

wisiwisi Locklaut f. Kinder, damit sie leichter »bisln«, s. d.

wissat, wißt wüßte

wissn i. Sinn v.: Jetzt möchte ich was erleben! oder: Die möcht was wissn = die ist sexuell anspruchsvoll

wist! links!: Zuruf ans Zugtier, s. a. wüst (v. Altf. winster = links; viell. a. lat. sinistra rückführbar)

Wix s. Wichs

wo 1. irgendwo: Der muaß doch wo sei! 2. welcher, -e, -es, in Verbindung mit der, die, das: Der Mo, der wo heit in da Wirtschaft war; dees Haus, (des) wo zum vakaffa is

woach weich

woacha weichen

Woad Weide

woaka s. woacha

woana weinen

woanad weinerlich

woar nb war

woartn nb warten

Woaserl 1. kl. Waisenkind, 2. armes Ding (arm wie ein Waisenkind), 3. an Wissen u. Können armer Mensch, der hintendran bleibt

woaß weiß (v. wissen)

woaus wohin: woaus denn?

Woaz Weizen

Woacha Woche

wöi nb will: I wöi net! Mir wöin nix!

wöibn wölben, s. a. wöim

wöichaner, -a, -e s. wöicher, welche

wöicher, -a, -e, -as, -ans welcher, -e, -es

wöik welk

wöika welken

wöim wölben, s. a. wöibn

Wöin Welle, -n

Wöit Welt

woi, Woi wohl, Wohl

Woi Wolle

Wōi Wahl

woiat, -tat wollte i. Sinn v. würde wollen: I woiat ja nix sagn …

Wōid Wald

wọideanad wohldienerisch, liebedienerisch, unterwürfig

woiern, -an wollen, aus Wolle

wōifahrn wallfahren

Wōifahrt Wallfahrt

Woifahrt Wohlfahrt

Woifahrtsamt Wohlfahrtsamt (Sozialamt)

Wōigler, -a 1. Walker (Nudlwoigler od. -woiker), 2. kl. Rausch

wōigln walken

Wōiker, -a s. Woigler

Woikn Wolke, -n

woin wollen; m. Dativ: jemand begehren, auch bedrohen: Er wui ihr was; i wui da nix!

Woipertinger	bayer. Phantasietier
woit	wollte
woitat	s. woiat
Woitat	Wohltat
woitern, -an	sehr, beträchtlich (v. Altf. woltan = wohlgetan): Da hamma woitern gschwitzt
Woiwürscht	Wollwürste, s. Gschwoine
Wōiz	»Walze«, Wanderschaft d. Handwerksburschen: Er war auf da Woiz
Wōizer, -a	Walzer
Wōizn, woizn	1. Walze, walzen, 2. gewichtiges, rundförmiges Weib
Wōld	nb Wald
Wōng	Wagen
Wōōg	Waage
worn	geworden
Wōsser, -a	nb Wasser
Wuat	Wut
wuati, -ig	wütend
Wuckerl, -al	1. Lockenwickler, 2. Kosename f. ein zierliches od. als zierlich behandeltes weibl. Wesen
wüah!	s. wiah
wüascht	wüst, häßlich: Die is net wüascht = die ist hübsch
würfi	energiegeladen, in Hochform: Habts koa Klavier oder sonst a schwaars Trumm: Heit waar i würfi!
Würm	Würmer
Würscht	Würste

wüst!	links! (Ruf ans Zugtier), s. a. wist!
wui	will
wuid	wild
wuidern, -an, Wuiderer, -a	wildern, Wilderer
Wuidling	wildes Kind, wilder Kerl
Wuidsau	1. weibl. Wildschwein, 2. sich wie eine Wildsau gebärdender Mensch (der keine Rücksicht auf Schonung der Dinge u. Reinlichkeit nimmt)
Wuin	Wille: er hat eam sein Wuin aufzwunga
Wuisler, -a	Winsler, einer, der wuislt, s. d.
wuisln	winseln, an jemand hinjammern
wuist	willst du: Wuist an Kaffee?
Wuist	Wulst
wur, wurat	würde werden: I wurat krank, s. a. werat
Wurf	1. Rausch, 2. b. Vielgeburt v. Jungen: a Wurf Facken s. d.
wurlat	nervös, aufgeregt (es wurlt in mir), s. wurln
wurln	wimmeln: In da Gaststubn wurlts grad so
wurma	innerlich an einem nagen: Dees wurmt mi!
Wurscht	Wurst
wurscht	gleichgültig: Dees is mir wurscht (viell. weil die Wurst vorne u. hinten gleich aussieht)
wurschti, -ig	gleichgültigen Sinns: So wurschtig derf ma net sei!
Wurschtl	häufiger Name f. Dackel
wurschtln	1. planlos vor sich in od. an etwas herumarbeiten, 2. schlecht und recht zurechtkommen: Er wurschtlt si hoit so durch

Wurzlbürschtn	grobborstige, harte Bürste: Den muaß ma mit da Wurzlbürschtn abreibn!
Wurzlsepp	bayerischer Urtyp od. als solcher angesehen: knorrig, knochig, bärtig etc.
Wurzn	1. großer Wurzel, 2. origineller, wenn auch derber Mensch (meist v. weibl. Person gesagt)
Wuschlkopf	Krauskopf bzw. Kopf mit wuschligen, wild gelockten Haaren
Wuwu	Kinderschreck: Jetzt kimmt da Wuwu!
Wuzerl	1. zusammengedrehtes kl. Röllchen od. Klümpchen, 2. kl. Kerlchen
wuzerlfett, wuzal-	dick, rundlich (wie wenn man d. Menschen gewuzelt hätte)
Wuzi	Nasenkrümel, s. a. Nasnwuzi
Wuzl	kl. Kerlchen
wuzln	1. Wuzerln drehen bzw. kneten, 2. drängen i. Sinn v. durchdrängen: Da hab i mi durchgwuzlt

X

Das X wird von manchen Autoren u. i. besonderen Fällen für Gs bzw. gs geschrieben

Xidä	Variation des Namens Xare (v. Xaver), Bezeichnung f. einen etw. langsamen, tölpeligen Menschen: Du werst so a Xide sei!
Xief	Gesöff, s. Gsief
Xot	Häckselfutter, s. Gsot

Formen wie xund, Xang, Xicht (statt Gs) kommen nur selten bzw. bei Radikalschreibung vor.

Z

z 1. zu (vorgestellt) z kloa, z eng, 2. zu i. Sinn v. in: z Lauterbach, 3. Abkürzung d. Vorsilbe za- (zer-): zbrocha, zlaffa

zāăch, zāch 1. zäh, 2. bei Personen: widerspenstig, schwer zu nehmen: D Resi is a ganz a zaache

Zāām, Zāām-zeig Zaum, Zaumzeug

Zācherl, -al Träne, -en (v. Zähren)

Zackn m Zacke

Zāfix s. Zefix

Zāhnt, Zehnt Zähne

zāin zählen

Zahn 1. gr. Geschwindigkeit: Der hat an Zahn drauf (auch Affnzahn), 2. hübsches Mädchen: Was hat denn da Rudi für an Zahn dabei? steiler Zahn = besonders attraktives Mädchen

zahna 1. b. Kleinkindern: Zähne bekommen, 2. lachen (weil dabei mehr od. weniger die Zähne z. Vorschein kommen: Göi, da zahnst!)

Zāhnderln, -daln kl. Zähne, insbes. v. Kindern

zamm, zamma zusammen: Ois zamm? fragt die Kellnerin; warum schimpfst mi denn so zamm?

zamm- od. zamma- als Vorwort austauschbar, s. folgende

Zammastand 1. Zusammenstand, Füreinander-Passen: Dees is doch koa Zammastand mit dene zwoa! 2. Zusammenstehen i. Sinn v. zusammenhalten

zammbürschtln (einen) heftig ausschimpfen

zammessn aufessen, aber auch d. andern wegessen: Da Fritz hat ma ois zammgessn!

zammfõin 1. hinfallen, 2. zusammenfallen i. Sinn v. hinfällig werden: O mei, d. Tante Anni is zammgfoin! 3. seelisch zusammenbrechen, 4. gerinnen, s. zammgeh 1.

zammgeh 1. plötzliches Gerinnen d. Milch beim Kochen: Mei, jetzt is d Milli zammganga! 2. einschrumpfen, klein und spindig werden: Mei, is d Marie zammganga! 3. gemeinsam gelingen, gesellschaftlich gemütlich od. lustig werden: Sakra, geht denn heit gar nix zamm! 4. noch drauf ankommen: Auf dee paar Leit gehts aa nimmer zamm!

zammheiratn durch Heirat zwei Besitztümer vereinen: Da Leitner Schorsch und d Dobler Resi ham zammgheirat

zammhöifa zusammenhalten, einander helfen

zammhocka (sich) gemütlich od. beschaulich zusammensetzen: Hock ma uns zamm!

zammklaubn, -aum 1. zusammensammeln, 2. (sich) wieder sammeln, aufraffen: Er hat si wieder zammklaubt

zammläffa 1. zusammenlaufen, 2. wie zammgeh 1., s. d.

zammleitn z. Messe läuten (die Gläubigen herbeiläuten)

zammpacka 1. das Ganze einpacken: bittschön, packas ma ois zamm! 2. mangels Erfolg aufgeben, aufhören: Jetzt konnst zammpacka! 3. vulgär f. ein Weib aufs Bett legen: Dee hab i zammpackt! 4. (einen) total ausschimpfen

zammputzn 1. völlig ausschimpfen: Da Moaster hat an Lehrbuam zammputzt (sozus. alles an ihm wegputzen), 2. ratzebutz aufessen: Er hat den ganzn Salat zammputzt (könnte m. Butzen zusammenhängen: mit Butz und Stiel)

zammraama 1. zusammenräumen, 2. völlig ausschimpfen

zammrąffa (sich) nach viel Streit zusammenfinden

zammrichtn 1. instand setzen, wieder fit machen: Da Dokta hat mi wieder zammgricht, 2. vermurksen (i. d. Absicht, etw. recht zu machen). Ja, wia hat di denn da Frisör zammgricht!

zammrucka 1. zusammenrücken, 2. aneinandergeraten: Wenns d so weitermachst, wern mir zwoa zammrucka!

zammscheibn, -eim wie zammgeh 3., s. d. (vermutl. v. Kegelscheiben übernommen): Heit scheibt si nix zamm! Bei dene zwoa scheibt si was zamm (i. puncto Liebe)

zammstaucha brutal ausschimpfen (daß der andere gleichsam durch Stauchen kürzer wird)

zammtoa (sich) zusammenschließen: Mir müassn uns zammtoa!

zamm-trommen eine Gruppe durch eifrige Bemühung, mündl. u. schriftl., zusammenrufen (wie mit d. Palavertrommel)

zammwachsn 1. durch lange Gewöhnung und Vertrautheit unzertrennlich werden, 2. aneinander geraten: Mei Liaber, mir zwoa wachsn heit no zamm!

zammziagn, -iang 1. zusammenziehen, schrumpfen: Mei, heit bei der Käitn hats mi zammzogn! 2. miteinander eine Wohnung beziehen

zammzupft etw. verwüstet ausschauend, jedoch künstlich aufgemacht, v. allem i. d. Verbindung: so a zammzupfte Henna!

Zāmperl, -al Hund, haarreich und nicht zu groß (Name auf die Art übertragen)

zāmperlbrav, -al- brav, gefügig wie ein kl. Hund

zāmperlfromm, -al- wie oben

zamt samt: Er mags zamt ihre Fehler

zamtdem samtdem

Zapfa 1. Zapfen, 2. unhübsches, uncharmantes Weib, 3. Klarinette

Zāpferl, -al 1. Gaumensegel, 2. Zäpfchen, insbes. Suppositorium

zappen zappeln

Zappephilipp ständig zappelndes (-r) Kind od. auch Mann (aus dem früher wohlbekannten Buch »Struwwelpeter« entnommen)

zārrn zerren

zārtli zärtlich

Zãu Zaun

zaundürr, zāudürr dünn wie eine Zaunlatte

Zausl stets zerzauster Hund oder auch Mann, Frau, Kind

Zauserl kl. schwächliche Person

Zạ̄uzuaigeher nb einer, der gern möchte u. sich nicht getraut (bzw. nur »bis zum Zaun«)

zåwen	zappeln
zbrocha	zerbrochen
Zēcha m	1. Zehe, 2. mißfälliges jüngeres Weib: Was für an Zecha ziagt a da daher? s. a. Zeha
Zēck	1. Zecke, 2. unabschüttelbarer Mensch
zēckerlfett, -al-	angefressen wie eine blutsaugende Zecke
Zedl, Zeel	Zettel
Zefix	gekappte, entschärfte Form des Fluchs »Kruzifix«
Zegerer, -ara	sackartige Tragtasche, meist geflochten (a. d. Böhmischen, viell. daher m. Cech = Tscheche verwandt)
Zēha m	Zehe, s. a. Zecha
Zehnerl, -al	Zehnpfennigstück
Zehnerstutzn	Zehnmarkschein
Zehnt	s. Zähnt
zeidln	1. Honig schleudern (v. Altf. Zeidl = Biene bzw. Imker), 2. nb melken (1. d. Bienen d. Honig), 3. d. Kühen die Milch nehmen)
Zeig	Zeug, auch verächtlich gemeint: so a Zeig!, s. a. Zeigl
Zeigl	1. Zeug als Sammelwort: Wo hab i denn mei Zeigl? 2. männl. Geschlechtsteile: Deck dei Zeigl zua!
Zeign	Zeugen
Zein	Zäune
Zeiserl, -al	Zeisig
Zeiserlwågn, -al	Polizeiwagen z. Abtransport v. Verhafteten (v. Altf. zeiseln = eilen; Zeiselwagen = Eilwagen, Leiterwagen m. Sitzbrettern, auf denen man früher Gefangene beförderte)

zeiti	1. reif: D Äpfe san zeiti, 2. rechtzeitg
Zeitl	eine kl. Spanne Zeit: Es dauert no a Zeitl
Zeitlang	Heimweh, Sehnsucht: I hab so Zeitlang nach dir (die Zeit ohne dich wird mir so lang)
Zenterling	s. Senterling
Zentn	Zentner: an Zentn Woaz hab i kafft
Zepfal	kl. Zopf, s. a. Zöpferl
zerm	1. zünftig (verw. m. ziemen): Heit iss zerm, 2. Gesamteigenschaft: fröhlich, gemütlich, ehrlich: a zermer Kerl!
zerscht	1. zuerst, 2. von vornherein: Dees hat ma scho zerscht net paßt! 3. sowieso: Dees ham ma ja zerscht scho gwußt, 4. dennoch, erst recht: Jetzt mag i zerscht net!
zerst	s. zerscht
Zetl	s. Zedl
zfriedn, zfrien	zufrieden, s. a. pfriem
zhäcklt	zerstritten: Mitm Rudi hab i mi zhacklt
zhöchst	ganz oben, am höchsten
Ziachn, -an f	Bettbezug
Ziagater, -a	Langweiler, Zögerer (zieht alles hinaus)
Ziagbrunn	Ziehbrunnen
Ziagl	Ziegel
ziagn	1. ziehen, 2. wehtun: Au, dees ziagt! 3. net ziagn: nicht gern mitmachen
Zibebn, -beem -weem	Rosinen (v. lat. cubeba)
zidan	zittern
Ziefer, -a, -ern, -an	lästiges Frauenzimmer (mit Ungeziefer verwandt): Hat a dees Ziefer scho wieder dabei!

Ziehrer, -a	Zehrer, Nutznießer
Zigāān	Zigarre
Zigarettn-bürscherl	junger Raucher m. frechen Manieren
Zigeiner, -a	1. Zigeuner, 2. unsteter, unverläßlicher Mensch (eine d. gefährl. Verallgemeinerungen)
Zigọri	Zichorie, früher häufig gebrauchter Kaffeezusatz, aus Pflanze gewonnen
zindln	s. zündeln
Zinkn m	1. Zinke, 2. hervorstehende, nach unten gekrümmte Nase
Zinserl, -al	Kosewort f. ein zartes Wesen (entw. v. Altf. zinseln = sich zart u. empfindsam verhalten, od. v. Zeiserl)
zinsln	pissen, v. allem v. kl. Kindern
zinti, zünti	gereizt, aufgebracht (v. zünden, entzündbar): Hör auf, sonst wer i zinti!
Zipf, Ziepf	Hühnerkrankheit m. Starrblick. Falls jemand vor sich hinstiert: Hast an Zipf?
Zipfe	1. Zipfel, 2. unbeholfener od. einfältiger Mensch: So ein Zipfe! 3. Penis
Zipfehaum	Zipfelhaube
zipfen	»zipfeln«, ausfransen: Dee Hosn zipfet ja scho (b. Blue jeans auch gewollt); auch f. ungleichmäßigen Rocksaum etc. gebraucht
Zipferl	kl. Penis (v. allem b. Kindern)
zischn	schnell ein Bier trinken: Zisch ma a Maß!
Zitzerl, -al Zizerl, -al	1. Zaunkönig, 2. Kosename f. kl. zartes Wesen (d. Zaunkönig verwandt; od. v. Zitze = Brustwarze)

zitzerlweis in kleinsten Mengen (vermutl. wie Milch in kleinsten Mengen aus den Zitzen kommt)

Ziweem s. Zibebn

Zịzibēē Kohlmeise, nach ihrem ähnlich klingenden Ruf Vogerl Zizibee genannt

zkeit zerkriegt: Mit dem bin i zkeit, s. auch kein

zkriagt zerstritten, zerkriegt

zlāffa zerlaufen

zmehrscht nb am meisten, überwiegend: Sie hat ja zmehrscht gwoant

znāchst »zunächst«, kürzlich: Znāchst bin i in Rosenheim gwen

Zõ Zahn

zo nb zu

Zoager, -a Zeiger

zoagn, -ng zeigen

zockln m. kleinen Schritten gehen (wie mit Zockln = Holzschuhen)

Zögara s. Zegerer

Zöin Zelle

Zöit, zöitn Zelt, zelten

Zöitl Bonbon (v. Zelten, vergl. Lebzelten)

Zöitn langweiliger Mensch (wie ein vertrockneter Lebzelten = Lebkuchen)

Zöpferl kl. Zopf

Zoi Zoll

Zōi, -n Zahl, -en

zoign, -ng nb zeigen

zōin zahlen

zõluckat zahnlückig

Zopf	1. soviel wie Zweck, Sinn: Dees hat koan Zopf! (vermutl.: hängt nichts dran), 2. dreisträhnig geflochtener Hefekuchen
Zornigl	»Zornigel«, aufbrausender Mensch, s. Nickl
Zotln	zottelige Haare: Heit hast wieder Zotln beinand!
Zotzn, Zozn	1. ungepflegte Haarsträhne, -en, 2. ungepflegte Weibsperson
zōwen	zappeln
zozert, -at	zottig, verfilzt (b. Haaren)
zreißn	etw. zuwege bringen, effektiv arbeiten; nur negativ gebraucht: O mei, da Hans zreißt aa nix!
Zreißzamm	einer, der ungeschickt viel zerreißt (b. Kindern allerdings aus Freude am Zerreißen)
Zriß, Zrieß	Kleidung od. andere Textilien m. Rißstellen: Was hast denn für an Zrieß beinand?
zruck	zurück
zruckhausn	herunterwirtschaften: Beim Leitner hams zruckghaust
zschuid	schuld: I bin net zschuid dro!
zua	1. zu, 2. geschlossen: Die Läden san heit zua, 3. »voll« v. Alkohol od. Drogen
zuabaun	anbauen (ans Haus)
Zuabrot	Nebenverdienst (»zusätzliches Brot«)
Zuadeck	Bettdecke, Plümo
zuadrāhn	1. zudrehen, 2. mit Flunkern od. Prahlen aufhören: Jetzt drahst aber zua! (sozus. d. Hahn zudrehen)
zuadrāht	soviel wie Schluß: Jetzt is zuadraht! (z. B. mit Zahlungen)

Zuafoi	Zufall
Zuagang	hektischer Betrieb: an Zuagang hats da!
zuageh	lebhaft geschehen, von lärmendem, wenn nicht chaotischem Betrieb erfüllt sein: Zuageh tuats da!
Zuagēherin	Zugehfrau, gastweise Raumkosmetikerin
Zuagroaster	heimisch gewordener Nichteinheimischer
Zuahäiter, -a	Zuhälter
Zuaheisl	1. Austragshäuschen (f. d. Alten v. Hof), 2. allgemein kl. Neben- oder Anbau
Zuakehr	Einkehr a. d. Straße
zuaklaubn, -m	(einen) besonders gut versorgen, damit er sich wieder erholt, od. weil er d. Liebling ist: Am Walterle müaß ma jetzt guat zuaklaubn (ihm eifrig Stück f. Stück geben)
zuaknöpft	schwer zugänglich, nicht mitteilsam
zualanga	1. dem Essen fest zusprechen: Buam, langts zua! 2. ausreichen, v. allem bei Maßen: Dees werd net zualanga!
zualassn	1. erlauben, 2. die Kuh zum Stier führen
zuamacha	1. schließen, 2. beim Wetter: sich ganz bewölken, 3. weitermachen: Machts nur zua, Kinder!
zuareen	zureden, ermutigen od. beschwichtigen
zuari	dazu: Der ghört net zuari
zuaschanzn	(einem) eine bes. Gelegenheit zukommen lassen (v. Altf. Schanz = Glücksfall, frz. chance): Dees Pösterl ham ma eam zuagschanzt! s. a. Schanzerl
zuaschaugn	1. zuschauen, 2. sich bemühen, zusehen, daß ...: Jetzt muaßt zuaschaugn, daß d no oane kriagst (Sieh zu, daß du ...)

zuaschuastern, -an	(einem) etw. auf nicht ganz reguläre Weise zukommen lassen
Zuaständ	1. unordentliche, betrübliche Verhältnisse: Zuaständ san dees bei dene! 2. seelische Krankheitszustände: Sie hat wieder ihre Zuaständ
zuastecka	(einem) mehr od. weniger heimlich Gutes zukommen lassen
zuatoa	sich beeilen, anstrengen: dazutun, daß ...: Jetzt muaßt zuatoa, daß d fertig werst!
zuawa	herzu: Ruck zuawa!
Zuawååg, -wōōg	kl. Mehrmenge als Draufgabe (i. d. Regel b. Metzger, gratis od. nicht)
zuawi	hinzu: I ruck zuawi zu dir!
Zuawizarrer	Fernglas (zerrt das Objekt heran)
zuaziagn, -ng	1. zuziehen (auch i. Sinn v. Wohnungswechsel), 2. sich mit Wolken bedecken: Jetzt ziagts zua, s. a. zuamacha, 3. (sich) etw. zuziehen: Hör auf, sonst ziagst da mein Haß zua!
Zuchtl	lockere u. etw. verwilderte Weibsperson (urspr. Wortsinn v. Zuchtl = Zuchtschwein)
Zucker	Ausdr. f. sehr reizvoll, süß: Dees Madl is Zucker!
Zuckerl, -al	kl. Zuckerstück, bildl. Lock- od. Beschwichtigungslob od. -versprechen: Gib eam a Zuckerl!
Zündler, -a	einer, der gern mit dem Feuer spielt, Pyromane
zündln	mit dem Feuer spielen
zünfti	gemütlich-lustig bis lärmend lustig

Züngerl, -al	Zunge, die man beim Metzger als Züngerl verlangt (womit die Delikatesse betont wird)
zünti	s. zinti
Zugharmoni	Ziehharmonika
zugitzn, -getzn	nb zucken, verzucken d. eben getöteten Tiers
Zui, zuin	Ziel, zielen
zuign	nb ziehen
Zuischeim	Zielscheibe
Zumpe	leicht liederliche Weibsperson, auch im Scherz gebraucht: Du bist ma so a Zumpe! (v. Altf. Zumpfel = Vagina)
zun	zum (Bequemform)
zundn	gezündet, eingeschlagen: Der Satz hat zundn!
Zungaschlåg	Sprachfehler: mit der Zunge anstoßen
zupfa	(sich) wegbegeben: Zupf di!
Zupfgeign	Gitarre
zuri	s. zuari
zuvor	vorher: zuvor hab i no gessn
zuzln	saugen, s. a. suzln
zvui	zuviel
Zwack	kl. Kerl (v. Altf. Zwack = Heftnagel des Schusters)
Zwåtz	Knirps
Zwåzerl, -al **Zwåzl**	1. sehr kl. Kind, 2. schmächtiges Wesen
Zwåz	s. Zwaz
zwåzln	trippeln (weil nur zu kleinen Schritten fähig)

zwee	nb zwei (männlich)
zwegn, zwegs	wegen, s. a. zweng
Zweifescheißer, -a	ständiger Zweifler und Zögerer
Zweigerl, -al	kl. Zweig
zweng, -ngs	wegen: Zweng mir brauchst net kemma
zweni	zu wenig
Zwerchrippn	vorderer Teil d. Rippen eines Rindes
Zwergl	Zwerglein
Zwetschgn	die Zwetschgn = die Siebensachen, Habe: Pack deine siebn Zwetschgn zamm! (Kleinigkeiten)
Zwetschgnbavēsn	in Fett gebackene Semmelscheiben mit Zwetschgenmus
Zwetschgndätschi, -daatschi	der beliebte Blechkuchen mit Zwetschgenbelag
Zwetschgnmändl, -erl, -al	1. kleine Figur aus gedörrten Zwetschgen (meist um Weihnachten angeboten), 2. ein ähnlich schmächtiges Männchen
zwicka	1. stehlen, 2. (sich) davonmachen i. S. v. kneifen bzw. freiwillig das Feld räumen: Geh weiter, zwick di!
Zwickabußl	zärtlicher Kniff i. d. Wange, m. Kuß verbunden
Zwicker, -a	Brille mit Nasenklemme: Wo is denn mei Zwicker wieder?
zwickezn	nb zwitschern
Zwickl	1. Anzug- oder Kleiderstelle, die verstärkt ist (z. B. am Hosenspalt), 2. Zweimarkstück
zwider, -a	1. zuwider, 2. unausstehlich: Sei doch net so zwider!

zwideriern nb hin- u. herstreiten, ungut sein

Zwidernis Mißlichkeiten, Widerstände

Zwiderwurzn f unausstehlicher Mensch, nicht nur, aber bes. auf weibl. Person bezogen

Zwiefacher Tanz, der zwischen Dreier- und Zweiertakt wechselt

Zwiefe m 1. Zwiebel, 2. Taschenuhr (v. allem, wenn sie relativ groß ist)

zwiefen (einen) dressurartig schikanieren (viell. aus Altf. zwirfeln, zwirbeln = drehen, herumtreiben)

zwigazn nb knarren

zwinga etwas mit Anstrengung schaffen, insbes. beim Essen: Den Knödl zwing i nimmer

zwirma (einen) quengelnd bedrängen (hängt viell. mit Zwirn zusammen, f. den man Fäden ineinanderdrehen muß)

Zwischenpanscherl, -al ehegefährdendes weibliches »Intermezzo«, meist wieder vergeßbar

zwo nb zwei (wenn weibl. Wesen), s. a. zwee (männl.)

zwoa zwei (neutral)

Zwoaring Zweipfennigstück

Zwöifender, -a freiwillig zwölf Jahre dienender Soldat (mit Anspielung auf gr. Hirschgeweih)

Zwöifer, -a Zwölfer-Treffer beim Schießen

Zylinder unterdrückter Groll: Der hat an Zylinder (vermutl.: d. Groll steigt unsichtbar aus seinem Kopf auf)

Kurz- und Koseformen von Vornamen

Die meisten der aufgeführten Vornamen sind typisch bayerisch abgewandelt. Einige Formen decken sich auch mit hochdeutschen Kurz- und Kosenamen.

Adi	Adalbert, Adolf
Alisi	Alois
Ānderl, Andresl	Andreas
Annamirl	Annemarie
Anni, Annerl	Anna
Ānschi	Angela, Angelika
Bärbl, Bärwe	Barbara
Bārthl, Bārtl	Bartholomäus
Bene, Beni	Benedikt
Berni	Bernhard
Berti, Bertl	Albert, Albertine, Berta, Bertold, Herbert, Robert, Engelbert
Betti	Babette, Bettina
Blāndi	Blandine
Blāsi	Blasius
Burgi, Burgl	Walburga
Cānisi	Canisius
Christa, Christl	Christine
Christl	Christoph
Cilly	Cäcilie
Dāmerl	Thomas
Donisl	Dionysius
Dora, Dorle	Dorothea

Edi	Eduard, Edmund
Ēgidi	Ägidius
Ella, Elli	Elisabeth
Elli	Eleonore
Elsa, Else, Elsbeth, Elis	Elisabeth
Emi	Emilie
Emmi	Emma
Erna, Erni	Ernestine
Ernstl	Ernst
Evi, Everl, Ev	Eva
Fānni	Franziska
Ferdl	Ferdinand
Fini	Josefine
Flori	Florian
Fonse, Fonsä	Alfons
Frānzi, Frānzl, Frānzä	Franziskus
Frānzi	Franziska
Frieda	Elfriede
Friedl	Friedrich, Friederike, Elfriede
Fritz, Fritzl	Friedrich
Fritzi	Friederike
Gabi	Gabriele
Geli	Angelika
Gerd, Gert	Gerhard
Gerdi, Gerti	Gertrud, Gertraud
Gesi	Gesine
Gidi	Ägidius
Girgl	Georg

Gisi	Gisela
Gitti	Birgit, Brigitte
Gori	Gregor, auch Georg
Grētl	Margarethe
Gustl, Gusti	Augustinus, Augustine (August, Auguste)
Hānna, Hānni, Hānnerl	Johanna
Hānsi, Hānserl	Hans (Johann), Johanna
Hārtl	Leonhard
Hausl	Balthasar
Hedi, Hedl	Hedwig
Heidi	Adelheid
Heini	Heinrich
Helmi	Wilhelm, Helmut
Hermi, Herma	Hermine
Hias, Hiasl	Matthias
Hilde	Mathilde, Hildegard
Hugi	Hugo
Irma, Irmi	Irmgard, Irmingard
Jackä, Jaggä, Jackl	Jakob
Jörg, Jörgl	Georg
Juli, Julie	Juliane, Julia
Karä, Karli	Karl
Karolin	Karoline
Kāthi, Kāthl, Kāth, Käthi	Katharina
Klausi	Klaus, Nikolaus
Konni	Konrad

Korbi	Korbinian
Kuni	Kunigunde
Kurtl	Kurt
Leni, Lena	Magdalena
Lenz, Lenzi	Lorenz
Lia	Elisabeth
Lippe, Lipperl	Philipp
Liesl, Liesi, Lieserl, Lisbeth, Lis	Elisabeth
Loisl, Lois, Luis	Alois
Loni	Apollonia
Lore, Lorle	Eleonore
Luckä	Lukas
Luggä, Ludwigl	Ludwig
Māli, Mālie	Amalie
Mārie, Marerl	Maria
Marga	Margarethe
Mārtl	Martin, Martina
Māxl	Max
Mēla	Melanie
Mēli	Melchior, Amelie
Michl, Michä, Mix	Michael
Mirl, Mirzl	Maria
Moni, Monerl	Monika
Muck	Nepomuk
Nāzi, Nāāz	Ignaz
Nicki, Nickl	Nikolaus
Ossi	Oskar
Otti, Ottl	Otto, Otmar

Paula, Paulchen	Pauline
Pauli	Paul
Piuserl	Pius
Rēsi, Resl, Reserl, Res	Theresia
Robi	Robert
Rosa, Rosl, Rosi	Rosalie
Rudi, Rudl, Rolfi	Rudolf
Sāli, Sālli	Rosalie
Schorsch, Schorschl; Schosl, Schosi	Georg; Georgine
Sēpha, Sēphi, Pēpperl	Josephine
Sēpp, Sēpperl, Pēpperl, Pēps	Joseph
Sigi	Siegfried
Silvi	Silvia
Simmerl	Simon
Stāsi	Anastasia
Steffe, Stēffi	Stephan, Stephanie
Stoffe	Christoph (aber wegen Abwertung zu Schimpfname kaum mehr in Gebrauch)
Susi	Susanne
Sylvi	Sylvia
Thēres	Theresia
Tine, Tini	Albertine, Ernestine u. a. -tine
Toni, Tonerl	Anton, Antonie
Traudl	Gertraud, Waltraud, Edeltraud
Trudl	Gertrud
Uli	Ulrich, Ulrike

Urschl, Uschi, Ursl	Ursula
Valä	Valentin
Veit, Veitl	Vitus
Vēverl, Vēvi, Vēv	Genoveva
Vroni	Veronika
Wabbi, Wālli	Walburga
Wābn	Barbara
Walti	Walter
Wāst, Wāstl	Sebastian
Wiggerl, Wigg	Ludwig
Willi	Wilhelm
Xaverl, Xare, Xarä, Xidä	Xaver
Zācherl	Zacharias
Zenzi, Zenz	Kreszenz
Zilli	Cäcilie

Grammatikalische Anmerkungen

Die folgenden Anmerkungen betreffen einige Eigenheiten bayerischer Wörter und Wortformen, die für den Gebrauch des Buches wichtig sind. Sie sind nur Streiflichter auf eine bayerische Grammatik. Wer über eine solche mehr Information gewinnen will, für den sind die Bücher »Bairische Grammatik« von Ludwig Merkle sowie »Das bairische Dialektbuch« von Ludwig Zehetner sehr aufschlußreich (s. Literaturverzeichnis).

Geschlecht der Hauptwörter*

Das Geschlecht der Hauptwörter – männlich, weiblich, sächlich (Maskulinum, Femininum, Neutrum) – ist entweder aus den Wörtern selbst ersichtlich (z. B. der Bierbaß) oder aus der an erster Stelle stehenden hochdeutschen Bedeutung (z. B. Teifi = der Teufel) oder aus einem angefügten Satzbeispiel. Im davon abweichenden Fall ist es hinter dem bayerischen Wort mit m, f oder n angegeben.

Der Übersicht halber werden hier die wichtigsten Wörter angegeben, die im Bayerischen ein anderes Geschlecht als im Hochdeutschen haben. Die bestimmenden Artikel sind in der folgenden Liste: da = der; d = die; as, s = das.

d As	das As
da Aschn (auch d Aschn)	die Asche
da Backa	die Backe
da Barometer	das Barometer
da Butter, -a	die Butter
da Datum	das Datum
as Eck, s Eck	die Ecke
d Fettn (auch s Fett)	das Fett (d Fettn besonders im Sinn von Leibesfettheit)

da Ghoit	das Gehalt
as Gstank, s Gstank (auch da Gstank)	der Gestank (bayer. analog zu das »Gestinke«)
da Gift	der Groll, Zorn (sonst as Gift, s Gift = giftige Substanz)
da Heischreck	die Heuschrecke
d Huastn	der Husten
da Karrn	die Karre (aber hd auch der Karren, v. Bayerischen übernommen)
da Katoffe	die Kartoffel
da Lexikon	das Lexikon
s Marmelad	die Marmelade
da Metter	das Meter
da Petersui (aber s Peterle)	die Petersilie
da Radio	das Radio
da Ratz	die Ratte
as Sach	nur sächlich als Anwesen, Besitztum, Zeug
da Scherm	die Scherbe
da Schneck (aber d Schneckn)	die Schnecke
d Schneid	der Schneid (falsche hd Version)
da Schoklad	die Schokolade
da Schubladn	die Schublade
da Schurz	die Schürze (aber auch hd der Lendenschurz)
da Socka	die Socke

da Spiz aber auch	die Spitze
d Spitzn: d Spitzn (v. Bleistift)	die Spitze
da Termometter	das Thermometer
as Tunnẹl, s Tunnẹl (endbetont)	der Tunnel
da Weps	die Wespe
da Zackn	die Zacke
da Zeck	die Zecke
da Zwiefe	die Zwiebel

»Paradoxes« Geschlecht beim besitzanzeigenden Fürwort

Sehr oft, vor allem in ländlicher Region, wird das weibliche besitzanzeigende Fürwort ihr bzw. ihre durch das an sich männliche sei bzw. seine ersetzt: da Marie sei Mo; da Hilde sei Huat; da Resi seine Schua; da Liesl seine Gwander. (Dagegen nur: dene Weiber eanare Gwander = die Gewänder dieser Weiber).
Ob hier eine Angleichung an das im Bayerischen geschlechtslose mei/dei stattfindet oder ob es sich einfach um eine bequeme grammatikalische Vereinfachung oder um beides handelt, bleibe dahingestellt.

Genitiv (Wesfall) statt Dativ (Wemfall) bei einigen Präpositionen (Verhältniswörtern)

Bei Verhältniswörtern wie vor, hinter, neben, ober (= über), unter sowie wegen (bayerisch wegn, zwegn, zwegs) können die Fürwörter mir, dir, ihm, ihr zu meiner, deiner, seiner, ihrer – also vom Dativ zum Genitiv – wechseln. Beispiele:

Vor meiner ist da Hans gstandn; ober deiner is a Buid ghängt; nebn seiner war sei Spezi; zwegn ihrer bin i z spaat kumma; zwegn meiner könnts macha, was s woits!
Setzt man für vor, hinter, neben … wegen die im Bayerischen gern gebrauchten Wörter vorderhoib (-halb), hinterhoib. nebahoib …, so ergibt sich der Genitiv von selbst. Die Ausdrücke zwegn meiner, deiner, seiner, ihrer entsprechen dem hd meinetwegen, deinetwegen usw., die auch genitivisch bestimmt sind.

Bayerische Vorsilben

å- s. o.

b- Die Vorsilbe be- wird bayerisch zu b-, wenn das Stammwort mit h, s, sch, st beginnt. Beispiele: Dei Glump konnst bhoitn; heit hab i was Bsonders dabei; mi hams schwaar bschissn. D Köinerin hat s Bsteck zspät bstöit! Eine Verkürzung des be- zu b- vor anderen Buchstaben wäre zu unbequem oder würde zu Mißverständnissen führen. Es heißt daher: Er hat mi kaum beacht; Gott befoin. Sonderfall: Pfüa God (behüt zu pfüat).

da- Die bayerische Vorsilbe der-, mundartlich als da- gesprochen und geschrieben, wird für Verben gebracht, die zu tun haben mit etwas bewältigen, fertigbringen, zu Ende bringen (oder gebracht werden), ganz machen. Das der- wird im Fränkischen im gleichen Sinn gebraucht. Beispiele:

daessn	aufessen
dafoin	zu Tode stürzen
dawischn	erwischen (und damit die Verfolgung beenden)
dahaut	erledigt, völlig erschöpft (wie zusammengeschlagen)
dapacka	bewältigen, aushalten (des Gschroa hab i nimmer dapackt)

Die Vorsilbe da- ersetzt in den meisten Fällen die hd Vorsilben er- und zer-.

g- Die Vorsilbe ge- des Partizips Perfekt (2. Vergangenheit – eine 1. Vergangenheit, das Imperfekt, gibt es im Bayerischen nicht) wird im Bayerischen entweder zu g- verkürzt (1) oder entfällt ganz: sie wird vom Stammanlaut g oder k »verschluckt« (2) oder einfach gekappt (3), weil das g- sich nicht mit dem anlautenden Vokal vermählen läßt. Beispiele:
(1) gfanga, glaabt, gmoant, grafft, gschaugt, gstandn
(2) gafft, gessn; gunnt, kafft = gegönnt (vergönnt), gekauft
(3) baut, bitt, bliebn, zoagt
Analog wird Ge- zu G; Gsetz, Gmoa, Graffe
nō-, nå- Als Abkürzung von hinab – und somit eigentlich ein Vorwort – steht nå bzw. nō (mit dunklem a bzw. hellem o gesprochen) in Wörtern wie: någfoin = hinuntergefallen, någschmissn = hinuntergeworfen. Der Bayer gebraucht für derlei in die Tiefe weisende Wörter auch gern nunter-: nuntergfoin, nuntergschmissn – was dem awigfoin, awigschmissn entspricht.
o-, ã nb Ebenfalls ein kleines Vorwort – die bayerische Form von an – ist es als Vorsilbe, noch dazu einbuchstabig, anführbar. Beispiele: ofanga, okemma, osagn, ozündn. Im Oberbayerischen als dunkles o gesprochen, hält es der Niederbayer zumeist mit dem nasalen ã (das dem französischen Nasallaut in Wörtern wie en = in, sens = Sinn ähnlich ist): ãfanga, ãkemma.
ō- Ein helles ō dagegen, als Vorsilbe fungierend, steht für åb- oder ōb- (dunkles å = helles ō). Beispiele: ōhoin, ōschneidn, ōdraht = listig raffiniert. Die entsprechenden Verben oder Verbformen sind jedoch im Wörterbuch in der Regel unter åb- verzeichnet (von unerläßlichen Ausnahmen wie ōdraht angesehen). Bei å und ō ist auf die Serie ab verwiesen.
rō, rå- ist, analog zu nō, nå, eine Raffung von herab- und entspricht dem åba, åwa, ōwa = herunter, und damit auch dem runter-: rāfoin, åwifoin, runterfoin bedeuten dasselbe. Beim Wort rō ist auf die Wörter mit åba, åwa verwiesen.
va- ist die bayerische Form von ver-: vagessn, valorn. Es gibt jedoch Wörter mit va-, die exklusiv bayerisch sind: I hab mi

vahoitn = ich habe mich zu lange aufgehalten. (Im Schwäbischen steht va- oft für da-: vawischt = erwischt)
za-, z- za- als bayerische Form von zer- ist selten, da die Vorsilbe da- es ersetzen kann: statt zertreten steht datretn. Immerhin gibt es einige Wörter, die das »Zerstörerische« des zer- unmittelbar aus dem Hochdeutschen übernehmen: zafetzt, zafoin. Jedoch kommt das za-, auf z- reduziert, öfter vor: zkriagt, zlaffa (da Kaas is zlaffa = auseinandergelaufen), zrissn, zrupft.

Bayerischer Konjunktiv (Möglichkeitsform)*

Das Bestreben des Wörterbuchs, Wörter und davon abgeleitete Wortformen jeweils an ihren alphabetischen Ort zu setzen, erstreckt sich auch auf die Konjunktivformen von Verben. Da aber selbstverständlich nicht alle gebracht werden können, sei zunächst die Regelbildung des Konjunktivs im Bayerischen umrissen.
Der bayerische Konjunktiv ist primär durch die Endung -at gekennzeichnet, die dem hochdeutschen -te entspricht, sofern dieses nicht Imperfekt, sondern Konjunktiv Imperfekt bedeutet. Ein Beispiel: Ich sag**te** zu, wenn ich dürf**te**; auf bayerisch: I sag**at** zua, wenn i derf**at**. Allerdings ist die Umschreibung mit »taat« beliebt: I taat zuasagn, wenn i derfat (das 2. Mal lieber kürzer). Auch hochdeutsch würde man analog sagen: Ich würde zusagen, wenn ich dürfte. Die jeweiligen Anhängsel an das -at, nämlich st, n, s, entsprechen jeweils den normalen Indikativformen (Wirklichkeitsform) eines bayerischen Verbums (die mit den hd-Formen z. T. identisch sind). Im folgenden Beispiel eines regelmäßigen bayerischen Konjunktivs sind daher die bayerischen bzw. hochdeutschen Indikativformen danebengestellt.

I macha**t**	i mach	ich mache
du machat**st**	du mach**st**	du mach**st**
er macha**t**	er mach**t**	er mach**t**
mir machat**n**	mir macha, -a**n**	wir mache**n**

ihr macha**ts**	ihr mach**ts**	ihr macht
sie machat**n**	sie macha, -a**n**	sie mache**n**

Auf dieser Basis ist auch das bekannte Probestück bayerischer Konjunktivkunst vom Schnupftabaksschnupfen leicht entschlüsselbar:
Wenn i an Schnupftabak hätt, schnupfa**t** i n (schnupfte ich ihn)
Wenn du* an Schnupftabak hättst, schnupfa**tst** n (schnupftest du ihn; du ausgelassen)
Wenn er an Schnupftabak hätt, schnupfa**t** a n (… er ihn)
Wenn mir an Schnupftabak hättn, schnupfa**t(n)** ma n (… wir ihn; n fällt zwecks Vereinfachung weg)
Wenn ihr* an Schnupftabak hätts, schnupfa**ts** n (… ihr ihn; das ihr ausgelassen)
Wenn sie an Schnupftabak hättn, schnupfa**tn** s n (… sie ihn)
* Exakt bayerisch müßte es heißen: Wenns d an (statt wenn du an) und wennts an (statt wenn ihr an). Das d ist schon ein angehängtes du, das s an wennt ein angehängtes es = ihr. Das s in wenns und das t in wennts sind Verbindungslaute.
Falls man die obigen Zeichen: n, a n, ma n, s n direkt ans Verb schnupfa hängt – was dem Sprachduktus entspricht – dann ist der »Schnupftest« allerdings weder mündlich noch schriftlich »leicht entschlüsselbar«.

»Starke« Konjunktivformen
Es gibt eine Reihe von Konjunktivformen, die man analog zur üblichen deutschen Grammatik »starke« nennen kann. Für sie ist die Endung -at nicht oder nicht primär zuständig. Zum Teil gibt es sie neben den »normalen« schwachen Formen (s. Beispiel bringa). Im Wörterverzeichnis steht jeweils nur die 1. Person Einzahl:

bringa

i bräch**t**, brächa**t**, brächta**t**	i bringat	ich brächte
du brach**st**, brachat**st**, brachtat**st**	du bringatst etc.	
er brach**t**, brächa**t**, brachta**t**		
mir bracht**n**, brachat**n**, brachtat**n**		

ihr brach**ts**, bracha**ts**, brachta**ts**
sie bracht**n**, bracha**tn**, brachta**tn**
Man sieht aus dem an sich überflüssigen Anhängsel -at, daß die bayerische Sprache im Konjunktiv sozusagen des Guten zuviel tut, indem sie an den Konjunktiv noch einen Konjunktiv anhängt. Siehe auch mechat!

geh = gehen

i gang, gangat — i gehat — ich ginge
du gangst, gangatst — du gehatst etc.
er gang, gangat
mir gangan, gangatn
ihr gangts, gangats
sie gangan, gangatn

kemma, kumma = kommen

i kaam, kaamat — ich käme
du kaamst, kaamatst
er kaam, kaamat
mir kaaman, kaamatn
ihr kaamts, kaamats
sie kaaman, kaamatn

toa

i taat, taatat — ich täte
du taatst, taast (taatatst: klänge schlecht)
er taat, taatat
mir taatn, taan (taatatn)
ihr taats (taatats)
sie taatn, taan (taatatn)
taat etc. dient auch zur bayerischen Umschreibung des Konjunktivs: I taat scho kemma …

könna, kenna = können

i kannt, kunnt, kanntat, kunntat — ich könnte
du kanntst, kunntst; kanntatst, kunntatst
er kannt, kunnt; kanntat, kunntat
mir kanntn, kunntn; (kanntatn, kunntatn)
ihr kannts, kunnts; kanntats, kunntats
sie kanntn, kunntn; (kanntatn, kunntatn)

»möchten« (als Nennform nicht vorhanden, da schon Konjunktiv von mögen)
Obgleich es auch die Formen im Bayerischen gibt: i möcht (mecht), du möchst (mechst) etc., zieht es den »doppelten« Konjunktiv vor: »ich möchte gern« (hd nicht anders wiederzugeben):
ich mechat, mechtat
du mechatst, mechtatst
er mechat, mechtat
mir mechatn, mechtatn
ihr mechats, mechtats
sie mechatn, mechtatn
Der Bayer kann zum Kellner sagen: I möcht a Schnitzl! oder: I mechat a Schnitzl! (das »mechat« läßt gewissermaßen offen, ob er's bekommt)

Weitere starke Konjunktivformen sind u. a.:
i fänd = ich fände, i gääb = ich gäbe, es geschäh = es geschähe, i lääg = ich läge, i nähm = ich nähme, wenns nur räng (selten) = wenn es nur regnete, i spräng = ich spränge. »Wenns nur grad rang, daß da Drek spratz, daß s Schuihaus vabrunn und da Lehrer varack!« – ein scherzhaftes Spiel mit möglichen und unmöglichen starken Konjunktivformen: »Wenn es nur grad regnete, daß der Dreck spritzte, daß das Schulhaus verbrünne und der Lehrer verreckte!«

Bayerische Hilfszeitwörter

Indikativ (direkte Aussageform)	Konjunktiv (Möglichkeitsform)
i bin, bi	i waar
du bist	du waarst
er is	er waar
mir san, sand, han, hand	mir warn
ihr seits, heits	ihr waarts
sie san, sand, han, hand	sie waarn
i håb, hå (hō), hā nb	i hätt, hät

du hast	du hättst, häst
er hat	er hätt, hät
mir ham	mir hättn, hän, hään
ihr (es) habts	ihr (es) hätts
sie ham	sie hättn, hän, hään

werden I (Zukunftsform von sein)
i wer (scho kemma)
du werst
er werd
mir wern
ihr werds
sie wern (scho net anders könna)

werden II (etwas werden)	(ich würde werden)
i wer (a Lokomotivführer)	i werat, wur, wurat
du werst (no naarisch)	da weratst, wurst, wuratst
er werd	er werat, wur, wurat
mir wern	mir weratn, wuratn (kaum wurn)
ihr werds	ihr werats, wurats
sie wern (lustig)	sie weratn, wuratn

Während das werat, wur etc. für würde steht im Sinn von: ich würde ärgerlich, wenn ..., gibt es würde als Hilfszeitwort im Bayerischen nicht. Ich würde sagen ... heißt eben: i taat sagn.

Bayerische Steigerung

Im Bayerischen steht oft dasselbe Wort für Komparativ und Superlativ (1. und 2. Steigerung). Beispiel: Von zwei Schülern, dem Karli und dem Schorschi, ist z. B. der Karli »da Gscheiter«, also der Gescheitere. Von der ganzen Klasse aber ist der Hansi, der Primus »da Gscheiter«, also der Gescheiteste.
Sagt man zu einem: Der is net da Gscheiter! meint man natürlich, daß er zu den weniger Gescheiten bzw. zu den Dümmeren gehört. Umgekehrt: Da Peter is aa net da Dümmer! ist ein Kompliment für ihn.

Sonderformen

1. Verbum 1. Person Plural

Dabei hängt der bayerische Sprecher gern ein -ma an den Verbstamm:

mir machma Brotzeit	statt: mir macha Brotzeit
mir trauma uns net	mir traun uns net
mir hamma Katoffen	mir ham Katoffen
mir samma zu sechst	mir san zu sechst

Da das nachgestellte bzw. angehängte -ma dem nachgestellten ma = mir (wir) sehr ähnlich ist, könnte es sich um eine unbewußte Wiederholung dieses ma handeln:

Brotzeit macha ma	mir machma Brotzeit
jetzt trau ma uns	mir trauma uns net
Katoffen ham ma	mir hamma Katoffen
Zu sechst sam ma	mir samma zu sechst

Es könnte sich allerdings auch um einen Lauteinschub vor dem nächsten Wort handeln, wodurch das Verb etwas gewichtiger wird.

2. Hauptwort Plural

Mehrzahlformen wie: Suppn, Bōin (Bälle), Fraun, Ochsn werden oft mit einem -a-Anhängsel versehen: Suppna, Boina, Frauna, Ochsna.

Zahlwörter

viere, fünfe, sechse, sieme …

zwanzge, dreißge, vierzge, fuchzge …

Auf die Frage: Wiavui? antwortet der Bayer ungern mit einem strammen: vier, fünf, sechs, sondern unterspielt die Zahl und läßt sie angenehm ausklingen.

Da er nicht zwanzig, dreißig sagen will, kann er erst recht nicht zwanzg, dreißg, vierzg abgerissen stehen lassen und läßt so das zg bzw. ßg sanft auf e landen. Was anderes ist es, wenn sowieso ein Wort darauf folgt: zwanzg Rindvieher, dreißg Schaf sind sprachlich zu verkraften.

Bayerische Schimpf- und Scherznamen*

Bayerische Schimpf- und Scherznamen sind zum Teil identisch, weil Schimpfnamen sehr oft »im Scherz« gebraucht werden, nicht zwar, um damit groß zu scherzen, aber immerhin nicht ernst gemeint. Da der Bayer – und wohl jeder Stammesangehörige, der Mundart spricht – zu Übertreibungen neigt, darf man von Schimpfnamen in der Regel gleich die Überdosierung abrechnen und »Rabatt« geben, so daß ein relativ harmloses Treffwort übrigbleibt. Im Buch ist die mögliche Harmlosigkeit mancher Schimpfnamen erwähnt; da aber das nicht durchgehend geschehen kann, seien einige Beispiele von Schimpfnamen gebracht, die man oft »im Scherz« gebraucht. Allerdings werden sie zuweilen ernst, zu ernst genommen – freilich auch manchmal ernst gemeint. Dann kann Gekränktheit daraus entstehen. C' est le ton qui fait la musique – der Ton macht die Musik. Ihn kann man in einem Wörterbuch nicht angeben.

Depp kann schlimm oder harmlos gemeint sein bzw. so aufgenommen werden. Wenn einer im Gespräch einen Unsinn einbringt, kann es passieren, daß sein Partner sagt: »Geh, du Depp! Dees gibts ja net!« Falls der Partner erwidert: »Was hoaßt da Depp?« hat er es verkraftet. Am öftesten sagt man, falls man Blödsinn gemacht hat, zu sich selbst: »Mei, ich Depp!« Aber zu einem Kind oder einem anderen Menschen, der sich z. B. schwertut, etwas zu begreifen, Depp zu sagen, kann eine Keule fürs Leben sein.

Aff ist meistens lächelnd gemeint: »Ah, du bist a Aff!« – außer man sagt von einem dritten, etwa einem Sprüchemacher: »So ein Aff!« Sagt man »Affe!«, ist es einem immer ernst damit.

Ōaschloch, Ōschloch – dieses Wörterbuch kann sich nicht darum drücken – kann man einem lachend, manchmal sogar liebevoll hinsagen, wenn man ihn z. B. trösten will und sagen, daß er sich ganz umsonst Sorgen macht: »Geh, du Oasch-

loch! Buidt da doch net sowas ei!« Wirklich heftig gemeint ist nur das »Arschloch« – womit man sozusagen aus der gemütlichen Rolle fällt.
Bemerkenswert ist, daß Schimpfnamen für Männer, die irgendwie Schwäche, Schwunglosigkeit bezeichnen – wie etwa Siach, Ladirl – kaum scherzhaft aufgefaßt werden können. Grund: In puncto Stärke jeder Art sind Männer am empfindlichsten für Verletzung ihrer Ehre. Anders ist es mit an sich ehrenrührigen Ausdrücken wie »du Halodri!« oder »du Baazi!« – sie können in besonderen Fällen sogar zum Kompliment für Munterkeit bzw. »Köpfchen« werden.
Frauen sind besonders treffbar durch Namen wie Dotschn, Ziefern u. a., die Langweiligkeit, Intelligenzmangel oder aber Bösartigkeit und Häßlichkeit bedeuten. Dagegen gibt es anscheinend verächtliche Namen für sie, die jedoch nicht unbedingt Verachtung einschließen. »Du Luader!« oder »du Peitschn!« müssen nicht unbedingt moralische Verwerflichkeit, sondern können Raffinesse auch in ehrsamen Angelegenheiten und damit Bewunderung bedeuten.
Tiernamen als Schimpfnamen sind – wie der Aff schon zeigt – nicht schon von Haus aus schwere Beleidigungen. Wer den Tisch ausgiebig bekleckert, kann schon mal hören – und ertragen: »Geh, du Sau!« Auch »Du Ochs!« kann fallen, wenn einer die schönsten Trümpfe verspielt. Der Aprilochs oder auch der Aprilaff sind sowieso nur Quittungen für einen Aprilscherz.
Selbst die »dumme Gans« – ein verächtlicher Titel, falls z. B. zwei Frauen über eine dritte reden – kann liebenswürdig gemeint sein, wenn man etwa ein sitzengelassenes Mädchen tröstet: »Geh, du dumme Gans! Der wars ja gar net wert, daß d eam nachwoanst!«
Variabel ist vor allem das Wort Hund, Vom »blädn Hund« und »gschertn Hund«, wenn nicht gar »Sauhund« – stets echten Zornergüssen – bis zum schlichten »du bist a Hund!« – was staunende Bewunderung ausdrückt – bis zum »verrecktn Hund« – was noch höhere Bewunderung

ausdrückt – gibt es eine Skala von Schimpf- bis Lobnamen. **Vornamen** als Schimpfnamen sind allerdings ein betrübliches Kapitel. Der Mißbrauch von Vornamen, die von Heiligen stammen, wird zwar dadurch gemildert, daß nie der volle, sondern nur der Kurzname herhalten muß, ist aber trotzdem schwer verständlich. »Du Hiasl!« meint einen Menschen, der keine Leuchte ist. »Du Steffe!« tut dem heiligen Stephan sicher unrecht und »du Stoffe« dem heiligen Christoph. Denn mit beiden Namen sind ungeschliffene Kerle, mit dem letzteren noch dazu ein sturer, gemeint. Wieso ein »Lippe« so etwas wie ein Ladirl, also ein ungeschickter, tölpeliger Mensch sein soll, und warum der Hansl für das Hänseln, bayerisch Tratzn, zuständig ist, ist kaum auszumachen. Wenn man sagt: »Mei, sechs Hansln warn bloß da!« ist das zwar milde, aber doch mit einem leisen Bedauern gesagt; denn die sechs Hansln waren sozusagen so treuherzig, daß sie doch gekommen sind. Nur bestimmte Namen scheinen für Schimpfnamen geeignet zu sein. Man kann nie sagen: »Du Gustl!« oder »du Marie!«, eher schon »du Gretl!« was z. B. Naivität ausdrücken kann. Vielleicht liegt gerade in der Wahl von spezifisch bäuerlichen Namen (wie sie früher durchwegs der Brauch waren) und in ihrer sozusagen »gschertn« Verkürzung der Schlüssel zum Verständnis. Städtische Arroganz machte möglicherweise aus dem Matthias den »bauerntölpeligen« Hiasl, ähnlich aus dem Stephan den Steffe und aus dem Christoph den Stoffe – welche alle drei auf dem Lande ehrengeachtete Anredenamen waren.

Trotzdem, alles in allem kann man zur Frage der Schimpfnamen in der Mundart (wo auch immer) sagen: Take it easy! Nimm's nicht zu ernst! »Deszwegn brauchst net glei spinna!« – womit ja auch keine dramatische Herabsetzung verbunden ist. Der »Beschimpfte« soll die »Schimpfnamen« nicht unbedingt beim Wort nehmen – der »Beschimpfer« aber soll trotzdem wissen, zu wem er gerade was sagt. Sonst kann es sein, daß er dem anderen » s Kraut ausgschütt hat« – daß er's ganz mit ihm verdorben hat.

Abkürzungen

a.	an, am, auf	**m.**	mit
Altf.	Altform (früheres Wort)	**nb**	niederbayerisch
b, B	bayerisch, Bayerisch	**obb**	oberbayerisch
b.	bei	**od.**	oder
bes.	besonders	**reg.**	regional
d.	der, die, das, den	**s.**	sich, siehe
etc.	etcetera	**u.**	und
f.	für	**v.**	von, vom, vor
gr.	groß	**verw.**	verwandt
hd, Hd	hochdeutsch, Hochdeutsch	**z.**	zu, zur
i.	in, im	**z. T.**	zum Teil
kl.	klein		

Andere Abkürzungen, wie z. B. vermutl., sozus., sind ohne weiteres verständlich; analog die Abkürzungen von Sprachbezeichnungen, wie frz. = französisch, lat. = lateinisch etc.

Zum Zustandekommen des Wörterbuchs

1. Wortfindung

Die Wörter wurden auf folgende Weisen ermittelt:
1. Alphabetisches Abfragen des eigenen bayerischen Wortschatzes nach Muster a, aa, ab, aba etc.
2. Durchsicht vorhandener Wörterbücher oder Bücher mit Wortlisten (s. Literaturverzeichnis)
3. Durcharbeitung der wichtigsten bayerischsprachigen Literatur des 20. Jahrhunderts
4. Rückfragen und Umfragen bei verwandten, befreundeten, bekannten Personen bayerischer Sprachprägung
5. Mithören und Notieren von Wörtern bei mannigfachen Gelegenheiten (Lokalen etc.)

2. Helfer

Folgenden Helfern, und noch manchen unerwähnten, habe ich zu danken:

Für fortgesetzte Anhörung, Bestätigung u. Beitragung bayerischer Wörter: meiner Frau Maria Neuhäusler und meiner Tochter Monika N. Für Wortkontrolle und ergiebige Wortergänzung aus gemeinsamen familiären Sprachschatz meinem Bruder Franz Neuhäusler und meiner Nichte Barbara N. Für Reinschrift Robert Graf. Für kollegiale, wertvolle Hinweise auf Wortquellen: Herbert Schneider, dem Freund und »Schwager«, sowie meinem Freund Prof. Erich Wasem. Für unentbehrliche Hilfe bei Computerarbeiten zur alphabetischen Ordnung von Listen ergänzter Wörter meinem Sohn Rainer Neuhäusler.

Für wichtige Hinweise auf einzelne Wörter und ihre Herkunft: Schulamtsdirektor Rudolf Butschek, Erika Bernauer, Bürgermeister Michael Fischl u. Frau Marlies, Max Grammer, Nuntius Granato, Herbert Kiermeier, Heinz u. Liesl Martens, Bürgermeister Edmund Mitsam u. Frau Martha, H. Schenk, Werner Schlierf, Ludwig Scholler, Dr. Paul Sundheimer, Josefa Taschner, Adolf Wagner, Anton Weiß, Hermann Well, Prof. Dr. Reinhard Wittmann.

Literaturverzeichnis

1. Wörter- und Wortkundebücher und zugehörige Werke

Johann Andreas Schmeller, Bayerisches Wörterbuch 1872/77, Neudruck 1961, 2 Bde.; Reprintausgabe 1985, 4. Bde.

Reinhold Aman, Bayrisch-österreichisches Schimpfwörterbuch, München 1975

Josef Martin Bauer, Auf gut bayerisch, München 1969

Irmgard Gierl, Raritäten aus Schmeller's Bayerischem Wörterbuch, Rosenheim 1974

Wolfgang Johannes Bekh, Richtiges Bayerisch, München 1973

Rasso Brendel OSB, das Jiddische im Bairischen, Vortrag Augsburg 1964
Reinhard Haller, Waldlersprach, Grafenau 1981
Josef Ilmberger, Die bairische Fibel, München 1977
Otto Kuen, Da taat a dar aa stinka, München 1977
Johann Lachner, 999 Worte Bayrisch, München 1973ff
Salcia Landmann, Jiddisch – Abenteuer einer Sprache, München 1965
Georg Lohmeier, Den Bayern aufs Maul gschaut – Aus Johann Andreas Schmellers Wörter- und Tagebüchern 1785–1852, München 1985
Ludwig Merkle, Bairische Grammatik, München 1975
Ludwig Merkle, Bayerisch auf deutsch, München 1973
Ludwig Merkle, Bairisch für Nichtbayern, München 1972
Anton Schwind, Bayrisch von A – Z, Pfaffenhofen 1968
Ludwig Zehetner, Das bairische Dialektbuch, München 1985

2. Bayerischsprachige Literatur

Da, von Ludwig Thoma bis zu jüngeren bayerischen Mundartautoren, mindestens 60 Namen mit einem Vielfachen von Buchtiteln zu nennen wären, unterbleibt die Namensnennung, schon deshalb, damit Autoren oder Autorinnen, die nicht in der Liste erscheinen, nicht sagen können, sie seien vergessen worden. Den zahllosen unbekannten Helfern, deren unbeabsichtigte Beiträge, in Lokalen und sonstigen Stätten der Zusammenkunft erlauscht, ins Wörterbuch eingingen, kann ebenfalls nur als Namenlosen gedankt werden.

Inhaltsverzeichnis